21世纪普通高等学校信息素质教育系列规划教材

# 科技文献检索与分析

◉ 李 明 ／著

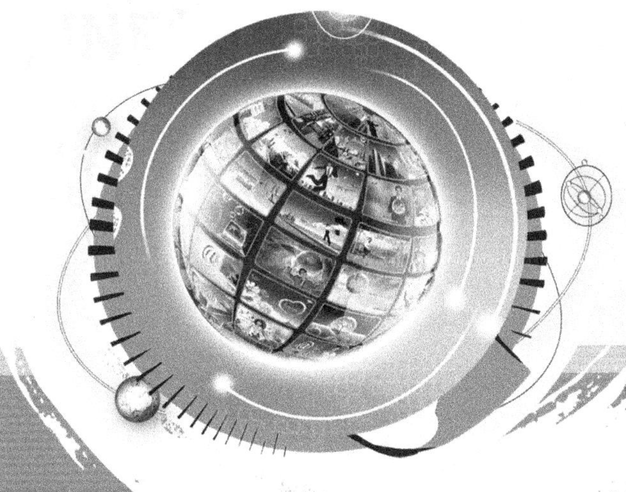

华中科技大学出版社
http://www.hustp.com
中国·武汉

**图书在版编目(CIP)数据**

科技文献检索与分析/李明著.—武汉：华中科技大学出版社，2015.7（2025.7重印）
21 世纪普通高等学校信息素质教育系列规划教材
ISBN 978-7-5609-7802-4

Ⅰ.①科…　Ⅱ.①李…　Ⅲ.①科技情报-情报检索-高等学校-教材　②科技情报-情报分析-高等学校-教材
Ⅳ.①G252.7

中国版本图书馆 CIP 数据核字（2015）第 170465 号

科技文献检索与分析　　　　　　　　　　　　　　　　　　　　　　　　　李　明　著

策划编辑：袁　冲
责任编辑：袁　冲　倪　非
责任校对：张　琳
封面设计：刘　卉
责任监印：张正林
出版发行：华中科技大学出版社（中国·武汉）　　　电话：（027）81321913
　　　　　武汉市东湖新技术开发区华工科技园　　　邮编：430223
录　　排：华中科技大学惠友文印中心
印　　刷：河北虎彩印刷有限公司
开　　本：787mm×1092mm　1/16
印　　张：14.5
字　　数：356 千字
版　　次：2025 年 7 月第 1 版第 11 次印刷
定　　价：30.00 元

21 世纪普通高等学校信息素质教育系列规划教材

# 编 委 会

# 总　　序

自1984年国家教委(现教育部)发布《关于在高等学校开设文献检索与利用课的意见》文件以来,文献信息检索教育在高校陆续展开。经过30多年的发展,文献信息检索课程内容逐步丰富。尽管各校开设该课程的部门可能不同、课程名称各异、发展状况也有很大不同,但是毫无疑问,信息检索教育已成为大学生信息素质培养和提高的一个重要途径。

信息素质教育不仅能培养大学生的文献信息检索技能和计算机应用技术,更重要的是能培养大学生对现代信息环境的理解能力、应变能力及运用信息的自觉性、预见性和独立性。从信息素质教育的本质内容来看,它是以培养创新能力为目标,培养学生猎取信息、加工信息和处理信息能力的教育活动,其最终目标是培养学生利用信息解决实际问题,并在此过程中实现创新的能力。

为了满足不同地区、不同层次、不同专业的信息检索的教学需要,推动信息素质教育的发展,我们成立了21世纪普通高等学校信息素质教育系列规划教材编委会,在专家的指导下,分批组织编写适合新形势、体现新成果、反映新思路的信息检索课程教材。首期推出的有《大学生信息素养教程》《信息检索基础教程》《文理信息检索与利用》《数字信息资源检索方法与实践(理工版)》《数字信息资源检索方法与实践(社科版)》《网络信息检索》《现代信息资源检索案例化教程》《经济信息检索》《科技文献检索与分析》九本教材。

我们力求这套教材能突出如下特点。

(1)选材新。作者选取的工具书的版本是常见的、容易获得的;网络信息资源是最新的,能够体现电子信息资源最新的建设成果。

(2)分层次编写。专科层次要求内容组织上以够用为原则,适当兼顾新生入馆教育;本科层次强调系统性,兼顾课堂教学和课外拓展。

(3)内容实用。不同教材的内容侧重有所不同,根据面向专业对象的不同而选材,强调实用。有的着重介绍文理信息检索基础知识,有的侧重文科信息检索,有的则重点介绍科技文献检索的内容,等等。

(4)突出实践内容。尽量减少纯理论知识的介绍,合理分配检索理论和实践内容的比例,重点向读者介绍检索技巧、具体数据库检索技能,适当增加案例内容,由检索任务引领,以工作过程为导向,以活动为载体,按照检索流程组织教材内容,使读者在实践中掌握相关知识,培养、提高读者的检索能力。

(5)强调直观性,便于自学。充分考虑检索课教学课时较少的现状,在教材中尽量采用图片、表格等形式展示知识要点和检索方法等,让读者能够按图索骥,现学现用。

随着计算机技术、网络技术、通信技术的快速发展和变化,电子文献迅速崛起,电子文献数据库和网络学术资源必将成为信息检索课程教学的主要内容。而这种变化又受制于学校的软件和硬件等实际条件。为了满足不同学校的教学需要,我们将适时对已经出版的教材进行修订改版,条件成熟的还将配备课件、提供案例、检索过程演示、题库等相关素材,并逐步创造条件建立网络资源平台,欢迎志同道合的专家和老师积极参与项目,我们的专用邮箱

是 151211854@qq.com，检索课程教学探讨 QQ 群群号是 118459295。

这套教材的编写，得到了图书情报界同仁们的关心和支持，尤其是广大主编、院校领导的帮助，在此，我们向大家表示衷心的感谢。相信随着更多专家和老师的参与，我们的教材会越来越完善。

编委会

2013 年 8 月

# 目　　录

# 第1章 科技文献信息素养与养成

本章主要从科学素养、信息素养、科技文献信息素养养成三个方面，结合社会需求、科技工作者必备素质等方面，通过分析科技工作开展过程中的典型案例，解读和说明了学生学习科技文献检索课程的必要性和重要性。

人类在社会活动过程中，特别是科学技术飞速发展的今天，已经和科技信息共生共存，科技信息的摄入和消化已经成为人类社会生存的重要一环。为了准确判断和识别公民个人科技信息认知的水平，国际上主要通过评测科学素养及信息素养，以确定和区分各个国家公民科学技术认知的整体素质和科技创新的发展潜力。

## 1.1 科 学 素 养

科学素养(scientific literacy)：国际上普遍将科学素养概括为三个组成部分，即对于科学知识达到基本的了解程度；对于科学研究过程和方法达到基本的了解程度；对于科学技术对社会和个人所产生的影响达到基本的了解程度。只有在上述四个方面都达到要求者才算具备基本科学素养的公众。目前，各国在测度本国公众科学素养时普遍采用这个标准。

### 1.1.1 科学素养的定义

对公民科学素养含义的理解和表述，随着社会和经济的发展不断变化而更新，而且有着深厚的时代背景。由于目前对科学素养的研究尚处于完善阶段，还没有形成统一的、广泛认可的表述。以下为几个具有代表性的表述。

(1)国际经济合作组织(OECD，其徽标如图 1-1 所示)认为，科学素养是运用科学知识，确定问题和得出具有证据的结论，以便对自然世界和通过人类活动对自然世界的改变进行理解和作出决定的能力。

**图 1-1 国际经济合作组织徽标**

(2)国际学生科学素养测试大纲(PISA)中提出，科学素养的测试应该由三个方面组成，即科学基本观念、科学实践过程、科学场景，在测试范围上由科学知识、科学研究的过程和科学对社会的作用三个方面组成。

(3)美国学者米勒认为，公众科学素养由相互关联的三个部分组成，即科学知识、科学方

法和科学对社会的作用,具体说就是,具有足够的可以阅读报刊上各种不同科学观点的词汇量和理解科学技术术语的能力、理解科学探究过程的能力、关于科学技术对人类生活和工作所产生的影响的认识能力。

(4)欧盟国家科学素质调查的领导人 J. 杜兰特认为,科学素养由三个部分组成:理解基本科学观点、理解科学方法、理解科学研究机构的功能。

### 1.1.2 科学素养发展历程

科学素养的界定虽然因时、因地、因事而难以完全统一,但就公众获取科学知识与方法、培养科学精神与习惯、参与公共决策与事务这些内容来看,国外对科学素养研究可分为三个阶段。

第一阶段,20 世纪 50—70 年代。这一时期,科学素养在学术界只作为一个问题而讨论,还没有成为一项专门的活动。1957 年,美国科学作家协会做了一次全美成人调查,美国对于公众理解科学的经验研究也开始于此。1958 年,Paul Dehart Hurd 将科学技术与社会的关系作为一个重要的问题提出并撰文,首次提出将"科学素养"作为科学教育的目标。此后,"科学素养"逐渐成为美国科学教育的重大主题。20 世纪 60 年代,美国首次将科学素养作为一项专门主题进行调查与讨论,这也引发了美国科学教育的改革。1971 年美国科学教师协会(national science teachers association,NSTA)明确提出,科学教育的最主要目标是培养具有科学素养的公民。这一时期出现的美国"个别化科学教学系统"、英国"纳费尔德科学计划"以及澳大利亚的"科学教育计划"都是在正规教育系统内对科学素养建设做出的有益的实践探索。

第二阶段,20 世纪 80—90 年代。这一时期,科学素养不仅是学术界研究的重要内容,更是国际组织之间的一种社会行为。这一时期科学素养的行动主要包括:1985 年,美国推出"2061 计划",由美国科学促进会专门负责推行,旨在提高全体美国人的科学素养;1986 年,英国成立公众理解科学委员会(COPUS)专门推行公众理解科学运动;1988 年,印度实施"国家素养行动计划",并在此计划之内专门发起全素养运动(total literacy campaign,TLC);1996 年,葡萄牙发起"活科学运动"(cieneia viva,science alive),并建立"活科学"中心,开辟互动讨论空间。同时,国际组织也开展了许多实践活动。1992 年,联合国召开"世界环境与发展大会",并在《二十一世纪议程》中强调科学技术素养在实现可持续发展中的重要作用;1997 年,经济合作发展组织(OECD)发表《促进公众理解科学技术》,倡导成员国要采取多种途径来提高公众科学素养。

第三阶段,2000 年以后。2000 年以后,各国科学素养研究有了一个突出特征——其推行目标与国家整体发展战略挂钩,其推行方式更加强调科学家与公众进行"对话"与"争论"的双向交流模式。2002 年,欧盟在"创建知识经济的欧洲与欧洲研究区域"这一大目标下,开始推行"科学与社会行动计划",其宗旨为:促进科学与社会关系和谐发展,强化研究人员、企业家、决策者与公众之间的对话;2003 年,英国制定《国家技能发展战略》,对提高国民素养做了大规模的部署和详细规划,开始在全国推广"科学吧"计划,试图将长期以来从事的"公众理解科学"运动转向"科学家理解公众"。2000—2003 年,经济合作发展组织在 32 个国家中开展国际学生评测项目(PISA),对初中学生的数学、阅读、科学素养与问题解决能力进行专项评测,这一项目已成为国际间重要的科学素养项目。

### 1.1.3  我国科学素养现状

2009 年 11 月至 2010 年 5 月,由中国科学技术协会(其徽标如图 1-2 所示)中国科普研究所组织实施了第八次中国公民科学素养调查,这次科学素养调查对象涉及中国大陆(不含港、澳、台地区)31 个省、自治区、直辖市和新疆生产建设兵团的 18~69 岁公民,采取入户面访的方式进行,共发放问卷 69 360 份,有效回收 68 416 份。这次调查从"了解必要的科学知识""掌握基本的科学方法""崇尚科学精神"三个方面定量测度了中国公民的科学素养水平,被调查者只有同时通过三个方面的测度,才被认定为具备基本科学素养。经综合测算,2010 年中国具备基本科学素养的公民所占比例达到 3.27%,其中,了解必要科学知识的公民所占比例为 14.67%,掌握基本科学方法的公民所占比例为 9.75%,崇尚科学精神的公民所占比例为 64.94%。

图 1-2  中国科学技术协会徽标

2010 年 11 月 25 日,中国科学技术协会对外发布的第八次中国公民科学素养调查结果称,中国公民的科学素养水平在"十一五"期间明显提升。2010 年,中国大陆(不含港、澳、台地区)具备基本科学素养的公民所占比例达到 3.27%。结果表明,目前中国公民科学素养水平相当于日本、加拿大、欧盟等主要发达国家和地区 20 世纪 80 年代末 90 年代初的水平。

中国科学技术协会表示,今后将继续做好公民科学素养调查这一基础性工作,为《全民科学素质行动计划纲要实施方案(2011—2015 年)》的制订和实施提供支撑。该协会还将根据中国公民科学素质建设的需要,每五年开展一次全国总体调查,主要针对特定人群、区域或问题展开专项调查,为提高全民科学素质、建设创新型国家服务。

### 科学素养缺乏的典型案例

#### 1. 食盐抢购潮

2011 年 3 月 11 日,日本东北部地区突发 9.0 级大地震后,位于本州岛福岛的核电站发生爆炸并出现核泄露。由于外界盛传服用碘盐可以抵抗核辐射,从而引发中国大陆民众大量抢购、囤积碘盐。因为类似于"服用碘盐可以抵抗核辐射"及"此后一段时间内生产出来的盐将受到核污染"的说法并无科学事实依据,只是某一部分人制造的谣言。又因此事与盐有关,且与"言"谐音,故以"谣盐"代指"谣言",也代指此次中国大陆民众抢购碘盐的事件。

**2.万能神药"板蓝根"**

板蓝根招谁惹谁了,从非典到手足口病,从甲型 H1N1 流感到 H7N9 型禽流感,每次受关注的传染病出现,板蓝根都会作为防治药物走到台前。有病时吃板蓝根,没病时也吃板蓝根;得普通病时吃板蓝根,得特殊疾病时还吃板蓝根。板蓝根真的是万能神药吗?

**3.张悟本事件**

中国伪养生食疗专家张悟本,著有畅销书《把吃出来的病吃回去》,2010 年 2 月做客湖南卫视《百科全说》节目后,其知名度迅速提高。2010 年 5 月,有媒体报道其有学历造假的嫌疑,书中宣扬的"绿豆治百病大法"引发市场绿豆涨价,其食疗理念也遭到专家质疑。2010 年 5 月 26 日,张悟本在北京召开新闻发布会回应媒体质疑,他出示了中国中医科学院、中医药科技合作中心对其疗效进行的抽样调查和分析报告。但"中华中医药学会健康分会"理事、"中国中医科学院中医药科技合作中心"研究员称号,被上述两家单位指认子虚乌有。2014 年 2 月 20 日,50 岁年龄的张悟本却因脑梗入北医三院住院治疗,他所谓的"食疗方法治愈了糖尿病、高血压、心脏病甚至红斑狼疮等疑难杂症"的说法在其身上不攻自破。

### 1.1.4 科技工作者科学素养提升的重要意义

为什么说科学素养非常重要呢?没有科学素养确实能活着,但不可能活得很好。

首先,在科学日益社会化、社会日益科学化的今天,基本科学素养如同阅读写作能力一样,是每一个人都应该具备的。不具备这些基本素养,虽然不至于无法生活,但生活受困将会时而发生。当今社会,不了解 DNA 的人,是无法读懂有关生物学方面的报道的;不知道"纳米"是长度单位的人,也无法分辨商品广告中信息的真伪。那么多人因无知上当,就足以证明这一点。

其次,公民是否有足够的科学素养参与国家科学技术政策讨论和公共政策讨论,是实现国家民主制度的保证。"公众有权利参加公共政策和科学技术决策的过程"在国际上已经形成共识,如果公众对科学技术达到的程度缺乏了解,不具备一定的科学素养,参与讨论和决策是不可能的。公众理解科学中强调的科学素养不仅是指对科学知识的理解,更重要的是要具备参与决策的能力。比如,2005 年发生的圆明园防渗漏工程事件促使公众第一次有权参加环评听证会,吉林化工厂有毒物质泄漏事件将公众的知情权急速提升到社会意识层面,国家公众参与环评议程的决定于 2006 年初出台等。公众对科学术语无知,就无法读懂媒体所报道的各种科学技术知识和信息,就无法了解科学技术的发展,就无法识别政府科技政策的对错,也就无力进行意见的表达和参与。一个公民缺乏科学素养的国家,它的前途是不言而喻的。

再次,科学素养对一个民族文化十分重要。一个有科学素养的民族的竞争力远大于没有科学素养的民族。一个没有科学思辨能力的民族,不会是一个伟大的民族。低科学素养水平的公众群体不仅无法承担本国日益发展的经济建设,而且将会在未来的国际竞争中处于劣势。今天,我们在国际上不能只靠廉价的劳动力去竞争,更应该提高国民的素质,而科学素养是民族素质的重要组成部分。一个民族要想真正富强,提高教育、提高一个民族科学文化素养是非常重要的。

美国经济在战后50年代至70年代高速发展,80年代处于平稳状态,但是它的科学素养却在80年代开始高速增长,这是因为当时美国提出了"2061计划"。1985年,美国科学家认为美国公众科学素养水平在下降,于是提出了一项"面向全体美国人"的科学方案,旨在提高美国人在科学和技术方面的素养的计划——"2061计划"。该计划影响了美国教育界,整个美国教育的体系因此发生变化。该计划强调,学习科学和技术的共同核心应该集中在科学素养上,而不是对各个分立学科的理解。当年恰逢哈雷彗星临近地球,所以取名为"2061计划"。由于美国政府坚定不移地推行"2061计划",美国公众科学素养由此得到了快速的提高。

一个国家的经济发展与公众科学素养水平的发展有何关系呢?英国学者曾总结出波浪理论:一个国家最先发展的是经济,即经济的发展是第一个波浪;伴随着经济的是科学技术的发展——第二个波浪;科学的传播是第三个波浪。在生活不断富足的今天,考量一个国家、一个民族的发展与进步,不仅体现于经济指标,科学素养更是一个重要的尺度;在企业竞争不断激烈的今天,一个企业、一个管理团队的创新能力和发展潜力,取决于企业管理人员的战略智商和科学素养的优劣,并直接决定企业发展的前途和命运。

战略智商、领导智商、管理智商及科学素养是企业管理层工作人员胜任工作挑战必须具备的四大要素。战略智商是一位成功企业管理者高瞻远瞩、思路清晰、敢于决断、取得胜利的智力基础;领导智商是一位成功企业管理者集众志成城的艺术、魄力与魅力;管理智商是一位成功企业管理者善于建设、精于规划、工于组织,脚踏实地的经验和能力;科学素养则是一位成功企业管理者科学、客观、冷静判断事物发展客观规律的基本素养,是企业得以健康、科学发展的关键。科学与伪科学对应关系如图1-3所示。

**图1-3 科学与伪科学对应关系**

随着企业规模的不断壮大和事业的蒸蒸日上,那些有着创业精神的企业家的领导智商、管理智商已经得到了大幅度的提高,但我们在接触中发现中国企业家的战略智商及科学素养水准不容乐观,而战略智商与企业管理者的科学素养是密不可分的。

# 1.2 信 息 素 养

"信息素养(information literacy)"一词在 1974 年被美国信息产业协会主席 Paul Zurkowski 首次提出后,经过 30 多年的研究,从最开始"经过训练在工作中善于利用大量的信息工具及主要信息资源使问题得到解答的技术和技能"发展成 1989 年美国图书馆协会信息素养主席委员会报告中的"认识到何时需要信息及准确定位、评价并有效利用所需信息的能力"。

## 1.2.1 信息素养的定义

信息素养是一种基本能力,是一种对信息社会的适应能力。美国教育技术 CEO 论坛 2001 年第四季度报告提出的 21 世纪的能力素质,包括基本学习技能(读、写、算)、信息素养、创新思维能力、人际交往与合作精神、实践能力。信息素养是其中一个方面,它涉及信息的意识、信息的能力和信息的应用。

信息素养是一种综合能力,是一个特殊的、涵盖面很宽的能力,它涉及各方面的知识,包含人文的、技术的、经济的、法律的诸多因素,和许多学科有着紧密的联系。信息技术支持信息素养,通晓信息技术强调对技术的理解、认识和使用技能。而信息素养的重点是内容、传播、分析,包括信息检索以及评价,涉及面更广。它是一种了解、搜集、评估和利用信息的知识结构,既需要熟练的信息技术,也需要完善的调查方法,并通过鉴别和推理来完成。信息素养是一种信息能力,信息技术是它的一种工具。

信息素养的定义是个人能意识到需要的信息,能通过一定方法找到所需信息,能正确评价信息,合法的利用信息,最后能创造新信息的能力。

## 1.2.2 信息素养发展历程

20 世纪 70 年代,Paul Zurkowski 提出这个概念时主要是对下面两个问题进行回答:①什么样的人才是具有信息素养的人? ②具有信息素养的人应具备什么样的技能和技术? 随后几年,信息素养的研究一直集中在图书馆情报工作领域,概念也是集中于其所必需的几个条件:知道信息资源在哪里、掌握信息、运用信息解决问题,对于处理信息所需要的实际技巧和基本知识并没有涉及。20 世纪 80 年代,随着计算机技术的普及和提高,应用计算机的能力被看作是具有信息素养的一个重要指标,同时,对信息素养的研究逐渐和教育联系起来,信息素养的概念也演变得更丰富和具体。这个阶段强调了图书馆在信息素养教育中的重要作用,提出了图书馆、大学和社会在培养信息素养过程中具有共同责任的观点。研究者从这个年代开始着重于信息素养的定位、评价、有效利用功能,即确认什么时候需要信息并准确定位、快速找寻信息并进行评价以及利用获得的信息有效解决问题。

1982 年,Forest Horton 提出,信息素养是超脱计算机素养的,是提高个体及团体对知识爆炸的意识,以及在解决问题、做出决策时帮助人们接近并获得数据、文件和文献。William Demo 根据 Horton 的研究于 1986 年提出,为了掌握计算机、有线电视、卫星通信、机器人等新技术,需要全新的知识和技能,这种知识和技能就是信息素养。之后一年,研究者们开始把信息素养放在更广泛的整体素养范围内研究,"对信息作用及力量的了解,对信息确定、检索并使用以做出决策的能力,以及运用电子过程来产生并利用信息的能力"是 Jan Olsen 和

Bill Coons 共同提出的信息素养的定义。著名的信息素养研究专家 Patricia Senn Breivik 博士在由美国教育界领导和图书馆界领导联合组成的"美国图书馆协会"信息素养主席委员会1989 年的总结报告中将信息素养定义为,认识到何时需要信息及准确定位、评价并有效利用所需信息的能力。报告中强调了具有信息素养的人知道如何进行学习,并养成终生学习的习惯。以后,关于信息素养定义的研究多以此为框架。

从 20 世纪 90 年代开始,人们对信息素养的研究与实践结合更为紧密。人们在这个阶段的主要研究方向是信息素养教育、信息素养不是孤立的而是人的整体素养的一部分、图书馆员开始审视其在信息素养培养教育中所扮演的角色,将信息素养概念及内涵的研究融入其中。确认自己所需求的信息,并根据需求提出相应的问题,确认那些潜在的信息源,成功的制定、挖掘、获取、评价信息并重新组织信息,然后将新信息纳入到自己原有的知识体系中,利用这些信息做出决策、判断,并解决遇见的问题——这是 Doyle 于 1992 年通过使用德尔菲法研究提出的信息素养定义。这一定义与人类对知识的学习过程类似,即了解—学习—掌握—评价—重建—应用。

### 1.2.3  我国信息素养现状

中央党校"领导干部信息素养研究"课题组于 2012 年上半年组织的一次问卷调查显示,此次调查包含五个方面内容:领导干部信息意识调查、信息知识调查、信息能力调查、信息道德调查以及领导干部对于相关培训工作的建议。

从调查结果可以看出,在信息意识和能力方面,被调查人员普遍认为有较大进步,但在信息知识、信息道德和信息素养培训方面还存在很大不足。比如,对于信息领域一些最基本的概念和常识仅仅只有 10%～15% 的被调查人员"非常了解";在运用网上信息方面,只有10% 的被调查人员会"严格按照相关引用标准引用";36% 的被调查人员"工作后从未参加过相关培训";近半数被调查人员认为培训课程"作用有限,与工作要求相去甚远";近半数被调查人员认为培训方法单一,对信息素养培训工作的"实践"属性体现不够。

针对这些问题,中共中央党校干部教育学院姚志红建议采用"案例式"和"问题解决式"等教学方法来开展信息素养培训。"案例式"教学方法通过深入分析各种典型案例,可以让领导干部强烈感受到提升信息素养的重要作用和意义以及信息素养低下可能导致的不良后果,从而达到强化其意识、改变其态度、促进其行为的目的。"问题解决式"教学方法则是将工作和义务归纳定义为一系列典型问题,并依据成功经验将问题解决过程分解成一个个具体步骤,通过系统的教育培训,帮助领导干部逐步形成相应的思维习惯和工作模式,从而达到提升其信息素养和科学决策能力的目的。

### 信息素养缺乏的典型案例

1.保温瓶"镁代银"研究

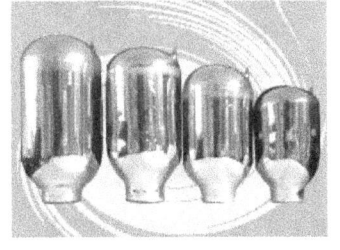

上海某保温瓶厂从 1969 年开始研究"以镁代银"作为保温瓶镀层的新工艺,苦干了十年,终于获得成功。可是在鉴定时却发现,英国于 1929 年研究成功,并申请了专利,而且该专利说明书全文就被上海情报研究所收藏。辛苦十年,却重复了别人 50 多年前的劳动。而就

专利性质来说，专利有效期过后（发明专利的有效期不会超过 20 年），所有发明的技术将成为人类共有的技术成果。

2. 万燕 VCD 事件

世界上第一台 VCD 视盘机是由中国人发明的，诞生于中国安徽的万燕电子系统有限公司。然而，一失足成千古恨，万燕电子系统有限公司并没有拿起专利的武器进行保护，产品

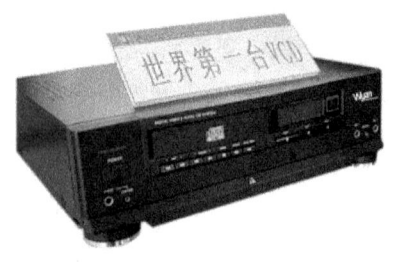

就匆忙上市。第一批产出 VCD 机 1000 台，结果国内各家电企业纷纷解剖仿制。一分钱未投入的仿制者反而坐收了渔利。随之而来的是市场价格战。然而，仿制者也好景不长，于 1996 年被后来者居上的国外 DVD 赶出了市场。随之而来的是仿制 VCD 的企业又纷纷仿制 DVD。万燕电子系统有限公司忽略了知识产权，为此已经付出了沉重的代价。

3. 四环生物专利转让之痛

2010 年 9 月，四环生物与维达法姆、北京四环签署协议书，约定四环生物将其所持的北京四环 45％ 股权作价 1 亿元出让给维达法姆，以换取对方持有的"生物蛋白舌下给药技术专利"，包括 IL-2、干扰素、EPO、G-CSF 等舌下含片技术所有权（经江苏中天资产评估事务所评估，该专利的评估价值为 1.14 亿元）。惊人的事实是：维达法姆、高世英所述的生物蛋白舌下给药技术在澳大利亚并未获得专利权，其提供的"澳大利亚专利号：2007901333"仅是临时申请号，并非专利号，且早已于 2008 年失效。

## 1.2.4 科技工作者信息素养提升的重要意义

从职能上讲，企业管理层是指对整个组织的管理负有全面责任的人，他们的主要职责是制定企业的总目标、总战略、掌握组织的大致方针，并评价整个企业的绩效。现代信息技术的发展、企业管理思想的发展，使得新的管理理念、新的经营管理模式不断出现，对企业管理层提出了更高要求，主要体现在：首先，信息化要求企业管理层不断更新管理理念，如果没有先进的管理理论与经营管理模式，信息化是毫无价值的；其次，企业管理层需要对本行业的科学信息技术、本企业涉及产品生产及科研领域的最新研究现状有非常清晰的认识（科学技术的快速发展及广泛应用，产生了许多新理念、新理论、新构架、新模式等，例如移动互联网、4K 网络电视、穿戴设备（见图 1-4）、智能家电、SAAS、云计算、云安全、物联网、广域网加速、内网安全等，企业管理层没有必要系统掌握这些技术，但应能够及时理解和掌握其应用价值，并迅速组织相关人员或机构予以关注和了解），企业管理层队伍的素质和管理水平直接关系到企业的执行力、关系到企业的生存发展；再次，企业管理层还应能够为企业培育信息化氛围，信息化建设是一场变革活动，是一个需要全体员工共同关注和完成的活动，企业管理层应积极引导员工正确认识信息化，在

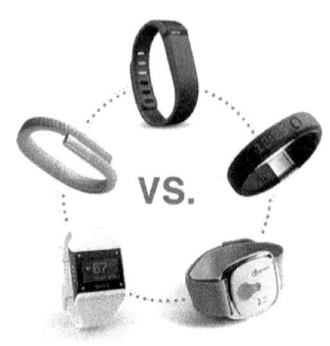

图 1-4 日趋发展的穿戴设备

企业中培育起信息化的氛围,使员工自觉投入到信息化建设中去;最后,企业管理层要不断提高自身的学习能力,对信息化的切入点、信息化技术如何满足企业经营管理的需要以及信息化在企业哪些方面最具应用价值、最具可行性有较深入的了解。

随着经济全球化和信息网络化的不断深入,信息作为一种战略资源在发展中的地位愈加凸显,信息资源逐步成为企业的核心竞争力,是企业在转型阶段获取和保持优势的必要条件之一。企业信息资源管理是指企业为达到预定的目标,运用现代管理方法和手段对与企业相关的信息资源和信息活动进行组织、规划、协调和控制,以实现对信息资源的管理开发和有效利用。信息资源是企业信息资源管理的对象,也是企业管理其他方面的基础,它控制着企业人、财、物等所有其他资源,与企业的经营成败密切相关。企业的计划、组织、领导、控制和决策等活动需要精细化管理,都离不开信息资源的支持。

企业管理层信息素养与一般人员信息素养内涵上应该有所区别,主要原因有下面两个:一是企业管理层在信息化建设的过程中更多的责任是对信息化建设进行规划,负责信息化建设的重大决策、规划;二是由于身份地位的原因,企业管理层对新技术操作层面的要求并不是很高,但是对于建设好企业信息素养及信息应用环境的能力却提出了本质要求。主要说明如下。

**1. 企业人才建设的需要**

21世纪经济全球化的激烈竞争对人才提出了更高的要求,高素质人才成了决定组织生死存亡的关键因素。对于一个企业而言,人力资源是重要的组成部分。各部门员工的理论知识、实际经验、扎实的技能是企业取得竞争的优势所在。在这个时代下,在学校一次性的"充电"用于一辈子的"放电"已经成为过去式,获取信息、加工信息、运用信息、创造信息已经成为人们的终身需要。在竞争如此激烈的当今社会,每一位员工都是该企业的一个很重要的形象,提高自身的信息素养,适应社会的发展,并在生活中不断学习来提高自己各方面的素质,进而在自己的领域发挥个人能力,提高所在企业的绩效水平,推动企业核心竞争力的发展。图1-5所示为外行领导讽刺漫画。

图1-5　外行领导讽刺漫画

**2. 企业发展的需要**

从根本上讲,企业之间的竞争就是人才的竞争,近些年来,越来越多的企业已经意识到了企业人力资源在现代的企业发展和生产过程中占有非常重要的地位,并且越来越多的企业都已经开始着手探索有效的员工培训模式,旨在提高企业自身的核心竞争力。随着社会的发展,人们越来越高的需求成为企业生存的动力,所以越来越多的企业将目光移向了信息竞争的意识当中。国家从人才战略高度加大国家核心科技领军人物的培养力度,必然意味着企业必须更加重视培养人才来适合中国的整体人才战略发展。此时,从人力资源角度认为人才规划及培训体系建设是提升整个人才体系的关键环节,在企业中建立信息化的架构,从而提高本企业的竞争能力和生存力。

**3.社会发展的需要**

总体来讲,人类社会发展的过程就是不断满足人们的需要,不断克服和改造自然的过程。进入 21 世纪,跟随着高新科技迅速发展的脚步,人类已经进入了丰富多彩的信息时代,整个社会成为一个不停运作的巨大的信息交流和传播的系统。但是不论社会怎么变化,都是为了满足人们日益发展的需要。社会的发展,归根到底都要靠人的实践能力来产生社会生产力,这就取决于人的素质状况。信息素养的提高会极大地促进人们的整体能力,进而促进社会的发展。

# 1.3　科学素养与信息素养应用的典型案例

1979 年 7 月,美国总统卡特在华盛顿召开的"美国图书馆和情报工作白宫会议"上的书面发言说:"情报像我们呼吸空气一样,是国家资源。精确而有用的情报对国家和个人来说如同氧气对于我们的健康和幸福那样必要。……情报经常提供必要的活力,它点燃了创造发明的天才的火焰,它帮助人们决策世界上日益复杂的各种问题。"

## 1.3.1　人文和科技融合成就乔布斯及苹果的 DNA

人文与科技的交汇产生了巨大的创造力,也构成了乔布斯及苹果公司的 DNA(见图 1-6):诗意与工程紧密相连,艺术、创意和科技完美结合,设计风格既醒目又简洁,整合端到端一体化的系统。正如乔布斯所说:"我小的时候,一直都以为自己是个适合人文学科的人,但我很喜欢电子设备,然后我看到了我的偶像之一,宝丽来创始人 Edwin Land 说的一些话,是关于既擅长人文又能驾驭科学的人的重要性的,于是我决定,我要成为这样的人。"由此,不难理解乔布斯为什么致力于追求艺术和科技的交汇点。正是乔布斯对其创业偶像的深刻理解,才使得他不断地、有意识地吸收人文、科技知识,正因他在高中时代既沉浸在极客的电子世界中又喜欢文学和创造性的尝试,才吸收了大量人文和科技知识。

图 1-6　人文与科技交汇创造了苹果

### 1.3.2 "关上你的窗帘"杰弗逊纪念大厦维修方案

美国华盛顿广场有名的杰弗逊纪念大厦(其建筑结构图如图 1-7 所示),天长日久,墙面出现了裂纹。为了保护好这幢大厦,有关专家进行了专门研讨。通过对墙体表面腐蚀痕迹进行分析,专家们发现墙体腐蚀的最直接原因,是每天冲洗墙壁所含的清洁剂对建筑物有酸蚀作用。接下来专家们逐一分析了原因:为什么每天要冲洗墙壁——因为墙壁上每天都有大量的鸟粪——为什么会有那么多鸟粪——因为大厦周围聚集了很多燕子——为什么会有那么多燕子——因为墙上有很多燕子爱吃的蜘蛛——为什么会有那么多蜘蛛——因为大厦四周有蜘蛛喜欢吃的飞虫——为什么有这么多飞虫——因为飞虫在这里繁殖特别快——为什么飞虫在这里繁殖特别快——因为这里的尘埃最适宜飞虫繁殖——为什么这里最适宜飞虫繁殖——因为大厦开着的窗户阳光充足。结论是拉上大厦的窗帘就可以了。杰弗逊纪念大厦至今完好地树立在华盛顿广场上。

**图 1-7　杰弗逊纪念大厦建筑结构图**

### 1.3.3 老鼠如何给猫挂上铃铛

有这么一则古老的寓言:某地的一群老鼠,深为附近一只凶狠无比、善于捕鼠的猫所苦。一天,老鼠们群聚一堂,讨论如何解决这个心腹大患,思来想去也没有结果,毕竟老鼠的能力有限,除掉猫是不可能的。老鼠头儿说:"既然不能除掉这只令我们厌恶的猫,那我们就讨论一下如何防范猫的偷袭吧。"此话一出,众老鼠七嘴八舌地议论了起来。突然,有一个建议赢得了满堂喝彩:"给猫挂上一只铃铛!"是啊,只要给猫挂上了铃铛,老鼠自然就可以防患于未然了,妙!在一片叫好声中,老鼠王突然问道:"那么,谁去给猫挂上铃铛呢?"众老鼠面面相觑,不知如何是好。图 1-8 所示为老鼠给猫挂铃铛讽刺漫画。

图 1-8　老鼠给猫挂铃铛讽刺漫画

### 1.3.4 "沙格型"汽车的梦魇

1985 年,马来西亚国有重工业公司和日本"三菱"汽车公司合资 2.8 亿美元生产了一款名为"沙格型"的最新款汽车,公司将其隆重推出市场,马来西亚政府更是将此视为马来西亚工业的"光荣产品",然而,出人意料的是产品在推出后,销售量很快跌至低谷。这一现象引起了许多经济学家的格外关注,经过研究,他们认为"沙格型"汽车的一切配件都从日本运来,由于日元升值,使它的生产成本急涨,而马来西亚本身的经济并不景气,所以汽车的销售量很少。此外,最重要的因素是政府在决定引进这种车型时,主要考虑到的是满足国内的需要。因此,此款车所应用的技术并没有达到先进国家的标准,导致此车无法出口。由于在目标市场决策中出现失误,"沙格型"汽车为马来西亚工业带来繁荣的愿景就成了一个笑话。

### 1.3.5 "摧毁今天,创造明天"的贝尔研究所

美国贝尔电话公司的总裁做出成立贝尔研究所的决策后,有人问:"一个私营公司,花巨额资金建立研究所是否值得?"这位总裁回答说,建立研究所的目的是"摧毁"本公司现有的技术和现有的产品,"摧毁"今天而创造一个不同的明天。贝尔研究所的使命是为客户创造、生产和提供富有创新性的技术。正是这种面向未来、不断创新的精神,这个公司才能不断推出新产品,共获得两万五千多项专利,平均每个工作日获得三项多专利,并且取得了 11 个诺贝尔奖获得者的巨大成果。美国贝尔实验室是晶体管、激光器、太阳能电池、发光二极管、数字交换机、通信卫星、电子数字计算机、蜂窝移动通信设备、长途电视传送、仿真语言、有声电影、立体声录音以及通信网等许多重大发明的诞生地。图 1-9 所示为贝尔总部外景图。

图 1-9　贝尔总部外景图

# 1.4 图书馆素养

通过上述科学素养与信息素养的介绍,我们可以清晰地认识到科学素养和信息素养已经不仅仅是公民参与社会生活的一部分,而且是一个国家乃至一个民族整体素质的体现,是一个国家乃至一个民族科技创新能力的体现。那么,究竟应如何提升我们的科学素养和信息素养水平?结合我国的国情,什么阶段是我们的科学素养和信息素养养成的最好阶段?毫无疑问,大学学习阶段是我们科学素养和信息素养养成的最好阶段也是最相宜阶段,而其中最关键的是大学生在大学学习阶段要养成良好的图书馆素养。图书馆素养在科技创新中的作用如图 1-10 所示。

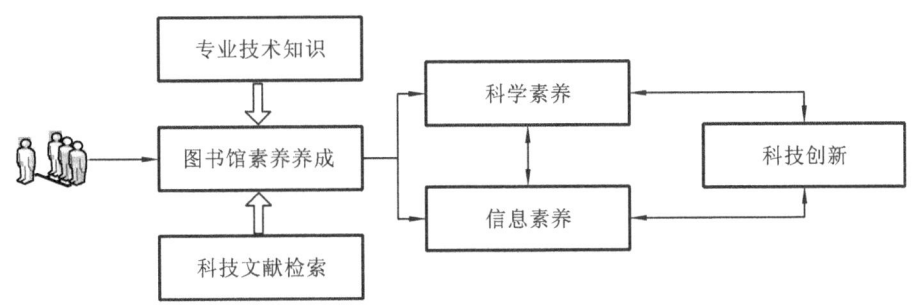

**图 1-10 图书馆素养在科技创新中的作用**

图书馆素养是信息素养(information literacy)的相关名词,指一个人使用图书馆各种服务的能力,也就是知道如何使用图书馆各种资源、设施与服务的技能,例如馆藏目录的查询、参考资料的使用、电子数据库的检索、馆际互借的申请、学术交流与讨论、论文的撰写等。

## 1.4.1 图书馆素养的基本能力要求

图书馆素养的基本能力要求如图 1-11 所示,其具体表述如下。

(1)问题界定能力:根据提出的问题,界定问题的研究内容及文献需求状况的能力。

(2)文献检索能力:针对已经界定的问题,确定检索工具、检索策略及文献类型的能力。

(3)文献获取能力:通过检索工具及检索策略,在检索结果中获取相关文献的能力。

(4)文献利用能力:依据已经获取的文献信息,分析、整理、标引及利用相关文献的能力。

(5)文献综合能力:根据文献的整理情况,整合、组织及重新组装文献,以满足问题研究需要的能力。

(6)文献评估能力:根据问题提出及解决问题的过程,评估文献利用效率及问题解决效率的能力。

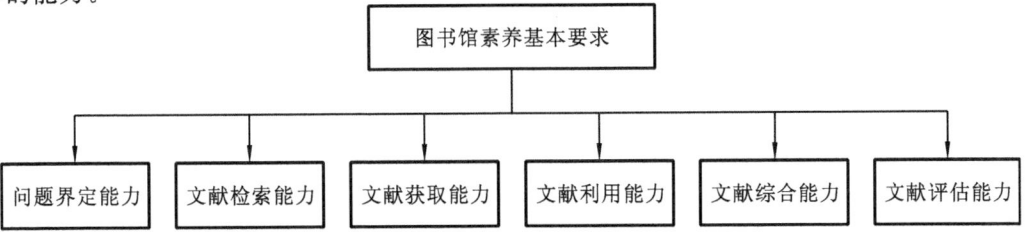

**图 1-11 图书馆素养的基本能力要求**

### 1.4.2 图书馆素养养成的重要作用

在科学技术突飞猛进的今天,把大学生培养成具有合理的知识结构和智能结构的人才,已成为当今高等教育的根本任务。要完成这个任务,必须认识到知识的无限性与个人知识的有限性、学习的短暂性与工作需要的长期性之间的矛盾。因为科学总是在不断发展的,而且发展迅速,而大学学习只是一个短暂的阶段。那么,如何利用大学这个宝贵的学习阶段获得更为丰富的知识,如何利用大学这个宝贵的学习阶段培养良好的图书馆素养,就成为每个大学生学习的主要任务。实践已经证明,一个人的知识多少和深浅程度,决定一个人的才能的大小。凡是有才能和建树的人,必定拥有渊博的知识。

**1. 借鉴前人经验,避免重复劳动**

科学研究具有连续性和继承性,没有继承就没有创新。正如伟大的科学家牛顿所说:"如果说我比别人看得更远的话,那是因为我站在巨人的肩膀上。"这句名言极其深刻地概括了科学研究的连续性和继承性的道理。图书馆素养养成的一个基本目的就是为了借鉴前人经验,避免重复劳动,避免重做别人已解决的问题,避免重犯别人已经犯过的错误,少走弯路,提高研究效率。据欧洲专利局 2014 年统计,世界上 70% 以上的科技信息首先在专利文献中出现,善于利用专利文献,可减少 60% 的研发时间和 40% 的科研经费。

1982 年,江西、福建两省科研机构准备协作研究甲型 H1N1 流感病毒膜蛋白的结构和功能,关键在于了解国外是否有同类研究。在文献检索时发现 1981 年《病毒学杂志》22 卷 11 期刊有该病毒膜蛋白的结构的论文,通过分析,该课题已被国外重视,并取得了初步成果。我国起步较晚,没有必要花更多的资金和时间去进行这个课题的基础研究。

**2. 进行调查研究,提供决策依据**

在日常工作和生活中,人们经常要做决策,一些重大决策关系到国家的兴衰、团体的成败和个人的前途,为此,必须进行科学决策。信息在决策中起重要作用,它是决策的前提和基础。正确的决策受多种因素的影响和制约,其决定因素在于决策者对决策对象有确切的了解和把握,对未来的行动和后果有正确的判断,这就取决于是否能及时、准确、全面地掌握信息。

大庆油田是我国在 20 世纪 60 年代勘探出的油田,日本人从《中国画报》刊登的铁人王进喜的大幅相片上推断出大庆油田在东北三省偏北处,因为相片上的王进喜身穿大棉袄,背景是遍地积雪。接着,他们又从另一幅肩扛人推的照片,推断出油田离铁路沿线不远。他们从《人民日报》的一篇报道中看到一段话,王进喜到了马家窑,说了一声:"好大的油海啊,我们要把中国石油落后的帽子扔到太平洋里去!"据此,日本人判断,大庆油田的中心就在马家窑。通过上述情报并结合数据分析,日本人迅速设计出适合大庆油田开采用的石油设备,当我国政府向世界各国征求开采大庆油田的设计方案时,日本人一举中标。

**3. 跟踪研究动态,拓宽知识面**

充分掌握文献可以开拓研究者的思路,深化对问题的认识,启发深层次的思考。经常查阅文献可"占领"文献的制高点、站在研究领域的最前沿,可跟踪了解国内外的最新研究成果和方法并从中得到启发,进而寻找解决问题的可能方案,使所研究的课题站在更高的起点上。

我国著名科学家、汉字激光照排系统的发明人王选在回顾研究与发明时,这样说道:"我按照习惯,做一件事情,总是先研究国外的状况,熟悉一下最新的进展是什么,所以我就急着看文献……我看到的那些资料,基本上我都是第一读者——借杂志都有登记的,所以我知道从来没有人借过。看了以后马上就知道了美国当时流行的是第三代、数字存储的,而中国任何一家都是落后的、过时的,也看到正在流行的第四代——用激光扫描的方法。"

### 4. 提高自学和独立研究能力

古语云:"授人以鱼,三餐之需;授人以渔,终生之用。"21 世纪是经济信息化、社会信息化的时代。终身教育、开放教育、能力导向学习成为教育理念的重要内涵,作为 21 世纪新型人才,应该具备信息技术应用能力、信息查询与获取能力、信息组织加工和分析能力。因此,图书馆素养是当代大学生必备的能力,是信息素养教育的重要内容。

微软公司曾做过一个统计:在每一名微软员工所掌握的知识内容里,只有大约 10% 是员工在过去的学习和工作中积累得到的,其他知识都是在加入微软后重新学习获得的。这一数据充分表明,一个缺乏图书馆素养的人是难以在微软这样的现代企业中立足的。

## 思考题

(1) 什么是科学素养,提升国民科学素养有什么重要意义?

(2) 什么是信息素养,信息素养考核的主要指标有哪些?

(3) 什么是图书馆素养,大学生提升图书馆素养有什么重要作用?

# 第2章　图书馆的发展历史与传承

本章主要讲述图书馆的发展历史及文献发展传承的演变,结合信息技术发展各阶段在文献上的变化,重点介绍文献的形成及发展过程在人类历史发展进程中的重要作用,彰显科技文献是现代社会科学技术飞速发展的助燃剂和推进剂。

图书馆的产生是伴随着人类社会活动、语言的产生、文字的创造及书写材料的使用而产生的,随着图书馆的出现,人类应用文献的方式和范围得到了跨越式的拓展。特别是17世纪以后,随着图书馆对社会公众的逐步开放,因文献被普遍性应用,科学技术得到迅速的发展,人类社会出现了三次工业革命,同时各次工业革命所带来的新技术也进一步推进了图书馆及文献检索技术的发展。可以说科学技术迅速发展的今天,社会公众应用文献的途径已经没有任何障碍,影响一个国家、一个民族科技技术及科技创新发展的瓶颈是我们如何合理、合法、有效地使用人类因社会活动产生的海量科技文献。图书馆产生及发展示意图如图2-1所示。

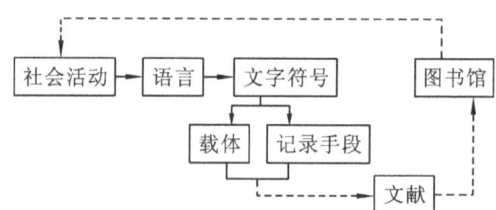

**图 2-1　图书馆的产生及发展示意图**

 **知识点一:古代文字和古代文献**

古代文字:远古人类互相交流图像符号与口语。在一定的时空条件下,由于文化内涵的积累以及相邻文化的冲击影响,人类认识到图像符号可以与语音结合,从而创造发明了文字。文字是人类最重要的发明,借由文字的承载传扬,才有文明的诞生与成长。人类史上一共出现过四种独立创造的起源文字:中东的苏美尔楔形文字、北非的埃及圣体文字、中美洲的玛雅圣体文字以及中国的汉字。苏美尔文与埃及文是拼音文字的先河,汉字则是东亚文明的奠基石。当今世界文字主要分为形符文字与音符文字:形符文字以形音二元素造字表意;音符文字则只以字母或音节拼音造字表意。四种古代文字起源之初均为形符文字,除汉字外,所有其他古代形符文字均已成为死文字。目前,世界文字除了以形音相合的汉字外,其他文字均为拼音为主的音符文字。

古代文献:从公元前3600年到公元前3000年,就有苏美尔人所谓的"泥板文献"(clay tablet)和埃及的"纸草文献"(papyrus)在使用,进而再发展到"羊皮文献"(parchment)、"蜡版文献"(waxed tablet)等;在中国古代,则分别有甲骨文献、金文文献、石刻文献、简牍文献、绢帛文献等种种图书的形态,一直到中国和西方分别有纸和印刷术的发明以后,纸质图书的大量制造和印行,古代泥板文献、纸草文献、蜡板文献、简牍文献、绢帛文献等才逐渐退出历史的舞台,人类文明也迎来了飞速发展时期。图 2-2 所示为两河流域的锲形文字。

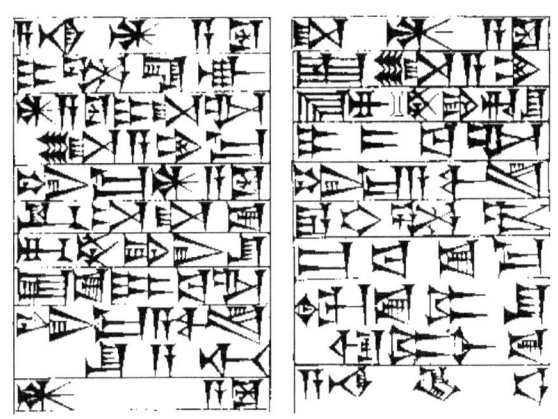

图 2-2 两河流域的锲形文字

# 2.1 图书馆的发展历史

图书馆(或档案馆)最早出现在巴比伦、古埃及和亚述,可追溯到公元前三世纪上半期。古代美索不达米亚的亚述王朝、古埃及的托勒密王朝就已经有收藏丰富文献的图书馆,如亚述巴尼拔图书馆、亚历山大图书馆等。

## 知识点二:亚述巴尼拔图书馆

亚述巴尼拔图书馆是人类历史上已知最早的图书馆,图书馆因亚述国王亚述巴尼拔而得名,亚述巴尼拔是亚述末代国王,公元前 668 年至公元前 627 年在位。他自称为"伟大英明及世界之王",他在位时不仅使亚述帝国的疆域达到了极限,而且也是一位尊崇文化、博学多才、爱书入迷的国王。在图书馆遗址的一块泥版上,亚述巴尼拔自述道:"我,亚述巴尼拔,受到纳布智能神的启发,觉得有博览群书的必要。我可以从它学到射、御以及治国平天下的本领。……读书不但可以扩充知识和技艺,而且还可养成一种高贵的气度。"因此,在他统治期间,在古都尼尼微修建了著名的亚述巴尼拔图书馆。

文艺复兴时期,由于商业的扩展、纸张的普及、活字印刷术的发明,人们对古典作品更加重视,对科学技术普及的需求日益增加,识字人数逐渐增加,图书收藏者的范围也随之扩大。欧洲各国先后建立了许多图书馆,最早建立图书馆的国家是意大利。

## 知识点三:宣纸与活字印刷术

宣纸:民间传说,东汉安帝建光元年(121 年),东汉造纸家蔡伦死后,他的弟子孔丹在皖南以造纸为业,很想造出一种世上最好的纸,为师傅画像修谱,以表怀念之情。但年复一年,难以如愿。一天,孔丹偶见一棵古老的青檀树倒在溪边。由于终年日晒水洗,树皮已腐烂变白,露出一缕缕修长洁净的纤维,孔丹取之造纸,经过反复试验,终于造出一种质地绝妙的纸来,这便是后来有名的宣纸。宣纸中有一种名叫"四尺丹"的名贵品种,就一直流传至今,这是为了纪念孔丹。所谓"墨分五色"即一笔落成、深浅浓淡、纹理可见、墨韵清晰、层次分明,再加上耐老化、不变色、少虫蛀、寿命长,故有"纸中之王、千年寿纸"的誉称。宣纸在 19 世纪巴拿马国际纸张比赛会上获得金牌。

活字印刷术:是印刷史上一次伟大的技术革命,是文字印刷史上的一次革命性、划时代的改革,北宋庆历年间(1041—1048 年)中国的毕昇(?—约 1051 年)发明的泥活字标志着活字印刷术的诞生。该印刷术通过使用可以移动的金属或胶泥字块,来取代传统的抄写,或是无法重复使用的印刷版。活字印刷的方法是先制成单字的阳文反文字模,然后按照稿件把单字挑选出来,排列在字盘内,涂墨印刷,印完后再将字模拆出,留待下次排印时再次使用。活字印刷术印刷流程示意图如图 2-3 所示。

**图 2-3　活字印刷术印刷流程示意图**

图书馆作为收藏图书的场所,通过收集以保存资料,供全体公民共同使用,其历史可以远溯到 15 世纪。但随着西方宗教改革和宗教战争的纷争不断,图书馆遭到严重破坏。直到17—18 世纪,出现了西方普遍建立国立图书馆和大学图书馆的时代,也是在这个时期,学术图书馆的概念——"系统地展示所有纪录下来的知识,向所有学者开放"(G. 诺德)得到确立,图书馆的发展进入了现代图书馆的发展阶段。如何促进读者利用图书馆馆藏资源、如何提高读者利用图书馆的能力、如何提高读者科学素养和信息素养逐渐成为图书馆发展主旨和主要源动力。

###  知识点四:学术图书馆

学术图书馆(academic library)是为高等学习机构(如学院或大学)提供服务的图书馆,即学院图书馆或大学图书馆。学术图书馆主要为大学存在的两项互补的基本任务——教学与科研活动提供学术支撑服务:一是支持学校的课程教学,帮助老师更好地组织课程教学;二是支持大学师生的研究。我们在小学或中学阶段学习过程中接触到的图书馆不能称为学术图书馆,只能称为学校图书馆(school libraries)。

# 2.2　我国图书馆的发展历史

我国最早的文字,是 3500 年前殷商时代的甲骨文。有了文字,刻写绘制出来,载体就是现在的书,即是我国最早的图书。古书《易·系辞上》记载了"河出图,洛出书"的传说,由此可见古书是有图有文的,但是"图书"两字并没有合在一起用。"图书"两字的合用,出自《史记·萧相国世家》,据该篇记载,萧何曾"收秦丞相御史律令图书藏之"。自甲骨文产生后,先后便出现了甲骨的书、青铜的书、石头的书、竹(南方)木(北方)简的书、绢帛的书、纸质的书,等等。

## 2.2.1　我国古代图书馆发展历史

我国最早的图书馆在殷商时代已开始萌芽,殷人已经能将甲骨文按"三册""祝册"分类方法加以保存。春秋战国时代,诸子百家著书很多,就有专门藏书的地方。据《史记》记载,周朝已有了"藏室",就是正式的藏书机构,并且配备了"守藏室之史",即柱下史,相传道家始祖老子曾任过此职。

秦始皇统一中国后,在咸阳阿房宫设立宫廷图书馆聚全国之书,并设御史负责掌管。但是,秦朝"焚书坑儒",图书受到了严重的摧残,可以说是中国图书史上的一个分水岭,我国图书的收藏由以前"百家争鸣"式的收藏,逐渐转变为"独尊儒术"式的收藏,严重阻碍了中国古代科学技术的发展。

西汉初年,"广开献书"之路,注重搜集,官家藏书逐渐增多。汉高祖刘邦令萧何搜集秦朝官方所藏图书,建立了我国历史上第一所国家图书馆,即"石渠阁"。后来又建立了"天禄阁",搜集各地文献图书。汉武帝时,宫廷内外,都设有藏书处所,并拟定了藏书规则。汉成帝时,建有"在禄阁"专门藏书,并命刘向、刘歆父子加以整理,编成我国最早的藏书目录《七略》《别录》,开创了我国藏书整理和书目编制的先河。

🔍 **知识点五:《七略》**

《七略》分为辑略、六艺略、诸子略、诗赋略、兵书略、术数略、方技略等七部,是中国第一部官修目录,也是世界上第一部目录学著作。西汉经学家、天文学家、目录学家刘歆在公元前 6 年到公元前 5 年间编成,为政府新校本图书的总目录。先是公元前 26 年汉成帝刘骜命光禄大夫刘向领导政府的校书工作,由刘向校经传诸子诗赋,步兵校尉任宏校兵书,太史令尹成校数术,侍医李柱国校方技。校定本既成,概由刘向写一叙录,随书奏上。刘向所写叙录单行录出后,汇编为《别录》计有 20 卷。公元前 6 年刘向死。汉哀帝刘欣命刘歆继承父业,将新校本集中于"天禄阁",综合编目成《七略》7 卷。

魏晋时代,社会动乱,但是图书的搜集、整理仍在向前推进。魏秘书郎郑默曾对皇家藏书进行了校定、整理,编出了《中经》(国家藏书目录),开创了图书分类上的"四分法"。晋元帝时,著作郎李充造《四部目录》,确立了经、史、子、集四分法体系,一直沿用 1000 多年。

隋唐五代,经济、文化有比较大的发展,尤其是雕版印刷术的发明,使图书馆进入了大发展时期。隋朝皇帝下诏访求遗书,建东部"观文殿",积累了丰富的文献图书。唐代经济文化发达,图书出版量大大增加,拥有藏书丰富的"弘文馆""崇文馆",秘书监魏征等人校正整理

图书,修成《隋书·经籍志》,记载了我国上古和中古时期的图书事业发展情况。

宋代活字印刷的发明,促进了图书馆事业的蓬勃发展。宋代图书馆有沿自五代的"史馆""昭文馆""集贤馆",连同宫廷藏书的"秘阁",总称四馆。其中汇含前三馆扩充改建的"崇文馆",著名文家欧阳修曾两次任"馆阁校勘",并参与编撰大型书目《崇文总目》。元代的"崇文馆"是有名的图书馆,设有书监。明代皇家图书馆有"文渊阁""皇史宬"及"内阁"等处。清代在内阁翰林院、国子监、皇史等处都有收藏文献古籍的图书馆。

宋元明清,图书出版量不断增加,陆续出现了一些大型图书,如宋太宗赵光义主持编撰的《太平御览》、明成祖朱棣主持编撰的《永乐大典》、清太祖康熙皇帝主持编撰的《古今图书集成》等。乾隆皇帝为了编纂《四库全书》,下旨收罗来的全国图书堆积如山、不计其数,仅编入《四库全书》中的书籍就达 3461 种、7.9 万多卷。大型丛书《四库全书》编成以后,还在北京及各地修建了收藏《四库全书》的著名七阁——"文渊阁""文津阁""文源阁""文溯阁""文宗阁""文汇阁""文澜阁",进行分地珍藏。

### 知识点六:《四库全书》

《四库全书》是在乾隆皇帝的主持下,由纪昀等 360 多位高官、学者编撰,3800 多人抄写,费时 13 年编成,其印刷原本如图 2-4 所示。丛书分经、史、子、集四部,故名四库。共有 3500 多种书,7.9 万卷,3.6 万册,约 8 亿字,基本上囊括了中国古代所有图书,故称"全书"。当年,乾隆皇帝命人手抄了七部《四库全书》,下令分别藏于紫禁城"文渊阁"、辽宁沈阳"文溯阁"、圆明园"文源阁"、河北承德"文津阁"、扬州"文汇阁"、镇江"文宗阁"和杭州"文澜阁"七阁。然而由于民族矛盾的原因,《四库全书》在编修过程中全国图书都要进献检查,不仅不利于大清的文献被禁毁,连前人涉及契丹、女真、蒙古、辽金元的文字都要进行篡改,查缴禁书竟达 3000 多种、15 万多部,总共焚毁的图书超过 70 万部,《四库全书》编撰过程中禁毁书籍与四库所收书籍一样多,可以说《四库全书》的编撰是中华文化的一场变相的浩劫。

图 2-4 四库全书印刷原本

我国古代的图书馆大体可以分为四个体系:官府藏书、书院藏书、私人藏书、寺观藏书。但古代图书馆名称却很多,如府(西周的故府、盟府)、宫(秦的阿房宫)、阁、观(东汉的东观)、殿(隋代的观文殿)、院、斋(清代的知不足斋)、堂、楼(清代的铁琴铜剑楼)等。

我国图书的产生与收藏已经有 5000 多年的历史,但由于其经历了漫长的"封建藏书楼"时代,图书成为一种贵重的商品或者身份的象征而长期束之高阁,严重桎梏了我国文明的传播和科学技术的发展。

### 2.2.2　我国近、现代图书馆发展历史

我国近代图书馆的产生与我国资本主义的发展有着密切关系,随着我国资本主义大工业的产生,因为工业生产要求工人有较多的劳动知识和劳动技能,图书馆一定程度上承担了工人的劳动培训任务,使图书馆不再是特权阶层独享的东西,图书馆真正进入了劳动者的生活。

清末维新变法运动以后,一些学堂、校馆、书局先后设立藏书室以传播新思想。1904年,浙江徐树兰仿西方图书馆章程,开办了向社会开放的古越藏书楼。就在这一年,我国第一所正式公共图书馆(即湖北省图书馆)诞生,正式使用了"图书馆"这一名称。1910 年,清朝政府颁布了《京师图书馆及各省图书馆通行章程》,并正式成立京师图书馆——现今的北京图书馆的前身。

 **知识点七:图书馆名称的由来**

1879 年,日本将 1872 年设立的"东京书籍馆"更名为"东京图书馆",确定采用"图书馆"一词,日本原称"文库"的藏书机构,在明治维新以后也统一改称为"图书馆";1896 年,孙家鼐在上海《时务报》译文《古巴岛述略》中引入"图书馆"三字为"图书馆"见于中国报刊之始;1902 年,清朝颁行的《学堂章程》中有"大学堂当附属图书馆一所……设图书馆经营官",是为"图书馆"一词见于官方文书的开始;1904 年我国第一家正式公共图书馆(即湖北省图书馆)诞生,正式使用了"图书馆"这一名称。

"五四"新文化运动以后,我国近代图书馆有了较大发展。许多省、市、县建立了公共图书馆,私立和专业的图书馆也相继诞生。到了国民党统治时期的 1936 年,全国有据可查的图书馆就有 5196 家,藏书量达 2600 多万册,这是新中国建立前图书馆的"黄金时代"。1949年,由于多年战争的影响,全国图书馆仅剩 391 家。

新中国建立后,我国的图书馆事业虽然经历了一些波折,但还是取得了巨大的成就,形成了公共图书馆、高校图书馆、科学和专业图书馆、其他图书馆等构成的图书馆体系。在跨越新世纪的信息时代,图书馆又面临新的发展机遇,数字图书馆、虚拟图书馆、电子图书馆、移动图书馆等新名词的出现和讨论,成为现代图书馆的一大景观。

## 2.3　图书馆的发展演变

在人类历史发展的进程中,社会为了有效地保障和促进知识交流,逐步形成了一系列的社会机构,从事交流、组织、协调和控制活动。图书馆就是其中的一个重要社会机构,它是人类社会生活发展阶段的产物。

### 2.3.1　图书馆的历史演变

图书馆自产生之初,在其发展历史过程中,主要经历了以藏为主、藏用兼顾、以用为主、素养教育四个阶段。如图 2-5 所示。

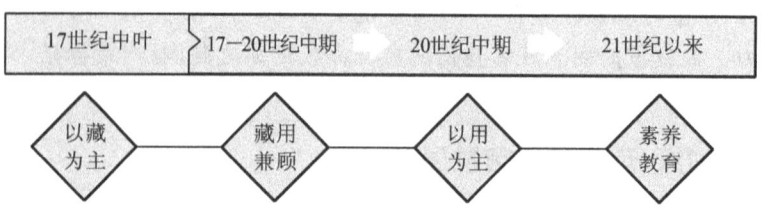

图 2-5　图书馆历史发展及演变示意图

第一阶段：17 世纪中叶前，因社会处在封建王朝统治的时期，皇权和神权成为社会的主要统治力量，"知识"成为皇家贵族或者神学院统治社会的主要途径，图书馆也必然成为皇家贵族、神学院或的私有场所，皇家贵族或者神学院通过图书馆收藏用于统治需要的文献典籍，并服务于皇家贵族或者神学院，也成为社会的必然。

第二阶段：17 世纪中叶，随着西方（特别是英国、法国等国）封建社会被资本主义社会所代替，资本主义的极大扩张需要科学技术、商品经济的迅速普及，图书馆在其发展的历史上，逐渐由皇家贵族、神学院的私人场所演变为服务公众、服务社会进步的公共学习场所，可以说，图书馆功能的改变一定程度上为 18 世纪工业革命提供了源源不断的知识驱动，图书馆的主要功能也从以藏为主转变为藏用结合，图书馆在人类社会进步中的重要作用，得到了社会的逐步认可。

第三阶段：20 世纪以来，特别是第一次世界大战之后，不管是战胜国还是战败国，对科学技术在国家强盛或者是军事竞备的重要性印象深刻。西方发达国家均陆续把科学技术发展提升到国家战略层面，图书馆因其承载着科学技术和知识传承，其建设的热度也达到空前的高涨，不管是国家、大学、城市或者是社区，均纷纷建设属于自己的图书馆，大量收藏涉及人类历史、社会人文及科学技术领域的相关文献，服务于社会及科学技术快速发展。20 世纪可以说是图书馆发展的黄金时期，图书馆和人类社会进步、科学技术发展相得益彰、互相依存。

第四阶段：随着 20 世纪 60 年代计算机的发明和 20 世纪 80 年代网络在西方国家的逐步普及，迎来了 21 世纪信息的大爆炸时代，各种信息充斥在人类生活的方方面面，信息的触手可及，也让生活在信息爆炸时代的人们无所适从，"信息的巨人，知识的矮子"不仅仅是一句玩笑话，而是人类必须要面对的现实。试想一下，现在有几个大学生能准确地解释什么是"DNA""物联网""大数据"，人们已经逐渐依赖于谷歌、百度的搜一搜，而疏懒于知识的学习，"尽信网则不如无网"应该是每个人都经历的尴尬，如何帮助人们对庞大的信息进行判别、评估和利用，是 21 世纪图书馆必须要面对的课题和承担的责任，信息素养的高低不仅仅决定人们利用信息的能力，同时也是一个国家、一个民族强盛的重要标杆。

## 知识点八：信息素养

信息素养(Information Literacy)的本质是全球信息化需要人们具备的一种基本能力，信息素养这一概念是信息产业协会主席 Paul zurkowski 于 1974 年在美国最早提出的，1989 年美国图书馆学会(american library association,ALA)给出了信息素养的简单定义：能够判断什么时候需要信息，并且懂得如何去获取信息，如何去评价和有效利用所需的信息。信息素养是一种对信息社会的适应能力，美国教育技术 CEO 论坛 2001 年第四季度的报告提出 21 世纪的能力素质，包括基本学习技能(指读、写、算)、信息素养、创新思维能力、人际交往与合作精神、实践能力。信息素养作为 21 世纪能力素质的一个方面,主要包含了技术和人文两个层面的意义:从技术层面来讲,信息素养反映的是人们利用信息的意识和能力;从人文层面来讲,信息素养也反映了人们面对信息的心理状态,或者说是面对信息的修养。

总之,如何在信息的海洋中,萃取自己需要的知识,已成为 21 世纪人类社会生活的必备技能;如何在纷杂的科技文献资源中,检索到自己需要的科学知识或者科技文献,也已成为科技工作者立足 21 世纪的基本技能。大学生在大学阶段应努力培养良好的信息素养和科技文献检索能力,为未来的发展之路奠定信息素养和图书馆素养基础。

### 2.3.2　我国图书馆的类型

#### 1. 国家图书馆

国家图书馆是由国家开办、面向全国、担负着国家总书库职能的图书馆。其外景如图 2-6 所示。国家图书馆是国家的藏书中心、书目中心、图书馆研究中心、馆际互借中心和国际书刊交换中心,它代表了一个国家图书馆事业的发展水平。国家图书馆收录的古今中外文献资料品种丰富、量多质优。它承担着为中央国家领导机关、科研教育单位和社会公众服务的任务。

**图 2-6　国家图书馆外景**

#### 2. 公共图书馆系统

公共图书馆是面向社会公众开放的图书馆,担负着为大众服务和为科学研究服务的双重任务,其中为大众服务、普及科学文化知识、提高全民科学文化水平是它的首要任务。公共图书馆的藏书非常广泛,大多比较综合,内容涉及各个学科,通俗性、学术性兼顾;服务对象包括各种类型、各个层次、各种年龄、各种文化程度、各种民族的读者,特别注意对少年儿童、老年人和残疾人的服务;业务活动除书刊借阅、参考咨询外,还经常举办文化艺术展览或科普讲座等活动。我国的公共图书馆是由国家开办的文化教育机构,包括省、直辖市、自治区图书馆和各县市图书馆。图 2-7 所示为盐城市图书馆外景。

#### 3. 科学、专业图书馆系统

科学、专业图书馆属于专门性图书馆,其服务对象主要是各种专业人员,主要任务是为科学研究和生产技术开发服务。我国科学、专业图书馆种类多、数量大、馆藏文献专深,是直

图 2-7　盐城市图书馆外景

接为科学研究和生产技术服务的图书馆。它们往往是按专业和系统组织起来的,在一个专业或系统内,形成了一个上下沟通、联系紧密的图书馆体系,同时是本专业的信息中心,即图书馆与信息中心一体化。图 2-8 所示为中国科学院图书馆设计图。

图 2-8　中国科学院图书馆设计图

### 4. 高校图书馆系统

高校图书馆是学校的文献信息中心,是为教学和科研服务的学术性机构,它与师资、实验设备共同被视为现代化大学的三大支柱。高校图书馆的藏书综合性和专业性兼顾,学术性较强,但藏书品种受本校专业设置的影响较大。它的主要职责是通过提供文献信息资源和服务,保证所属大学完成其教学、科研任务。下面以盐城工学院图书馆为例进行简单说明。

盐城工学院图书馆成立于 1996 年,由原盐城工业专科学校图书馆和盐城职业大学图书馆合并而成。其外景如图 2-9 所示。图书馆下设六个部门:办公室(兼文献检索课程组)、教育部科技查新中心(参考咨询部)、技术服务部、文献资源建设部、读者服务一部、读者服务二部。设有迎宾大道校区(北校区)图书馆和希望大道校区(南校区)图书馆。馆舍总面积达 4.7 万平方米,阅览座位 4000 多个,馆藏印刷型文献 160 万多册,购买各类国内外科技文献资源数据库近 40 个。

图 2-9　盐城工学院图书馆外景

### 2.3.3　图书馆的主要信息服务

**1. 参考咨询**

《中国大百科全书》对参考咨询的解释是：图书馆馆员对读者在利用文献和寻求知识、情报方面提供帮助的活动。它以协助检索、解答咨询和专题文献报道等方式向读者提供事实、数据和文献线索。许多图书馆设有专门的参考咨询部门，配备具有一定专业知识、工作经验丰富的专职参考馆员开展此项工作。随着信息环境的变化，咨询服务的方式与手段也发生很大变化。目前，各类图书馆普遍通过网络形式解答用户咨询，诸如设立网上咨询台、常见问题专栏（FAQ）、在线实时咨询、E-mail、聊天软件、微信、微博等，开展数字参考咨询（也称网络参考咨询、虚拟参考咨询）、实时参考咨询、联合数字参考咨询业务。这种咨询服务通过网络实现了用户与图书馆馆员的互动、实时同步，突破时空限制为用户提供方便、快捷的服务。图 2-10 所示为图书馆参考咨询服务台。

图 2-10　图书馆参考咨询服务台

## 2. 科技查新

科技查新简称查新,是指具有查新资质的信息咨询机构,根据委托人提供的课题项目内

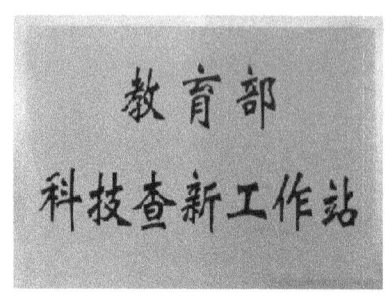

图 2-11　教育部科技查新站铜牌

容(包括科研立项、成果鉴定、科技奖励评审、专利申请等)进行的情报评估。查新机构按照《科技查新规范》对查新内容的新颖性进行文献检索及分析,最终出具查新报告。查新的目的是为了避免科研课题重复立项,以及客观正确地判别科技成果的新颖性。我国查新机构需要省级以上科技管理部门的认证备案,从事查新服务的机构主要是各省情报研究所、获教育部认定的 102 所高校教育部科技查新工作站。图 2-11 所示为教育部科技查新站铜牌。

对于科研工作者来讲,申请查新的过程包括:向具有查新资质的机构提出查新请求;填写查新委托书;针对查新项目的技术背景、技术要点、创新点等与查新人员沟通交流,提供相关材料,以便查新的顺利进行;获得查新报告。查新服务部门通常也提供论文发表、收录和被引用情况的检索服务,并出具检索证明。

## 3. 用户教育与培训

图书馆开展多层次、全方位的知识讲座与培训,帮助读者更好地利用馆藏资源与服务以及网络学术资源,提高自身信息素养。许多文献服务机构在网上建立用户培训平台,举办定期、不定期的讲座与培训,根据读者需要进行有针对性的辅导,开展信息素质教育等。国内高校图书馆大都承担了以培养、提高学生信息素养为目标的检索课教学任务。公共图书馆针对当前热点问题或根据读者需求,聘请专家、学者作专题讲座。图 2-12 所示为数据库指导讲座现场。

图 2-12　数据库指导讲座现场

## 4. 文献传递与馆际互借

文献传递与馆际互借是文献信息服务机构为弥补馆藏文献的不足,根据合作馆之间的互借协议,通过复印、扫描、邮寄、E-mail 等方式传递本馆未收藏读者所需的文献,是一种共享文献资源的服务。这种服务分为返还式(即馆际互借,Interlibrary loan)和非返还式(即文献传递,document delivery)两种,它可以跨系统、跨地区、跨国界传递文献。如国内一些著

名大学图书馆与英国不列颠图书馆文献提供中心(BLDSC)和美国的 OCLC、UMI 公司等订立原文网上有偿传递协议。

目前,国内主要的文献传递系统有中国高等教育文献保障中心(CALIS)馆际互借/文献传递服务网、国家科技图书文献中心(NSTL)、中国科学院国家科学数字图书馆(CSDL)、中国高校人文社会科学文献(CASHL)等。公众享受它们的文献传递服务,需要向所在单位图书馆的文献传递部门提出申请,由相关的馆员进行处理后将需求信息发送给收藏馆,后者根据收到的请求将文献传递给需求馆。国内的主要网络文献传递,均使用图书馆购买的读秀知识库进行文献传递。图 2-13 所示为读秀中文学术搜索徽标。

**图 2-13 读秀中文学术搜索徽标**

"智慧乃至高无上之力量,服务乃人生意义之弘扬",图书馆资源的利用最终体现的是智慧与服务。对于个人来说,图书馆是信息提供与知识服务的重要支持力量。充分利用图书馆的资源与服务,可以达到取各馆之长为我们信息需求所用的目的,让图书馆真正成为个人学习、工作和生活中取之不竭的知识信息宝库。

# 思考题

(1)图书馆的历史演变分为哪几个阶段?请分别进行说明。

(2)简述高校图书馆的定义及其在大学教学科研中承担的作用。

(3)请通过网络了解国家图书馆系统、地方图书馆系统、科学和专业图书馆系统及高校图书馆系统的文献收藏特色、情报服务特色?

# 第3章 科技文献检索的基础知识

本章主要通过信息、知识、文献、情报概念及相互之间的关系、科技文献加工深度、科技文献出版类型进行详细讲解，着重说明科技文献类型和特征及其在科学技术活动中的作用，为科技文献的检索与利用奠定科技文献知识基础。

我们所处的时代是一个前所未有的层次上不断产生、传递和利用信息情报的时代。因此，有人称我们的时代为信息时代。那么，究竟什么是信息、什么是情报，它们与本课程大量讨论的文献有着什么关系，这是我们首先需要了解的问题。

## 3.1 信息、知识、文献及情报

### 3.1.1 信息的定义、特征及分类

从字面上理解，信即信号，息即消息，通过信号带来消息就是信息。信息具有差异和传递两要素。没有差异不是信息，如两端加相同电压的导线没有电流通过，即不产生信息；同样，即使有差异但不经过传递，也不形成信息。信息是物质存在的反映，不同的物质发出不同的信息，根据发生源的不同，一般可分为自然信息、生物信息、机器信息和人类信息四大类。本书中所说的"信息"一词属于"人类信息"的范畴，信息本身是看不见、摸不着的，它必须依附于一定的物质形式，即载体，比如文字、文献、声波、电磁波等。

**1. 信息的定义**

1948 年，信息论创始人、美国贝尔电话研究所的数学家申农在《通讯的数学理论》一文首次提出："信息是关于环境事实的可通信的知识，信息通过各种形式，包括数据、代码、图形等反映出来……"

1948 年，Norbert Wiener 在《控制论》一书中，从社会学的角度对信息下定义，认为：信息是人与外界相互作用的过程中所交换的内容的总称。这是一种推广了的概念，是信息从物质（能量）到生命再到思维（认识）的推广，从而使信息变成了无所不包的"内容"。这一定义是从信息内涵和控制论对其属性所做的描述。

信息是一种十分广泛的概念，它在人类社会以及人类思维活动中普遍存在（见图 3-1）。不同事物有着不同的特征，这些特征通过一定的物质形式（如声波、电磁波、图像等）给人带来某种信息。例如，人的大脑通过感觉器官所接收到的有关外界及其变化的消息，就是一种信息。因此，信息可以定义为：生物以及具有自动控制功能的系统，通过感觉器官或相应设备与外界进行交换的一切内容。

图 3-1　信息在自然界无处不在

**2. 信息的特征**

1）依附性

信息既不是物质，也不是能量，它存在于客观事物中，必须依赖一定的载体才能体现出来，如语言、文字、声音、图像等。

2）价值性

信息的价值是对客观事物属性反映的深度和真实程度的认识，信息对不同认识水平的人所产生的作用和有效性也不相同。

3）时效性

信息的时效性是信息的重要特征，是指信息从发出、接收到进入利用的时间间隔及其效率。信息的时效性与信息的价值性密不可分。任何有价值的信息都是在一定的条件（如时间、地点、事件等）下起作用的，离开一定的条件，信息将会失去应有的价值。

4）传递性

信息可以进行空间和时间上的传输，传输速度越快，效用就越大。科技发展使传播信息的网络覆盖面越来越大，从而使信息得以迅速扩散开来。信息的可扩散性与信息传递技术的发展密切相关，信息的扩散速度与传递技术的发展成正比，即传递技术发展得越快，信息扩散的速度就越快。随着信息传播手段和技术的提高，信息的可扩散性已表现得越来越突出。

5）共享性

信息能够同时为多个使用者所利用，信息扩散后，信息载体本身所含的信息量并没有减少。这是信息与实物、能量等的根本区别。通过传递，信息迅速被大多数人所接收、掌握和利用，并会产生出巨大的社会效应。正因为信息的这一特性，社会才为保护信息开发者的合法权益、补偿其在开发整理某些信息过程中付出的代价，制定专利制度和知识产权制度。

6）可加工性

信息的可加工性指的是信息是可以加工处理的，如信息的有序化、压缩、提取和再生。信息通过标引、分类、组织等有序化处理后，便于检索；通过筛选、分析、综合、归纳、总结等，可以发现信息中蕴含的规律；通过录放机、计算机等设备，可以提取存储在磁带、磁盘中的信息；搜集到的信息经过处理后，可以用语言、文字、图像等形式再生等。

7）无限性

信息的无限性指无限的信息量可以基于有限的物质，或有限的物质可以包含无限的信息量。

**3. 信息的分类**

信息的分类很多，从不同角度有不同的划分，实用的划分方法有以下几种：按层次分类，信息可分为语法信息、语义信息和语用信息；按符号数分类，信息可分为二元信息和多元信息；按内容分类，信息可分为自然信息和社会信息；按内容的表现形式分类，信息可分为文献型、数据型、声像型及多媒体型；按传递方向分类，信息可分为前馈信息和反馈信息。

## 3.1.2 知识的定义、特征及分类

提到知识，大家首先想到的可能是"知识就是力量"，为什么呢？知识是人们在社会实践中积累起来的经验，是对客观世界物质形态和运动规律的认识。人们在社会实践中不断接受客观事物发出的信号，经过人脑的思维加工，逐步认识客观事物的本质，这是一个由表及里、由浅入深、由感性到理性的认识过程。所以，知识的产生来源于信息，通过信息传递，并对信息进行加工的结果。由此可以看出，知识是信息的一部分。

**1. 知识的定义**

1980 年版的《辞海》中将"知识"定义为"人们在社会实践中积累起来的经验"，并指出"从本质上说，知识属于认识的范畴"。简言之，认识的结果就是知识。知识分为两个部分：一是个人知识——存储于大脑、依赖于人的记忆；二是社会知识——书本记录。

《现代汉语词典》中将"知识"定义为"人们在改造世界的实践中获得的认识和经验的总和"。有些学者综合了以上说法，认为"知识是人们通过学习、发现以及感悟所得到的对世界认识的总和，是人类经验的结晶"。尽管以上说法可以被认为是我国关于"知识"的权威定义，但它们还是极其简单、朴素而且不完整的。

根据韦氏词典 1997 年的定义可知，知识是通过实践、研究、联系或调查获得的关于事物的事实和状态的认识，是对科学、艺术或技术的理解，是人类获得的关于真理和原理的认识的总和。总之，知识是人类积累的关于自然和社会的认识和经验的总和。我们认为，这一定义基本概括了人类经过实践积累而逐渐形成和深化的对"知识"的较为全面的理解。

从广义上讲，知识是人类社会实践活动的经验总结，同时也是人类社会（包括人工环境、人工智能）所创造的一切经验形态、智慧形态的总和，并且都外化为知识信息。因此，知识就是经验和信息，其表现形式是人类社会经验和信息的符号系统。从狭义上讲，知识是人类社会实践创造活动的产物，是一切思想体系、理论体系、工具体系的总和。可以说，知识是现实世界的数字符号系统，是思想、理论、工具、逻辑的数字符号系统。图 3-2 所示为知识在人类大脑存在的示意图。

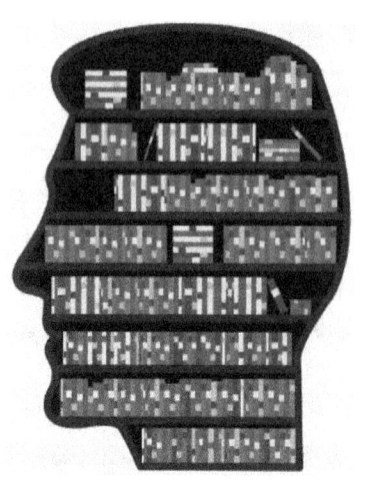

**图 3-2　知识在人类大脑存在的示意图**

知识是人类社会实践经验的总结,是人的主观世界对于客观世界的概括和如实反映。知识是人类通过信息对自然界、人类社会以及思维方式与运动规律的认识,是人的大脑通过思维重新组合的系统化的信息的集合。因此,人类不仅要通过信息感知世界、认识和改造世界,而且要根据所获得的信息组成知识。可见,知识是信息的一部分。

**2. 知识的特征**

1)实用性

虽然知识有不同的定义,但其共同的特征是具有实用性,知识必须能应用才能称为知识。

2)无体性

知识通常通过人力资本与技术才能具体呈现,如传统的书面文件、口耳相传、物质实体、组织制度,乃至无边的信息网络均成为信息与知识传播的重要渠道。

3)无穷性

知识是一种资源,经由创造、分享、累积,可以不断发展。因此与其他资源不同的是,知识是无穷尽的,其他资源会愈用愈少,知识是愈用愈多,有无限潜能。

**3. 知识的分类**

1997 年,世界经济合作与发展组织(OECD)在《以知识为基础的经济》报告中将知识分为两类。

1)编码知识

编码知识又称显性知识,指经过人的整理和组织后,可以编码化和度量,并以文字、公式、计算机程序等形式表现出来,还可以通过正式的、系统化的方式(如出版物、计算机网络等)加以传播,便于其他人学习和掌握。编码知识帮助人们解决:know why——知道为什么;know what——知道是什么。

2)意会知识

意会知识又称隐性知识,是与人结合在一起的经验性的知识,很难编码化并将其文字化或者公式化,它们在本质上以人为载体,因此难以通过常规的方法收集到它,也难以通过常规的信息工具进行传播。意会知识帮助人们解决:know how——知道怎样做;know who——谁知道如何做。

### 3.1.3　文献的定义

文献是用文字、图形、符号、声频、视频等技术手段记录人类知识的一种载体。文献不仅包括各种图书和期刊,而且包括会议文献、科技报告、专利文献、学位论文、科技档案等各种类型的出版物,甚至包括用声音、图像以及其他手段记录知识的全部现代出版物。文献存在形式示意图如图 3-3 所示。

在我国,"文献"一词最早见于《论语·八佾》:"子曰:夏礼吾能言之,杞不足徵也;殷礼吾能言之,宋不足徵也。文献不足故也。足,则吾能徵之矣。"

古人一般把书面记载的有关典章制度的文献资料和口头相传的言论资料,统称为文献。最早以"文献"一词作为书名的是元代马端临著的《文献通考》一书。而宋代理学家朱熹的解释则是:"文,典籍也;献,贤也",即记载知识的书籍为"文",有学问的人为"献"。

**图 3-3　文献存在形式示意图**

国际标准化组织《文献情报术语国际标准》(ISO/DIS5217)对文献的解释是:在存储、检索、利用或传递记录信息的过程中,可作为一个单元处理的,在载体内、载体上或依附载体而存储有信息或数据的载体。

随着科学技术的进步,记录和传递知识的载体、形式、手段越来越多。我国国家标准《文献著录总则》(GB/T 3792.1—1983)这样定义文献:记录有知识的一切载体。由此可见,文献由三个要素组成,知识、载体、记录方式三位一体,不可分割,缺少其中任何一个都不能构成文献。

### 3.1.4　情报的定义、特征

情报是被传递的知识,它是针对一定对象的、需要传递的,并且是在生产实践和科学研究中起继承、借鉴或参考作用的知识。情报是知识的一部分,即被传递的部分。知识要转化为情报,必须经过传递,并被使用者所接受、发挥其使用价值。

**1. 情报的定义**

关于情报的定义,国内外学术界还没有定论的说法。《牛津英语词典》把情报定义为"有教益的知识的传达""被传递的有关情报特殊事实、问题或事情的知识";英国的情报学家 B・C・Brooks 认为:"情报是使人原有的知识结构发生变化的那一小部分知识";苏联情报学家 A・H・Mikhaylov 所采用的情报定义为:"情报——作为存贮、传递和转换的对象的知识";日本《情报组织概论》一书的定义为:"情报是人与人之间传播着的一切符号系列化的知识";我国情报学界也提出了类似的定义,有代表性的说法是:"情报是运动着的知识""这种知识是使用者在得到知识之前是不知道的""情报是传播中的知识""情报就是作为人们传递交流对象的知识"。图 3-4 所示为情报在科研工作中的应用示意图。

**2. 情报的特征**

1)知识性

人们在生产和生活活动中,通过各种媒介手段(书刊、广播、会议、参观等)随时都在接收、传递和利用大量的感性和理性知识。这些知识中就包含着人们所需要的情报。情报的本质是知识,可以说,没有一定的知识内容,就不能成为情报。

2)传递性

情报的传递性是说知识要变成情报,还必须经过运动。钱学森说,情报是激活的知识,也是指情报的传递性。人的脑海中或任何文献上无论贮存或记载着多少丰富的知识,如果

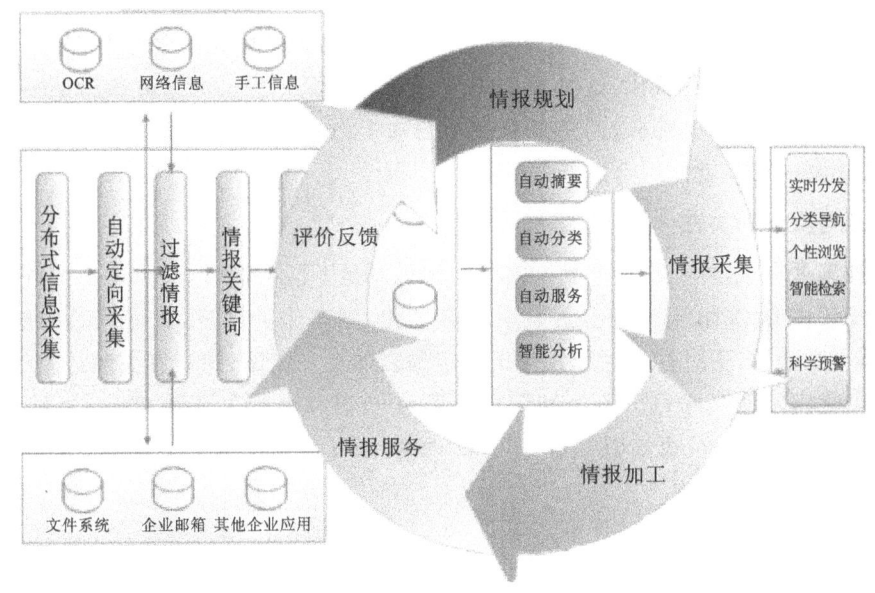

图 3-4 情报在科研工作中的应用示意图

不进行传递交流,人们无法知道其是否存在,就不能成为情报。情报的传递性表明情报必须借助一定的物质形式才能传递和被利用。这种物质形式可以是声波、电波、印刷物或其他方式,其中最主要的是以印刷物等形式出现的文献。

3)效用性

运动着的知识也不都是情报,只有那些能满足特定要求的、运动着的知识才可称之为情报。例如,每天通过广播传递的大量信息,是典型的、运动着的知识。但对大多数人来说,这些广播内容只是消息,而只有少数人利用广播的内容增加了知识或解决了问题。这部分人掌握的广播内容可称之为情报。

**知识点一:信息、知识、文献及情报的简要定义**

信息:人类可感知自然界一切的活动;知识:经过人类大脑处理、固化的有序列的信息;文献:记录知识的一切载体;情报:在一定时间范围内,为完成既定目的,传递、收集的信息、知识及文献的总和。

## 3.1.5 信息、知识、文献及情报之间的关系

通过上述对信息、知识、情报与文献的定义分析,可以认为信息是宇宙间的一切运动状态及对其的报道。宇宙间时时刻刻都在产生着信息,人们正是通过获取这些不同信息来认识不同事物,并由此生产新的知识。知识是经人脑思维加工而成为有序化的人类信息。文献则是被物化了的知识记录,是被人们所认知并可进行长期管理的信息。情报是人们为解决特定问题而被活化了的更为高级、更为实用的知识。情报蕴含于文献之中,但不是所有文献都是情报,而所有情报几乎都是知识。文献又是贮存传递知识、情报和信息的介质,它们之间的逻辑关系是一种包含关系。情报在知识发现及科技创新中的作用如图 3-6 所示。

### 1. 信息与知识的关系

信息经人脑加工形成知识。只有将自然现象和社会现象的信息经过加工,上升为对自然和社会发展客观规律的认识,这种再生信息才构成知识。信息可以被认为是一种可传播的知识。知识是信息的一部分,而信息是流动的知识,它是构成知识的原料,这些原料经过人脑接受、选择、处理,就能组合成新的知识。

### 2. 知识与文献的关系

知识被记录在载体上,形成文献。文献与知识既是不同的概念,又有密切的联系。文献必须包含知识内容,文献从内涵上讲是一种客体化、固态化的信息,它把人脑中的信息、知识、经验等主观知识,通过符号系统物化于一定的载体上。然而,知识和文献还是有区别的,知识与文献之间不能画等号。因为知识包括隐性知识和显性知识两部分,文献记录的知识仅仅是显性知识,即客观知识。这样看来,文献也只是知识的一个子集,属于知识的一部分。

### 3. 信息与文献的关系

文献经过传递、传播,应用于理论与实际而产生信息。文献是信息重要的有机组成部分,是信息多种存在形式中重要的一种。但它毕竟不是全部的信息资源,信息与文献相比,其外延要宽广得多,信息可涵盖文献。而知识内容只有记录在物质载体上,才能构成文献。知识是文献和信息成为资源的关键所在,即知识是两者的实质内容。

### 4. 信息与情报的关系

情报是具有特定传递对象的特定知识或有价值的信息。信息包含了情报,情报是知识的一部分,文献是情报的一种载体。像信息与知识、文献的关系一样,情报与信息也是既有联系又有区别的。

总的来说,信息是基础、是起源,它包含了知识、文献和情报,是知识、文献、情报共同的本质联系纽带。文献则是信息、知识、情报的存储载体和重要的传播工具,是重要的知识源、情报信息源,它是信息、知识、情报存储的重要方式。文献不仅是情报传递的主要物质形式,也是吸收利用情报的主要手段。信息、知识、文献及情报之间的关系示意图如图 3-5 所示。

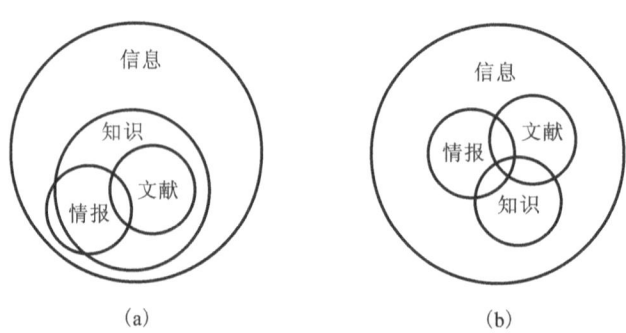

(a)                      (b)

**图 3-5　信息、知识、文献及情报之间的关系示意图**

**知识点二:信息、知识、文献及情报的关系**

宇宙间时时刻刻都在产生着信息,人们正是通过获取这些不同信息来认识不同事物,并由此生产新的知识;知识是经人脑思维加工而成为有序化的人类信息;文献则是被物化了的知识记录,是被人们所认知并可进行长期管理的信息;情报是为解决特定问题而被活化了的更为高级、更为实用的信息与知识;情报蕴含在文献之中,但不是所有文献都是情报,而所有情报几乎都是知识;文献又是贮存传递知识、情报和信息的介质,它们之间的逻辑关系是一种包含关系。情报在知识发现及科技创新中的作用如图 3-6 所示。

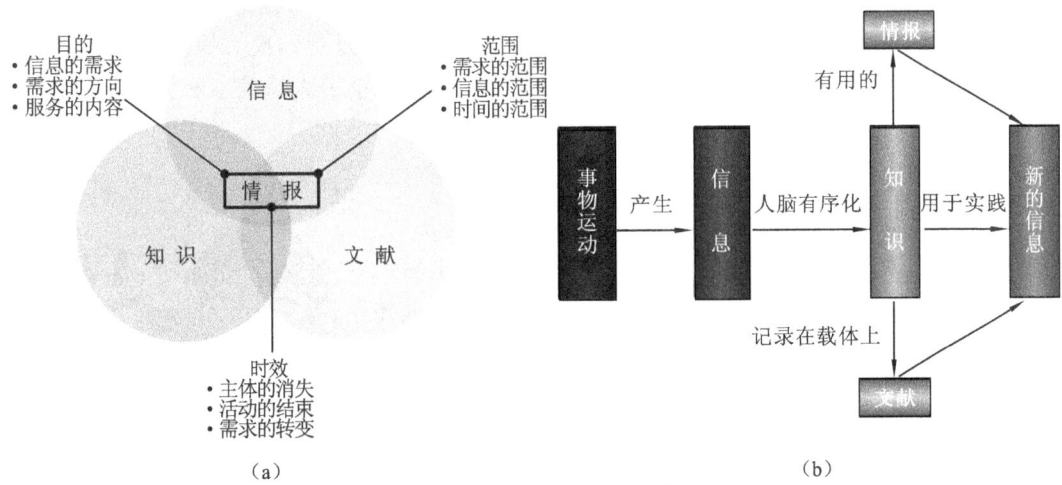

图 3-6　情报在知识发现及科技创新中的作用

# 3.2　科技文献的类型

科技文献(scientific and technical literature)是记录有科学技术知识或信息的一切载体。通俗地说,科技文献就是除了社会科学文献以外的一切文献。科技文献根据其记录方式、存在形式及文献级别的不同,分别从载体性质、出版形式和加工深度三个方面进行分类。

## 3.2.1　按照载体性质分类

### 1. 印刷型文献

印刷型文献是文献存在的最基本方式,加工方法包括刻划、铅印、油印、胶印、石印等。这种文献是以书刊存储科学知识的方法,以纸张为存储介质,以印刷、复印等为记录手段生产出来的文献形式。如图 3-7 所示。其优点是直接读取,便于阅览和流通,价格便宜,传递范围广;缺点是信息过于笨重,存储密度低,入藏空间大,难于实现利用的现代化。

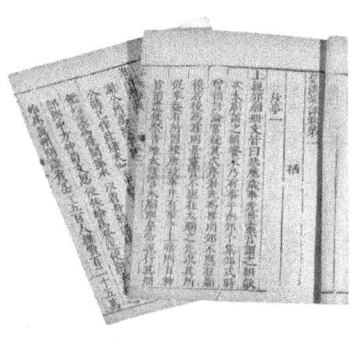

图 3-7　印刷型文献

### 2. 缩微型文献

缩微型文献(见图 3-8)是以感光材料为载体的文献,以缩微照相技术制成的文献信息复制品,又可分为缩微胶卷和缩微平片。按其外形分为卷片型和品片型(条片、缩微平片、缩微卡片等);按其穿透力分为透明体和不透明体。其主要优点是体积小、重量轻、储存量大。在存储相同信息的情况下,普通缩微平片比印刷型节省空间 98%;每卷长 30.5m、宽 16 mm 或 35 mm 的胶卷可存储几千页甚至上万页资料;超缩微平片(ultrafiche)每张可存 1000～3200 页;全息缩微平片存储量高

图 3-8　缩微型文献

达 22.5 万页。此外,缩微型具有成本低、便于保存、易于检索复制和放大等优点。其缺点是查阅时需使用专门的阅读器,并且由于阅读器的光学放大减小了文献信息的反差,因此阅读较费力。

### 3. 电子型文献

电子型文献(见图 3-9)又称机读型文献,以数字化形式,把文字、图像、声音、动画等多种形式的信息,以计算机输入方式存储在光、磁等非印刷型介质上,以光、电信号的形式传输,通过计算机网络、广播电视网络和其他外部设备等再现的信息资源。电子型信息资源是现代信息技术发展的产物,包括 Internet 网络上获取和利用的各种信息资源的总和,如光盘数据库、电子图书、电子期刊、全文资料、图书馆目录、参考工具书、多媒体信息、计算机软件、Web 信息资源、Telent 信息资源、FTP 信息资源、Gopher 信息资源、用户服务组信息资源等。其优点是存储密度高、存取速度快、可交流程度高、方便利用,但需要配置计算机设备和电力、软件等外部环境。

图 3-9　电子型文献

### 4. 声像型文献

声像型文献(见图 3-10)又称直感型文献或视听型文献,以磁性材料或感光材料为存储介质,以磁记录或光学技术为手段直接记录声音、视频图像而形成的文献信息。如唱片、录音录像带、幻灯片、电影等。其优点是直观、生动,但成本较高而且不易检索和更新。声像型文献可以闻其声、见其形,让信息接受者多通道地感识事物和摄入信息,更有助于信息接受者理解知识、加深印象并获得长久记忆。

图 3-10　声像型文献

在上述四种文献信息资源中,除印刷型文献信息外的其他三种类型文献信息都在迅速发展,并将在"信息高速公路"中"一展身手"。而相伴人类几千年之久的印刷型文献信息,无论在漫长的岁月里,还是在高科技的今天均未被淘汰,并且也在继续发展(例如激光照排缩短了印刷型的出版周期),仍为文献信息的主流,这说明它自有存在的价值和发展的动力。

### 3.2.2　按照加工深度分类

根据文献内容、性质和加工情况可将文献区分为零次文献、一次文献、二次文献、三次文献。

**1. 零次文献**

零次文献是记录在非正规物理载体上的未经任何加工处理的源信息叫零次信息(见图3-11),比如书信、论文手稿、笔记、实验记录、会议记录等,这是一种零星的、分散的、无规则的信息。零次信息的载体形式就称之为零次文献,这是近 20 年来被逐步认识和重视的一类文献,它具有原始性、新颖性、分散性和非检索性等特征。

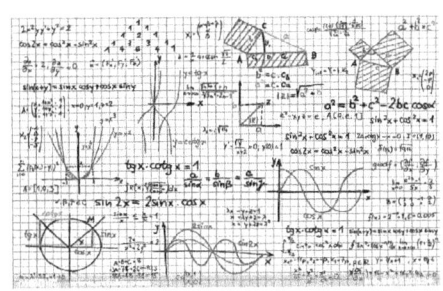

图 3-11　零次文献

**2. 一次文献**

一次文献(见图 3-12)又称原始文献,是人们直接以自己的生产、科研、社会活动等实践经验为依据生产出来的文献,其所记载的知识、信息比较新颖、具体、详尽。一次文献在所有文献中是数量最大、种类最多、所包括的新鲜内容最多、使用最广、影响最大的文献,如图书著作、期刊论文、专利文献、科技报告、会议录、学位论文等,这些文献具有创新性、实用性和学术性等明显特征。

图 3-12　一次文献

一次文献具有以下特点:内容有独创性,是作者本人的工作经验、观察或者实际研究成果,这种文献内容具有先进性和新颖性的特征,反映了有关领域最新研究成果;文献内容叙述具体、详尽,可供研究;数量庞大,分散在各种期刊、媒体、会议论文集、图书、连续性出版物、特种文献之中,寻找起来比较困难。

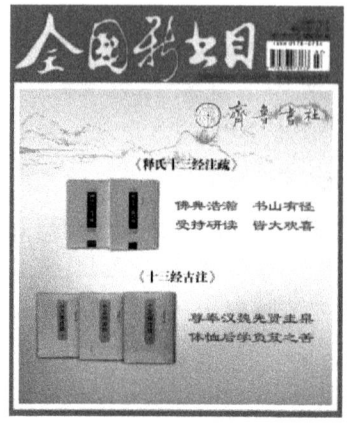

图 3-13　二次文献

### 3. 二次文献

二次文献(见图 3-13)又称工具文献,是对一次文献进行加工整理后的产物,即对无序的一次文献的外部特征(如题名、作者、出处等)进行著录,或将其内容压缩成简介、提要或文摘,并按照一定的学科或专业加以有序化处理而形成的文献形式,如目录、文摘杂志(包括简介式检索刊物)、数据库检索平台等。它们都可作为文献检索工具,能比较全面、系统地反映某个学科、专业或专题在一定时空范围内的文献线索,是积累、报道和检索文献资料的有效手段。

二次文献具有以下特点:①浓缩性:是对原始文献内容的浓缩,二次文献是情报工作的重要工具,成为一种信息文体,是随着科技、文化的发展,为适应信息的急剧增加而出现的;②汇集性:二次文献经过情报工作者加工,把有关内容汇集在一起,能比较全面地反映某个学科、专业或专题在一定时空范围内的文献线索;③系统性:由于二次文献是经过情报工作者加工,所以它能系统地反映某个学科、专业或专题在一定时空范围内的最新研究成果。

### 4. 三次文献

三次文献(见图 3-14)又称综述性文献,是选用大量有关的文献,经过综合、分析、研究而编写出来的文献。它通常是围绕某个专题,在利用二次文献检索搜集大量一次文献的基础上,对其内容进行深度加工而成。人们常把这类文献称为"情报研究"的成果,包括综述、专题述评、学科年度总结、进展报告、数据手册、进展性出版物以及文献指南等。三次文献也称三级文献,是选用大量有关的文献,经过综合、分析、研究而编写出来的文献。它通常是围绕某个专题,利用二次文献检索搜集大量相关文献,对其内容进行深度加工而成,是对现有成果加以评论、综述并预测其发展趋势的文献,属于这类文献的有综述、述评、进展、动态等。在文献调研中,可以充分利用这类文献,在短时间内了解所研究课题的研究历史、发展动态、水平等,以便能更准确地掌握课题的技术背景。

图 3-14　三次文献

三次文献具有以下一些特点:①综合性:三次文献是在大量有关文献的基础上,经过综合、分析而成,就是将大量分散的有关特定课题的信息、事实和数据进行综合、评价、筛选,以简练的文字扼要叙述出来,内容十分概括。它可以是纵向综合,如某学科的过去、现状和将来的综述;也可以是横向的综合,如对各产业部门同类产品的比较综述等。②针对性:三次文献是为了特定的目的,搜集大量相关的文献,进行分析、综合而编写出来的,因此,具有很强的针对性,即针对特定用户的信息需求,为特定的目的服务。③科学性:三次文献是在已有的知识成果的基础上,对特定专业课题的总结和综述,因此,其观点比较成熟、内容比较可靠,有材料、有事实、有数据、有建议、有结论,具有较高的科学性,一般可直接用于参考、借鉴和使用,因而普遍被科研人员和管理者所重视,如循证医学中的系统评价和实践指南。

　**知识点三:一次文献、二次文献、三次文献之间的关系**

　　一次文献也称原始文献,是指人们根据自己的科学实验、生产实践的成果而撰写的文献,一般指期刊论文、科技报告、会议论文、学位论文、专利等;二次文献也称检索工具,是指对一次信息加工、整理后形成的各种检索工具,如目录、题录、文摘等,它不对一次信息提供评论,仅仅提供一次文献的检索线索;三次文献是指在利用大量一次文献的基础上,对其内容进行综合、分析、研究和述评而撰写出来的文献,分为综述研究类和参考工具类两种类型。一次文献、二次文献、三次文献之间的关系为:从一次文献到二次文献、三次文献就是一个由博到约、由分散到集中、由无组织到系统化的过程,也是科技文献资源的层次结构由无序走向有序、由一种有序结构演变为另一种完善的有序结构的过程。

## 3.2.3　按照出版类型分类

　　按文献的出版形式可将文献分为图书、连续出版物及特种文献三大类型,按照文献出版的类型可将文献分为图书、期刊、报纸、学位论文、会议论文、专利、标准、研究报告、政府出版物、产品样本及档案 11 种类型,具体文献出版类型结构如图 3-15 所示。

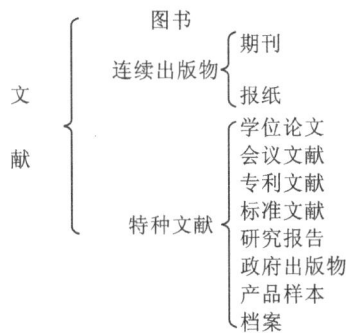

**图 3-15　科技文献按照出版类型结构**

### 1.图书

　　图书,通常在狭义上的理解是带有文字和图像的纸张的集合。书通常由墨水、纸张、羊皮纸或者其他材料固定在书脊上组成,组成书的一张纸称为一张,一张的一面称为一页。但随着科学技术的发展,狭义图书的概念也在扩展,制作书的材料也在改变,例如科研工作者通过现代信息技术使用的电子格式的电子书。在文献信息学中,书被称为专著,以区别于杂志、学术期刊、报纸等连续出版期刊。

　　联合国教科文组织对图书的定义:凡由出版社(商)出版的不包括封面和封底在内 49 页

以上的印刷品,具有特定的书名和著者名,编有国际标准书号(ISBN),有定价并取得版权保护的出版物称为图书。

国际标准书号是由 ISBN 协会管理,包括四部分,分别是国家码、出版社码、书序码及校验码,校验码可以是 0~9 及 X(10)。国际物品编码协会(EAN)针对书籍的条码的规定是:在国际标准书号的前面加上 978,再计算一个新的校验码。例如苏建林主编的《公路工程施工技术》一书的 ISBN 号为 ISBN978-7-114-06195-0,前缀 978 代表图书,中间一部分与 ISBN 相同,最后一位是校验码。

图 3-16　图书文献示意图

科技图书的特点:主题突出,内容系统全面,论述全面深入,知识成熟稳定,系统阐述某一特定领域技术的技术起源、理论沿革及科学特征,适合于某一特定领域技术的理论学习及科学技术参考。由于图书出版周期较长,传递情报的速度缓慢,所以从科技文献检索过程来看,科技图书一般不作为科研工作者进行科学研究的主要检索对象。若要较全面地、系统地获取某一专题知识,参阅科技图书是行之有效的方法。图 3-16 所示为图书文献示意图。

**2. 期刊**

期刊是一种定期发行的连续出版物,其中包含各种文章内容,是一种介于书籍和报纸之间的出版物,大多数杂志的收入来源都是广告费和读者购买杂志产生的销售费。此外,期刊杂志都具有一个固定的名称,并且用卷、期或年、月按顺序编号出版。期刊的出刊周期通常分为:周刊、旬刊、双周刊、半月刊、月刊、双月刊、季刊、年刊。大多数的期刊会在封面上标示期刊的名称、出版年卷期、国际标准连续出版物号(ISSN),并且采用彩色印刷,封面通常为软皮封面。

国际标准连续出版物编号(International Standard Serial Number),简称 ISSN,是根据《信息和文献国际标准连续出版物编号行业标准》(ISO3297—2007)制定的连续出版物国际标准编码,其目的是使世界上每一种不同题名、不同版本的连续出版物都有一个国际性的唯一代码标识。该编号是以 ISSN 为前缀,由 8 位数字组成。8 位数字分为前后两段各 4 位,中间用连接号相连,如:ISSN 1095-9203,前 7 位数字为顺序号,最后一位是校验位。

科技期刊的特点是一种发表自然科学及技术论文的连续出版物,其主要特征有连续性、时效性、创新性、渗透性等。科技期刊在科技情报来源方面占有重要地位,占整个科技信息来源的 65%~70%。它与专利文献、科技图书被视为科技文献的三大支柱,是科研工作者从事科学研究最主要的科技文献资源,是科研工作者进行科研所必需的最重要的科技文献资源,也是科技查新工作利用率最高的科技文献资源。图 3-17 所示为期刊文献示意图。

图 3-17　期刊文献示意图

**3. 报纸**

报纸是以刊载新闻和新闻评论为通常内容、散页印刷、不装订、没有封面的连续出版物。报纸一般有固定名称,面向公众定期、连续发行。现代报纸每日出版一次,称为日刊;或者每周出版一次,称为周刊。这种意义上的报纸只出现在现代社会,古代社会的"报纸"或不是纸质的,或不是印刷的,或非定期、连续发行,一定意义上也不是面向公众的。

现代报纸的直接起源是德国 15 世纪开始出现的印刷新闻纸(单张单条的新闻传单)。一般把 1615 年创刊的《法兰克福新闻》视为第一张"真正的"报纸,因为该报有固定名称,每周定期出版一次,每张纸上印有数条而不是单条新闻(但是该报是单面印刷)。"报纸"的英文——newspaper 最早出现于 1665 年英国第一张报纸《牛津公报》上。1650 年在德国莱比锡出现最早的日报《新到新闻》,但日报成为报纸主角是在 18 世纪以后。日报的普及标志着一个国家或地区的新闻业得以成熟,因为日报的连续出版,对信息的采集和发送、印刷技术、新闻人员的素质和管理人员的水平,都提出了较高的要求。

科技报纸是用以刊载科技新闻为主要内容,面向公众、定期、连续发行的出版物,分综合性和专业性两大类。科技报纸涉及的主要内容如下:宣传国家科技方针政策,提供科研与生产沟通渠道,反映科技工作者呼声和需求,介绍最新科技产品及科技成果,传递最新的科技信息及科技动态,面向公众普及科技知识,刊登科技资讯及科技分析报告,定期发表学术交流信息,等等。

科技报纸的优点是介绍先进科学技术,传播科技信息,交流科学方法,开发智力资源,培养科技人才,促进科研成果转化为生产力,普及科技知识,提高全民族科学技术文化水平;科技报纸的明显缺点是科技报纸因其报道性的属性,决定其只以信息报道为主,而不可能报道科学研究的本身内容,所以科技报纸只能作为科研过程中科技发展动态的依据文献,而不能作为科研过程中重要的科研支撑文献。图 3-18 所示为报纸文献示意图。

**图 3-18　报纸文献示意图**

### 知识点四:科技图书、科技期刊、科技报纸在科研工作中的作用

科技图书系统阐述某一特定领域技术的技术起源、理论沿革及科学特征,是科技工作过程中重要的参考性文献;科技期刊历史地、系统地反映某一学科、某一研究课题的发展过程,及时介绍科技新知识、新技术、新工艺、新观点、新进展、新理论,是科技工作过程中最重要的研究性文献;科技报纸具有反映科技工作者呼声和要求,介绍科技成果,传递科技信息,普及科技知识,进行科技咨询,开展学术交流,推销科技商品等功能,其作为重大科技事件及重要科技数据等信息来源的权威依据,是科技工作过程中的重要的报道性文献。

#### 4. 学位论文

学位论文是指高等学校或研究机构的学生为取得本科生或研究生学位,在导师指导下完成的科学研究、科学试验成果的书面报告。学位论文分为学士论文、硕士论文、博士论文三种。学位论文选题新颖,理论性、系统性较强,阐述详细,参考文献多且全面,有助于对相关文献进行追踪检索。

学位制度起源于中世纪的欧洲,巴黎大学于 1180 年授予第一批神学博士学位。学位论文答辩制度是由德语国家首创的,之后各国相继效仿。学位帽及证书如图 3-19 所示。由于各国教育制度规定授予学位的级别不同,学位论文也相应有学士学位论文、硕士(或副博士)学位论文、博士学位论文之分,其中硕士、博士学位论文具有较高的学术价值。21 世纪初期,世界上每年产生的硕士和博士学位论文约 100 万篇左右,学位论文除少数在答辩通过后发表或出版外,多数不公开发行,只有一份复本被保存在授予学位的大学的图书馆中以供阅览和复制服务。为充分发挥学位论文的参考作用,一些国家的大学图书馆将其制成缩微胶卷或电子数据库,编成目录、索引,并形成专门的学位论文数据库。学位论文示意图如图3-20所示。

图 3-19　学位帽及证书

图 3-20　学位论文示意图

学位论文的特点如下:完成论文的独立性;论证对象的专业性;研究内容的学术性;论证过程的科学性;揭示规律的创新性;研究成果的应用性;知识结构的系统性;表述格式的规范性;论文篇幅的规模性;内容表达的可读性。

#### 5. 会议文献

会议文献是指在学术会议上宣读和交流的论文、报告及其他有关资料。会议文献没有固定的出版形式,有的刊载在学会、协会的期刊上,作为专号、特辑或增刊,有些则发表在专门刊载会议录或会议论文摘要的期刊上,多数以会议录的形式出现。会议录是会后将论文、报告及讨论记录整理汇编而公开出版或发表的文献。会议论文示意图如图 3-21 所示。

会议文献的特点如下:传递情报比较及时,内容新颖,专业性和针对性强,种类繁多,出版形式多样。它是科技文献的重要组成部分,一般是经过挑选的、质量较高的、能及时反映科学技术中的新发现、新成果、新成就以及学科发展趋势,是一种重要的情报源。会议文献中重要组成部分的会议论文正常情况下能及时反映某个领域最新的研究进展及研究方向,因此,会议论文有时也被称为科技工作过程中的"电子文献"。

### 6. 专利文献

专利文献是包含已经申请或被确认为发现、发明、实用新型和工业品外观设计的研究、设计、开发和试验成果的有关资料,以及保护发明人、专利所有人及工业品外观设计和实用新型注册证书持有人权利的有关资料的已出版或未出版的文件(或其摘要)的总称。专利文献是专利制度的产物。专利制度是为推动科技进步和生产力发展,由政府审查和公布发明内容并运用法律和经济手段保护发明创造所有权的制度。图3-22所示为专利文献示意图。

图 3-21　会议论文示意图

世界上最早建立专利制度的是威尼斯城邦,它于 1416 年2 月 20 日批准了第一件有记载的专利。17 世纪末至 18 世纪初,西方各国相继颁布了专利法。19 世纪下半叶出现了国际性专利组织,缔结了各种国际条约和协定。20 世纪 80 年代初,全世界有 130 多个国家建立了专利制度(包括发明证书制度),每年公布的专利说明书约100 万件(反映约 30 万~35 万项新发明),并以每年 9 万件的速度递增。20 世纪 80 年代中期,全世界已通报的专利说明书累计总量已达 3000 万件。大多数国家已采用《国际专利分类法》(简称 IPC)对专利文献进行分类并标注 IPC 类号。英国德温特公司出版的《世界专利文摘》《世界专利索引》每年用英文报道世界范围的专利 60 多万件,是专利文献的重要检索工具。中国自 1985 年 4 月 1 日实施专利法以来,也形成了自己的专利文献体系,它主要由《发明专利公报》《实用新型专利公报》《外观设计专利公报》以及与前两者相对应的专利说明书组成。图 3-23 所示为专利证书示意图。

图 3-22　专利文献示意图

图 3-23　专利证书示意图

专利文献的特点如下:①集技术、法律和经济情报于一体。从专利文献中可了解发明技术的实质、专利权的范围和时限,还能根据专利申请活动的情况,觉察正在开拓的新技术市

场以及它对经济发展的影响。②内容新颖，出版迅速。各国专利法均规定申请专利的发明必须具有新颖性，特别是由于大多数国家采用了先申请原则，即分别就同样发明内容申请专利的，专利权将授予最先申请者。这就促使发明者在完成发明构思后迅速申请专利。③内容可靠。发明说明书等有关文件的撰写大多是由受过专门训练的代理人会同发明人共同完成的，而且还可经过专利局的严格审查。④内容详细，格式规范化。各国专利说明书基本上都是按照国际统一的格式印刷出版，著录项目都有统一的识别代码，国家名称也有统一的代号。这使得即便不懂原文也能识别该说明书的一些特征，给查找专利文献提供了方便。⑤重复性。造成专利文献大量重复的原因有二：一是同一项发明用各种语言向多个国家申请专利的现象屡见不鲜；二是不少国家专利局在受理和审批专利申请的过程中，对发明说明书要先后公布几次。这一特性虽有助于评价发明的重要性、弥补馆藏的不足，但也给收藏和管理增加了负担。图 3-24 所示为专利文献附图示意图。

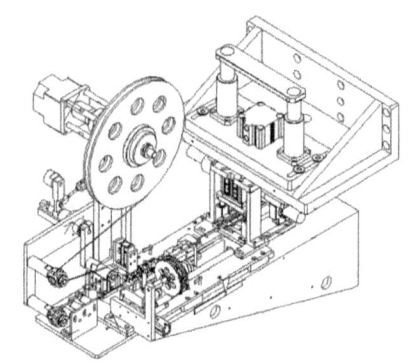

**图 3-24　专利文献附图示意图**

 **知识点五：专利的三个"类型"、三个"人"、三个"日"、三个"号"**

专利的三个"类型"：发明、实用新型及外观设计，法律保护年限分别为发明专利保护期限为 20 年、实用新型及外观设计的保护期限为 10 年；专利的三个"人"：申请人（专利权人）、发明人及代理人，申请人（专利权人）是其发明创造的制造、使用、销售的唯一所有人，对其申请的专利享有独占的权利；专利的三个"日"：申请日、公开日及授权日，公开日为专利通过知识产权局初步审查后对社会公开的日期，专利获得授权后（授权日），追溯专利的权利期限起始日为申请日；专利的三个"号"：专利号、申请号及授权号，专利申请获得授权后申请号成为专利号（专利号＝ZL＋申请号），授权号为专利授权证书的编号。

 **知识点六：专利号（申请号）的组成**

专利号（申请号）由四部分数字组成，2004 年前申请专利的专利号（申请号）由 8 位数字＋小数点位数组成：前两位数字代表申请年份，第三位数字代表专利类型（"1"表示发明，"2"表示实用新型，"3"表示外观设计，"8"为 PCT 发明专利申请，"9"为 PCT 实用新型专利申请），第四至八位数字代表年度专利申请顺序号，小数点位数为专利号（申请号）计算机校验码；2004 年之后申请的专利号（申请号）有 12 位数字＋小数点位数组成：前四位数字代表申请年份，第五位数字代表专利类型（"1"表示发明，"2"表示实用新型，"3"表示外观设计，"8"

为 PCT 发明专利申请,"9"为 PCT 实用新型专利申请),第六至十二位数字代表年度专利申请顺序号,小数点位数为专利号(申请号)计算机校验码。专利申请号编号方式及组成说明如图 3-25 所示。

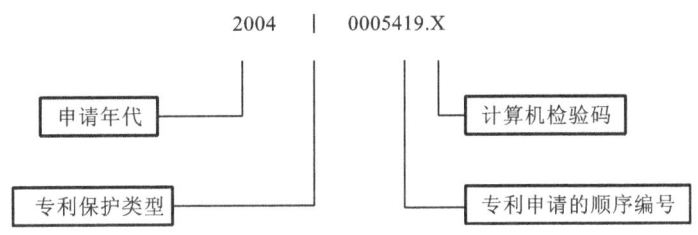

图 3-25　专利申请号编号方式及组成说明

#### 7. 标准文献

标准文献是指按规定程序制订,经公认权威机构(主管机关)批准的一整套在特定范围(领域)内必须执行的规格、规则、技术要求等规范性文献,简称标准。广义标准文献泛指与标准化工作有关的一切文献,包括标准形成过程中的各种档案、宣传推广标准的手册及其他出版物、揭示报道标准文献信息的目录、索引等。图 3-26 所示为标准文献示意图。

在公元前 1500 年的古埃及纸草文献中就有关于医药处方计量方法的标准,是现存最早的标准。现代标准文献产生于 20 世纪初,1901 年英国成立了第一个全国性标准化机构(BS)。同年,世界上第一批国家标准问世。此后,ANSI、NF、DIN、JIS 等全国性标准化机构相继建立,并出版各自的标准。中国于 1957 年成立国家标准局,次年颁布第一批国家标准(GB)。国际标准化机构中最重要、影响最大的是 1947 年成立的国际标准化组织(ISO)、1906 年成立的国际电工委员会(IEC)和 1865 年成立的国际电信联盟(ITU),它们制定或批准的标准具有广泛的国际影响。

图 3-26　标准文献示意图

标准的分类如下:按性质可划分为技术标准和管理标准,技术标准按内容可分为基础标准、产品标准、方法标准、安全和环境保护标准等,管理标准按内容可分为技术管理标准、生产组织标准、经济管理标准、行政管理标准、管理业务标准、工作标准等;按适用范围可划分为国际标准、区域性标准、国家标准、专业(部)标准和企业标准;按成熟程度可划分为强制性标准、推荐性标准、试行性标准和标准草案(指导性文件)等。国际三大标准组织徽标如图 3-27 所示。

  IEEE

图 3-27　国际三大标准组织徽标

标准文献的特点如下：每个国家对于标准的制订和审批程序都有专门的规定，并有固定的代号，标准格式整齐划一；它是从事生产、设计、管理、产品检验、商品流通、科学研究的共同依据，在一定条件下具有某种法律效力，有一定的约束力；时效性强，它只以某时间阶段的科技发展水平为基础，具有一定的陈旧性，随着经济发展和科学技术水平的提高，标准不断地进行修订、补充、替代或废止；一个标准一般只解决一个问题，文字准确简练；不同种类和级别的标准在不同范围内贯彻执行；标准文献是一系列相关标准形成的合集，一个标准正常嵌套多项标准。

 **知识点七：国际通用标准编号**

国际通用标准编号格式：标准代号＋专业类号＋标准号。其中，标准代号大多采用缩写字母，如 IEC 代表国际电工委员会、API 代表美国石油协会、ANIS 代表美国、GB 代表中国，等等；专业类号因其所采用的分类方法不同而各异，有字母、数字、字母数字混合式三种形式，主要区分标准所属具体类别（我国标准编号中没有专业类别号）；标准号由顺序号＋年代号组成，顺序号与年代号中的连接符因国家及地区不同稍有差异，有"—""："等形式。

**8. 研究报告/科技报告**

行业研究报告是从事行业投资之前，对行业各种相关因素进行具体调查、研究、分析，评估项目可行性、效果效益程度，提出建设性意见、建议、对策等，最后被行业投资决策者和主管机关审批的研究性报告。以阐述对行业的理论认识为主要内容，重在研究行业本质及规律性认识的研究，独特的看法、创新的见解、深刻的哲理、严密的逻辑和个性化的语言风格是其内在特点，对研究者的逻辑分析能力和思维水平有较高的要求，同时还要求研究者具有较高的专业理论素养。图 3-28 所示为研究报告文献示意图。

科技报告是在科研活动的各个阶段，由科技人员按照有关规定和格式撰写的，以积累、传播和交流为目的，能完整而真实地反映其所从事科研活动的技术内容和经验的特种文献。它具有内容广泛、翔实、具体、完整和技术含量高、实用意义大、便于交流、时效性好等其他文献类型无法相比的特点和优势。做好科技报告工作可以提高科研起点，大量减少科研工作的重复劳动，节省科研投入，加速科学技术转化为生产力。图 3-29 所示为科技报告文献示意图。

研究报告的特点如下：①实证性研究报告主要是用事实说明问题，材料力求具体典型、翔实可靠、格式规范，如教育调查报告、实验报告、经验总结报告等。这类报告要求通过有关资料、数据及典型事例的介绍和分析，总结经验，找出规律，指出问题，提出建议。这种研究报告既注重理论，又重视实践，往往跟接触性的研究方法有关。②文献性研究报告主要以文献情报资料作为研究材料，以非接触性研究方法为主，以文献的考证、分析、比较、综合为主要内容，着重研究教育领域某一方面的信息、进展、动态，以述评、综述类文章为主要表达形式。一般在教育史学、文献评论研究中用得较多。③理论性研究报告以阐述对某一事物、某一问题的理论认识为主要内容，注重对象本质及规律性认识的研究。独特的看法、创新的见解、深刻的哲理、严密的逻辑和个性化的语言风格是其内在特点。理论性研究报告没有实证

图 3-28　研究报告文献示意图　　　　图 3-29　科技报告文献示意图

研究过程,因此对研究者的逻辑分析能力和思维水平有较高的要求,同时还要求研究者具有较高的专业理论素养。

 **知识点八:研究报告的撰写**

研究报告主要分为实证性研究报告和理论性研究报告两种。实证性研究报告以对事实直接研究所得的材料为基础,报告中事实材料是主要的构成。如教育观察报告、调查报告、实验报告、教育经验的总结报告等。此类研究报告中必须包括研究方法与过程的说明,用确凿的事实与科学的操作为研究结果与结论可靠性的"坚强后盾",是这类报告最显著的特点。理论性研究报告即论文,是以阐述对某一事物、问题的理论性认识为主要内容,要求能提出新的观点或新的理论体系,并阐述新旧理论之间的关系。论文向人们展示的是论点及理论体系形成的思维过程。富有深刻的哲理性和逻辑力量,是此类论文可能独具的"魅力"。

**9. 政府出版物**

政府出版物是指各国政府及其所属机构出版的,具有官方性质的文献,又称官方出版物。各国对政府出版物尚无一致定义,大致可分为以下两类。一类是行政性文件,包括会议记录、司法资料、条约、决议、规章制度以及调查统计资料等;另一类是科技性文献,包括研究报告、科普资料、技术政策文件等。

政府出版物数量巨大、内容广泛、出版迅速、资料可靠,是重要的信息源。政府出版物在出版前后,往往用其他形式发表,内容有时与其他类型的文献(如科技报告)有所重复,有专门用来检索政府出版物的工具书。借助于政府出版物,可以了解该国的科技政策、经济政策等。图 3-30、图 3-31 分别为年鉴文献示意图、为统计文献示意图。

图 3-30 年鉴文献示意图

图 3-31 统计文献示意图

# 思考题

(1)分别说明信息、知识、文献及情报的定义并阐述它们之间的关系。

(2)分别说明一次文献、二次文献、三次文献的定义并阐述三者之间的关系。

(3)分别说明图书、期刊及其他类型文献在科研过程中的不同作用,并详细说明。

# 第4章 科技文献检索的基本方法

本章主要通过科技文献检索原理、科技文献的检索类型、科技文献的检索方式、科技文献的检索系统和工具及科技文献检索效果评价等方面进行详细讲解,重点说明科技文献计算机检索技术与使用方法,帮助同学们充分认识到科技文献检索技术的重要性。

当今社会,科技信息技术日新月异,文献信息资源浩如烟海。科技工作者对科技信息资源的获取、加工、处理及对信息工具的掌握和使用,是科技工作者生存于信息爆炸时代的当务之急。

## 4.1 科技文献检索的原理和意义

### 4.1.1 科技文献检索的概念

科技文献检索是指将科技文献按一定的方式组织和存储起来,并根据用户的需要找出有关科技文献的过程,即从众多的科技文献信息资源中,迅速而准确地查找出符合特定需要的科技文献或科技文献线索的过程。

科技文献检索广义上包括科技文献的存储加工和信息检索两个方面。存储加工是指对一定数量的揭示科技文献特征的信息或从科技文献中摘出的知识、信息进行组织、加工、整序并将之存储在某种载体上,编制成检索工具或组织成检索系统;信息检索就是根据需要,利用一定的检索工具和检索手段,把所需的科技文献线索或知识、信息从检索系统中查找出来的过程。通常所说的科技文献信息查询或信息检索只是名称的后一半,即"狭义"的科技文献检索。存储加工和信息检索从严格意义上讲是不可完全分割的两个概念,存储是为了检索,而检索以存储为前提,它们相互依附、共生共存。如果检索标志与文献的存储标志能够取得一致,就叫"匹配",就可得到"命中文献"。

### 4.1.2 科技文献检索的原理

科技文献检索是信息检索的一种,是指依据一定的方法、按照一定的方式将科技文献组织存储在某种载体上,并利用相应的方法或手段从中查出符合用户特定需要的科技文献的全过程,因此,科技文献检索的全过程包括存储和检索两个过程。

存储过程就是按照检索语言将原始文献信息进行处理,为检索提供经过整序的文献信息集合的过程。文献信息存储在检索工具中形成的文献信息特征标志与信息检索提问标志要保持一致。具体来讲,文献信息的存储包括文献信息的著录、标引以及编排正文和所附索引等。所谓文献信息的著录,是按照一定的规则对文献信息的外表特征和内容特征简明扼要的表述。文献信息外表特征包括文献信息的著者、来源、卷期、页次、年月、号码、文种等。文献信息内容特征包括题名、主题词和文摘。文献信息的标引是就文献信息的内容按一定的分类表或主题词表给出分类号或主题词。检索过程则是按照同样的检索语言(主题词表或分类表)及组配原则分析课题,形成检索提问标志,根据存储所提供的检索途径,从文献信息集合(数据库)中查找与检索提问标志相符的信息特征标志的过程。图 4-1 所示为数据存储与检索示意图。图 4-2 所示为实体文献阅读与检索示意图。

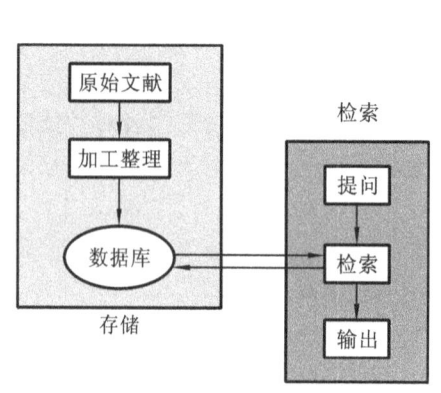

图 4-1　数据存储与检索示意图

图 4-2　实体文献阅读与检索示意图

### 4.1.3　科技文献检索的意义

科技文献检索是文献信息工作的重要组成部分,是科学研究的前期工作。科技文献检索的意义主要体现在以下几个方面。

(1)掌握科学的科技文献检索方法,充分利用和掌握有效的科技文献信息资源,有利于举一反三,扩大知识视野,学好专业知识和技能。

(2)掌握科学的科技文献检索方法,是获取新知识的捷径,可以把学生引导到超越教学大纲的更广的知识领域中去,使他们不断更新知识,适应社会发展的需求。

(3)掌握科学的科技文献检索方法,可以缩短查阅科技文献的时间,获取更多的文献信息,提高工作效率,有利于学生就业后了解市场同类产品及销售情况,积极参与市场竞争。

(4)掌握科学的科技文献检索方法,有利于为企业提供竞争情报和相关信息,为企业决策提供参考依据。

## 4.2　科技文献的检索类型及方式

科技文献检索是指依据一定的方法,从已经组织好的有关大量科技文献集合中查出特定的科技文献信息的过程。因此,检索必须按照存储的统一思路和方法才能得到良好的检索结果。

### 4.2.1　科技文献检索的类型

按科技文献检索的内容划分,科技文献检索可划分为文献检索、事实检索、数据检索、概念检索、图像检索、全文检索、超文本检索、多媒体检索等。

**1. 文献检索**

文献检索是信息检索的主要形式,即检索的对象是文献,包括图书、期刊、论文的信息或全文。解决如"有关赤潮对海洋贝类的影响有哪些文献"等之类的问题。科技人员常用科技文献检索平台徽标如图 4-3 所示。

**图 4-3　科技人员常用科技文献检索平台徽标**

注:文献检索是最典型和最重要的,也是最常利用的科技文献检索类型。掌握了文献检索的方法,就能以最快的速度,在最短的时间内,以最少的精力了解前人和别人取得的经验和成果。

**2. 事实检索**

事实检索是以特定的事实或事件为检索对象。事实内容包括大量的科学事件和社会事件。解决如"世界上最高的山是什么""五一国际劳动节的来历"等之类的问题。图 4-4 所示为百度知道及电话公共咨询热线徽标。

**图 4-4　百度知道及电话公共咨询热线徽标**

**3. 数据检索**

数据检索是以数据为对象的检索,如查找数学公式、数据图表以及某一材料的成分、性能等,是一种确定性检索。解决诸如"水的密度有多大""2007 年全国图书的出版数量"等之类的问题。图 4-5 所示为国家统计局数据中心及国家基础地理信息中心徽标。

**图 4-5　国家统计局数据中心及国家基础地理信息中心徽标**

**4．概念检索**

概念检索就是查找特定概念的含义、作用、原理或使用范围等解释性内容或说明。解决如"图书的定义""三聚氰胺是什么"等之类的问题。图 4-6 所示为百度百科及维基百科徽标。

图 4-6　百度百科及维基百科徽标

**5．图像检索**

图像检索是以图形、图像或图文信息为检索内容的信息检索。如检索"毛主席接见彭加林的图片"、检索"2015 年 3 月份交通违章情况"等之类的问题。图 4-7 所示为百度图片搜索及交通违章查询平台徽标。

图 4-7　百度图片搜索及交通违章查询平台徽标

**6．全文检索**

全文检索的检索系统存储的是整篇文章或整本图书。其还有另一层意义，即从文献的全文中进行某项检索，是一种检索途径。图 4-8 所示为提供期刊或图书全文信息检索平台徽标。

图 4-8　提供期刊或图书全文信息检索平台徽标

**7．超文本检索**

超文本检索是对网络中某个节点中所存信息进行检索，超文本检索强调中心节点之间的语义连接结构，依靠专业系统提供工具作图示穿行和节点展示，提供浏览式查询。如 Google、Baidu 等，其徽标如图 4-9 所示。

图 4-9　Google、Baidu 徽标

**8.多媒体检索**

多媒体检索是以文字、图像、声音等多媒体信息为检索内容的信息检索。如检索某部电影或某首歌曲。图 4-10 所示为超星学术视屏课堂及乐视网徽标。

图 4-10　超星学术视屏课堂及乐视网徽标

 **知识点一:科技文献检索的类型**

科技文献检索按内容可划分为文献检索、事实检索、数据检索、概念检索、全文检索、图像检索、多媒体检索等。

## 4.2.2　科技文献检索的方式

科技文献检索从检索方式上可分为手工检索和计算机检索。

**1.手工检索**

手工检索是指以手工操作的方式,利用印刷型的检索工具来进行信息检索。早些时候有检索卡片,现在使用最多的是检索刊(如书本式目录、文摘、索引、卡片柜等),它们定期地将最新收集到的文献信息加以汇总、组织并进行报道。手工检索的技术要求不高,以人的劳动为本,由人来翻阅并进行比较、选择,进而完成匹配。手工检索工具能提供的检索点比较有限,检索结果往往不尽人意。其优点是便于控制检索的准确性,缺点是检索速度慢、工作量较大。因此,手工检索尽管效率较低,但由于低廉的检索费用、较高的检索质量和一次文献获得率,仍是信息检索不可完全替代的重要方式之一。图 4-11 所示为图书馆纸质文献借阅示意图,图 4-12 所示为传统图书借阅工具。

图 4-11　图书馆纸质文献借阅示意图

图 4-12　传统图书借阅工具

**2.计算机检索**

计算机检索是利用计算机技术与远程通信技术来实现信息的采集、处理、存储、传递和检索。其示意图如图 4-13 所示。检索过程是人与机器合作、通过实时交互的方式从计算机存储的大量数据中自动分拣出用户所需要的信息资源,计算、比较、选择的匹配任务是由计

算机来执行的,而人则是整个检索方案的设计者和操纵者。计算机信息检索系统的构成主要包括:计算机主机设备、外部存储器、输入/输出设备、终端设备、通信网络等设施,还需要通信软件、操作系统、应用程序、检索的软件系统等。其优点是检索速度快、能够多元检索,检索的全面性较高;其缺点主要是需要配置计算机和计算机网络进行科技文献的检索,要求检索者拥有较高的科技文献信息检索知识。现在的科技文献检索最主要的检索方式是计算机检索。

**图 4-13 计算机信息检索**

### 3.手工检索与计算机检索的比较

计算机检索与手工检索相比,其科技文献检索资源的本质没有发生变化,变化的只是检索手段、检索对象、文献资源的表达方式,以及存储文献信息资源的结构和匹配方法。即用计算机资源检索能够识别的代码替代了传统的文献信息资源,用便于快速存取的文档方式替代了查阅纸质载体索引、文摘的方式,搜索信息资源的方式也由手工方式转变为机器自动匹配,形成一个表示用户信息需求的字符串与计算机内存储的大量字符串(信息集合)进行比较和逻辑运算的过程。计算机信息检索明显优于手工信息检索,如表 4-1 所示。

**表 4-1　手工检索和计算机检索的比较**

| 项　　目 | 手 工 检 索 | 计 算 机 检 索 |
|---|---|---|
| 总体特征 | 手翻、眼看、大脑判断 | 检索策略、机器查寻、数据匹配 |
| 检索速度 | 较慢 | 很快 |
| 检索功能 | 简单 | 多样,可链接全文、可打印结果、可进行定题文献服务等 |
| 检索方式 | 单一 | 灵活方便,可进行各种组合检索 |
| 检索点 | 较少 | 较多 |
| 检索范围 | 有限 | 覆盖多学科的多种文献类型,范围较大 |
| 检索限制 | 受时空限制 | 不受时空限制 |
| 更新周期 | 长 | 短 |
| 对用户要求 | 专业知识、工具书使用法 | 专业知识、计算机检索知识 |
| 检索效果 | 查准率高 | 查全率高、通过逻辑组配可提高查准率 |
| 检索费用 | 低 | 高 |
| 综合效率 | 低 | 高 |

## 4.3　科技文献的检索语言及分类

检索语言的作用是标引文献内容、数据和其他信息,把信息的内容特征及外表特征简明而有效地揭示出来。它是联接标引人员和检索人员的思想桥梁,是标引人员和检索人员之间共同遵循的标准语言。它保证了文献信息存储的集中化和系统化,并使众多的文献信息高度的标准化、集中化和系统化,避免漏检和误检,使有规律的检索成为可能。

### 4.3.1　科技文献检索语言的概念

检索语言是一种人工语言,它是各种信息组织、存储和信息检索时所用的一种语言。无论是传统的手工检索系统,还是现代的计算机检索系统,都是通过一定的检索语言组织起来的,并为检索系统提供一种统一的、标准的用于信息检索的专用语言。也就是说,信息资源在存储过程中,其内容特征和外部特征按照一定的语言来表达,那么检索文献信息的提问也必须按照同一种语言来表达。为了使检索过程快速、准确,检索用户与检索系统需要统一的标志。这种在文献信息的存储与检索过程中共同使用、共同理解的统一的标志就是检索语言。因其使用的场合不同,检索语言也有不同的称谓。例如,在存储科技文献的过程中用来标引科技文献时,就叫科技文献标引语言;用来索引科技文献信息时,则叫科技文献索引语言;在检索科技文献过程中又称为科技文献检索语言。

### 4.3.2　科技文献检索语言的类型

检索语言的类型很多。按描述文献特征的不同,检索语言可分为描述文献外表特征的检索语言和描述文献内容特征的检索语言(结构示意图如图 4-14 所示)。描述文献外表特征的检索语言包括题名(书名、篇名)、著者姓名、号码(专利号、报告号、标准号等)和引文语言(被引用著者姓名和被引用文献的出处)等;描述文献内容特征的检索语言包括分类语言、主题词语言和代码语言。

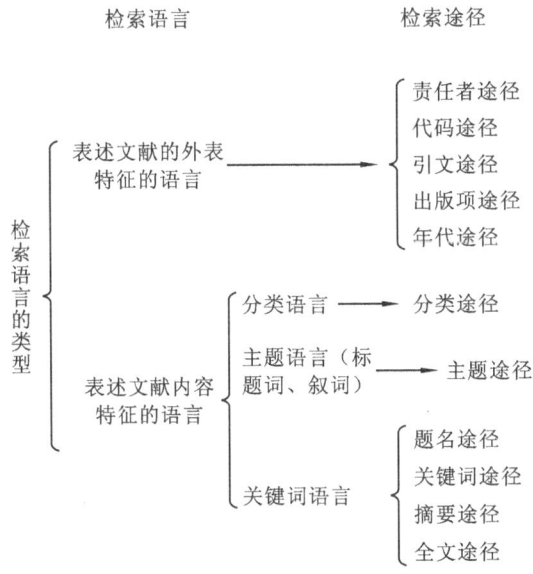

**图 4-14　科技文献检索语言类型结构示意图**

#### 1. 分类检索语言

分类检索语言是一种按科学范畴和体系来划分事物的检索语言,按其所属的学科性质进行分类和排列,以阿拉伯数字或以拉丁字母和数字混合作为类目标志符号,以类目的从属关系表达复杂概念及其在系统中的位置,甚至还表示概念与概念之间关系的一种检索语言。

分类检索语言的具体表现形式就是分类法。

分类检索语言又分为体系分类检索语言、组配分类检索语言和混合分类检索语言。目前使用最广泛的是体系分类检索语言。

1)体系分类检索语言

体系分类语言是以学科的分类为基础,概括文献的内容特征及某些外表特征,运用概念划分的方法,按知识门类的逻辑次序,从总到分、从一般到具体、从简单到复杂,进行层层划分,从而产生许多不同级别的类目,层层隶属,形成一个严格按学科门类划分和排列的等级制体系。体系分类语言是一种直接体现学科知识分类的等级制概念的标志系统,是通过对概括性文献信息内容特征进行分类的检索语言。

体系分类语言广泛用于图书、资料的分类和检索,它是图书情报界使用最普遍的一种检索语言,它的具体体现形式就是图书分类法。世界比较著名的分类法有 IPC、DDC、LC、ICS,我国目前比较流行的有《中国图书馆图书分类法》(简称《中图法》,具体基本类标引如图 4-15所示)、《中国科学院图书馆图书分类法》(简称《科图法》)、《中国人民大学图书馆图书分类法》(简称《人大法》)等。现在的公共图书馆及高校图书馆普遍使用《中图法》对馆藏图书进行分类标引。

| 基本部类 | 基本大类 | 基本部类 | 基本大类 |
| --- | --- | --- | --- |
| 一、马列毛邓 | A 马列主义、毛泽东思想、邓小平理论 | | N 自然科学总论 |
| 二、哲学 | B 哲学、宗教 | | O 数理科学和化学 |
| 三、社会科学 | C 社会科学总论 | 四、自然科学 | P 天文学、地球科学 |
| | D 政治、法律 | | Q 生物科学 |
| | E 军事 | | R 医药、卫生 |
| | F 经济 | | S 农业科学 |
| | G 文化、科学、教育、体育 | | T 工业技术 |
| | H 语言、文学 | | U 交通运输 |
| | I 文学 | | V 航空、航天 |
| | J 艺术 | | X 环境科学、安全科学 |
| | K 历史、地理 | 五、综合性图书 | Z 综合性图书 |

**图 4-15　中国图书馆分类法基本类标引**

2)组配分类检索语言

组配分类检索语言也称为组配分类法,是为了适应现代信息资源标引和检索的需要而发展起来的分类法类型。它运用概念可分析和综合的原理,将可能构成文献主题的概念分析成为单元和分面,设置若干标准单元的类表。使用时,先分析标引对象的主题,根据主题分析的结果并通过相应概念类目的组配表达主题内容。通常用这些类目的标志组合,表示该项主题在分析体系中的次序。

例如,中华网搜索引擎(其徽标如图 4-16 所示)就是以组配分类法建立起来的检索系统。它将网页信息或网站内容按照不同的标准划分为若干的元素，即分面；划分出来的若干个特征概念，即类目。每一个分面的类目与其他分面的类目组配，形成许多组配类目，达到细分的目的。它设计了两个方面，一个是地域面，分省级行政区、城市两级类目；另一个是主题面，一级类目为工商经济、社会文化、教育就业、旅游交通、新闻媒体、生活服务等，一级类目下分出若干个二级类目，用户既可以从地域面入手，

图4-16 中华网搜索引擎徽标

也可以从主题入手。分面组配体系的优点是类目专指度高，具有较高的查准率，但编制类目体系困难。

图4-17 网易图标

**3）混合式分类检索语言**

混合式分类检索语言也称为混合式分类法，它是介于上述两种分类法之间，既应用概念划分和概念原理，又应用概念分析和综合的原理而编制的分类法。根据侧重面不同，有体系分类法和组配分类法之分。体系分类法和组配分类法的特点是：在等级分类体系的基础上又采用分面组配的方法，以达到细分主题的目的，来满足信息查询和检索的需要。混合式分类法是体系和组配相互融合为一体，因此拥有两者的优点。现在的一些比较好的网站（如网易、新浪等）都是采用的这种分类体系。图4-17所示为网易图标。

**2. 主题词检索语言**

主题词检索语言也称为主题词语言，是经过选择，用表达文献信息内容的词语作为概念标志，并将概念标志按字顺排列组织起来的一种检索语言。经过选择的词语叫主题词，主题词表是主题词语言的体现，词表中的词语作为文献内容的标志和查找文献的依据。根据词语的选词原则、组配方式、规范方法，它又分为标题词检索语言、叙词检索语言、关键词检索语言、单元词检索语言等。

**1）标题词检索语言**

标题词检索语言也称为标题词语言，又称为标题法。它是主题检索语言最早的一种类型，也是一种很规范的自然语言，即将经过标准化处理的、表达文献所论述或涉及的事物概念的词、词组或短句作为标志的一种检索语言。例如，一篇关于计算机设计和另一篇关于计算机维修的文章，都可以直接用"计算机"来作为标题词，它们在标题词系统中都是按"计"字排列集中在一起的；一篇关于路桥设计和另一篇关于路桥维护的文章，都可以直接用"路桥"来做标题词，它们在标题词系统中都是按"路"字排列集中在一起的。

标题词是从文章的中心思想出发，以文章的主题概念作为标目，它的划分标记是规范化的词，将这些词按字母顺序排列，构成标题词表。检索时通过字母顺序直接提供按主题检索文献的途径，如《中国分类主题词表》《工程标题词表》《美国国会图书馆标题词表》等。

**2）叙词检索语言**

叙词检索语言又称为叙词语言，是从文献中优选出来，经严格规范化处理的名词或名词词组，通过组配来标示文献内容或主题的一种检索语言。叙词语言就是以叙词作为文献检索标志和查找依据的一种检索语言。它既表达文献内容特征，同时词与词之间又有严密的

语义关系。

**3）关键词检索语言**

关键词检索语言也称为关键词语言，是指出现在文献标题、文摘、正文中对表达和揭示文献内容具有实质意义的词语、关键词作为一种检索语言。关键词用作文献内容的标志和查找目录、索引的依据，不需要规范化，也不需要用关键词作为标引和查找图书资料的工具。

关键词语言的基本原理是直接以自然语言的单词作为表达文献和提问的标志。因而，关键词语言不必编制专门的词表，不进行词汇控制，也不显示词间关系，可利用计算机进行自动抽词标引，极大地提高标引的速度，缩短检索系统的报道时滞，能满足在文献数量激增的背景下快速检索文献的需要。由于关键词能直观、深入地揭示信息中所包含的知识，而且符合人们的思维方式，因此关键词法在信息组织中得到了广泛的应用。网上各种各样的搜索引擎和数据库大多采用了关键词法组织信息资源（如网易、搜狐等），中国科技期刊数据库等也使用了关键词法来组织信息。但由于关键词法的词语不规范，影响了文献信息的查全率和查准率。

在关键词语言发展的进程中，出现了多种关键词索引形式，大体可分为两类：一类是带上下文的关键词索引，包括题内关键词索引和题外关键词索引等；另一类是不带上下文的关键词索引，包括单纯关键词索引、简单关键词索引。

**4）单元词检索语言**

单元词是规范的自然语言，它是指从文献中抽取出来最基本的、不能再分割的单元词语的一种检索语言，又称元词。它从文献内容中抽出，经过规范，能表达一个独立的概念。单元词之间具有灵活的组配功能，用来标引文献的主题概念，所以又称其为后组式检索语言。例如，"计算机"和"软件"是表达两个独立的概念。可是"计算机软件"又可以组合成一个复合概念。因此单元词的组配仅限于字面上的组配。单元词表比较简单，只有一个字顺表，较完备的单元词表是由一个字顺表和一个分类词表组成。常用的单元词语言检索工具有《化学专利单元词表》和《世界专利索引（WPI）——规范化主题词表》等。

**3. 代码检索语言**

代码检索语言是对文献所论述事物的某一方面的特征，用某种代码系统加以描述和标引的语言，如化学物质的分子式、化学物质登记号、基因符号等。

### 知识点二：科技文献检索语言的类型

科技文献检索语言的类型很多。按描述文献特征的不同，检索语言可分为描述文献外表特征的检索语言和描述文献内容特征的检索语言：描述文献外表特征的检索语言包括题名（书名、篇名）、著者姓名、号码（专利号、报告号、标准号等）和引文语言（被引用著者姓名和被引用文献的出处）等；描述文献内容特征的检索语言包括分类语言、主题词语言和代码语言。

### 知识点三：主题检索语言的分类及其区别

主题词检索语言也称为主题词语言，是经过选择，用表达文献信息内容的词语作为概念标志，并将概念标志按字顺排列组织起来的一种检索语言。经过选择的词语叫主题词，主题词表是主题词语言的体现,词表中的词语作为文献内容的标志和查找文献的依据。根据词语的选词原则、组配方式、规范方法,它又可分为标题词检索语言、叙词检索语言、关键词检索语言、单元词检索语言等。标题词检索语言:经过标准化处理的表达文献所论述或涉及的事物概念的词、词组或短句作为标志的一种检索语言;叙词检索语言:从文献中优选出来,经严格规范化处理的名词或名词词组,通过组配来标示文献内容或主题的一种检索语言;关键词检索语言:出现在文献标题、文摘、正文中对表达和揭示文献内容具有实质意义的词语、关键词作为一种检索语言;单元词检索语言:从文献中抽取出最基本的、不能再分割的单元词语的一种检索语言。

# 4.4　科技文献检索的系统及工具

检索系统就是为了满足各种各样的信息需求而建立的一整套信息的收集、整理、加工、存储和检索的完整系统。它是由一定的检索设施和加工整理好并存储在相应载体上的文献集合及其他必要设备共同构成的。它与检索工具一起,共同服务于信息检索。

## 4.4.1　科技文献检索系统

科技文献检索系统就是为了满足各种各样的科技文献信息需求而建立的一整套科技文献信息的收集、整理、加工、存储和检索的完整系统。它是由一定的检索设施和加工整理好并存储在相应载体上的科技文献集合及其他必要设备共同构成的。它与检索工具一起,共同服务于科技文献信息检索。科技文献检索系统按科技文献信息的存储和检索设备划分,可分为手工检索系统和计算机检索系统。

### 1. 手工检索系统

手工检索系统是用手工方式来处理和查找文献的工具系统,是传统的检索系统,其内容千差万别、种类繁多、结构各异,但组成方法基本相同。它主要利用印刷型、缩微型检索工具完成检查。手工检索系统由手工检索设备(书本式目录、文摘、索引、卡片柜等)、检索语言、文献库等构成,以人工方式查找和提供文献信息。

手工检索系统具有操作简单、费用低廉、查准率高等优点,但耗时较多,效率较低。我国手工检索系统将与计算机检索系统长期共存、互相补充,在科技情报交流中发挥其应有的作用。

### 2. 计算机检索系统

计算机检索系统是指用电子计算机和数据库存储、检索文献信息资料的系统。其组成包括计算机、数据库、管理软件和通信网络检索终端,数据库是其核心。而这些所有的用于文献检索的电子计算机可以联成一个庞大的网络,进行国内外的联机检索,现已发展成网络检索系统。但仅有计算机和网络还不行,还必须依赖数据库才能检索到文献信息。

计算机检索系统可充分利用现代信息技术,快速、迅捷获取用户所需要的科技文献信息,但因计算机检索系统需要将检索者的意图反映在检索策略上,检索策略的得当与否直接影响到检索结果,因此在检索策略的编制过程中,概念的选择、数据库的选择和策略的制定直接决定科技文献检索的成败。

### 4.4.2　科技文献检索工具

科技文献检索工具是经过对科技文献信息进行一系列的判断、选择、组织、加工等处理后形成的供检索用的工具与设备。科技文献检索工具是以各种原始文献为素材,在广泛收集并进行筛选后,分析和揭示其外形特征和内容特性,给予书目性的描述和来源线索的指引,形成一定数量的文献信息单元,再根据一定的框架和顺序加以排列或形成可供检查的卡片或工具,以图书的形式出版、或以期刊的形式连续出版形成二次文献,使科研人员从中了解本专业学科或领域的进展情况及科学技术发展的全貌。同时,科技文献检索工具还可以了解图书、期刊等各类文献的出版情况及其在一些图书信息部门的收藏情况,易于利用。任何检索工具都有存储和检索两个方面的职能,存储的广泛、全面和检索的迅速、准确是对文献检索工具的基本要求。

**1. 科技文献检索工具特征**

科技文献检索工具特征具体如下。

(1)详细而又完整地记录文献线索和所收录文献的各种特征,读者可根据这些线索查找所需文献。

(2)每条描述记录标明可供检索用的标志,如分类号、主题词、文献序号、代号代码等。

(3)提供多种必要的检索手段和检索途径,如分类索引、主题索引、作者索引、代码索引等,便于读者从各种途径方便地进行检索。

(4)出版形式具有多样性,可以是图书、期刊、卡片、缩微品、磁带、磁盘、光盘等,兼具对文献信息的揭示报道、存储累积和检索利用的功能。

(5)在体例编排结构上,从实用易检出发,可以结合文字特点和学科特点对所选的款目按分类排组或按主题、叙词、关键词等的字序排组,并利用"参照"关联相关部分。此外,又辅以适宜的辅助工具,以便同主体的排列相辅相成。

**2. 科技文献检索工具种类**

由于检索工具的著录特征、报道范围、载体形式和检索手段等特征的不同,检索工具有多种划分方法。

1)按检索手段划分

检索工具按检索手段可分为手工检索工具、机械检索工具、缩微文献检索工具与计算机检索工具。

2)按物质载体形式和种类划分

检索工具按物质载体形式和种类可分为书本式检索工具、卡片式检索工具、缩微型检索工具和机读式检索工具。

3)按收录的学科范围划分

检索工具按收录的学科范围可分为综合性检索工具、专业性检索工具和单一性检索工具。

### 4.4.3　科技文献检索策略

科技文献检索策略是指检索者为实现检索目标所做的安排和部署,包括课题分析、检索工具的选择、检索方法、检索途径等(科技文献检索步骤如图 4-18 所示)。检索策略几乎包括了与检索有关的全部基本知识的应用,指导整个检索过程。因此,检索策略的优劣主要取决于检索人员的知识水平和业务能力,也是影响检索效率的主观原因。

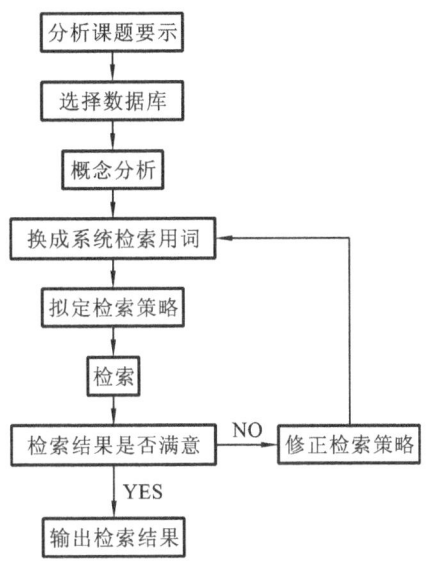

**图 4-18　科技文献检索步骤**

**1. 分析课题**

首先要在分析课题的基础上,弄清楚课题的性质是什么,了解课题的目的、意义,确定检索内容的学科范围、文献类型、检索年限,根据学科范围选择检索工具以及检索范围的限定和检索技术;根据课题要求和特点,选择检索方法,找出检索词;按逻辑关系列出检索式,制定查找程序。要特别注意确定检索标志、提问逻辑、检索词之间的组配方式,它是检索策略的重要部分,关系到检索课题的查全率、查准率。弄清所需的文献类型、要求的文种、年代的限定、课题的关键词等是检索的第一步。例如,有人需要查找作为首饰用的"变色钻石",如果从钻石、金刚钻或碳素材料的角度去查,那会毫无结果。事实上,"变色钻石"是一种刚玉,应从氧化铝或刚玉的角度着手检索。

**2. 选择数据库**

根据检索课题的要求,首先必须对各种检索数据库所覆盖的学科范围有清楚的了解,按照相应数据库的检索途径查找有关的索引,再根据索引指示的地址查得相应的科技文献线索,如题名、内容摘要、作者及作者单位、文献出处等。如果是利用联机、光盘检索系统或数据库检索系统,则可按提示进行操作,其检索途径和功能远比手工检索工具多,文献线索的输出形式可根据需要灵活选择。一般来说,可以先利用本单位已有的科技文献检索数据库,再选择单位以外的科技文献检索数据库,在与科技文献检索主题内容对口的科技文献检索数据库中,选择高质量的数据库作为科技文献检索的文献源数据库。

**3. 概念分析**

科技文献检索,特别是计算机检索,是按照相应联机数据库的标引检索语言进行科技文献的检索与获取。简单的说,就是通过主题词、叙词、关键词或单元词的组配进行科技文献

的检索与获取。因此,用户在进行科技文献检索过程中,必须准确进行课题相关概念的分析,把握所检课题相关主题词、叙词、关键词及单元词,然后通过相关主题词、叙词、关键词及单元词作为检索词进行组配,获取相关科技文献。也就是说,科技文献的检索其实就是检索词的检索,检索词把握的情况直接决定检索的结果和质量。通常的概念分析过程中,在检索词把握不准的情况下,要善于使用一些辅助工具,例如工具书、专业词典、维基百科、百度百科等。

**4. 检索技术应用**

检索策略制定的好坏与检索方法的选择、检索程序和检索人员的技术有关,有的检索人员往往忽略检索策略的制定,忽略检索方法和检索工具各自的特点。检索工具有综合性和专业性的不同及覆盖专业面、收录文献类型、语种、出版文字的不同等,因此应根据课题分析的结果进行选用。拿了题目不了解课题内容,在题目中找出检索词,或由用户提出检索词就进行检索,这样检出来的文献不够全面,容易造成漏检,这种情况的出现与检索人员的经验有关。涉及多学科内容的检索,应对各学科间存在的同义词、近义词进行选择,稍有疏忽,就会造成漏检。

**5. 确定检索途径和检索标志**

标志是确切表达文献内容及某些外表特征而使用的一种符号或词,是经过规范化处理的,是比较通用和定型的。要注意文献的外部特征,如出版年、文献类型、书名、刊名、著者等,也要注意文献内容特征,如学科属性、分类、主题、结构符号等。族性检索用分类途径比较好;特性检索用主题途径比较好;知道分子式可用分子式途径;要查发明,有专利号的用查专利的途径。

**6. 检索策略的制定**

选用具体的检索工具后,就要考虑选择哪种检索方法,确定具体的检索途径,选择是从分类途径检索还是从主题途径检索,所查找的文献要达到什么要求、选用什么检索词等,以便具体进行检索。

**7. 获取原始文献**

利用检索工具获得的文献线索中,文献来源(出处)往往是采用缩写的方式,因此还必须把缩写的文献来源转换成全称,一般可通过检索工具本身的附录予以解决。另外,还要识别著录时所用的各种缩写等。检索文献最终要获取原文,按照文献来源的全称,查找馆藏目录。如查不到,读者可以利用各类联合目录获得其他单位收藏的信息,还可以委托图书馆进行馆际互借或馆际文献传递。这样就完成了文献检索的全过程。

 **知识点四:科技文献检索步骤**

科技文献检索步骤一般分为:分析课题、选择数据库、概念分析、检索技术应用、确定检索途径和检索标志、检索策略的制定、获取原始文献七个步骤。其中检索技术应用和检索策略的制定,直接决定科技文献检索的成功与否,科技人员在进行文献检索时,务必在充分分析课题的基础上,合理应用检索技术,制定科学的检索策略,才能在科技文献信息爆棚的今天,迅速、准确找到相关的科技文献。

### 4.4.4　科技文献检索评价

文献检索完成后,要根据一定的评价指标对检索结果进行科学的评价,以找出文献检索中存在的问题和影响检索效果的各种因素,以便提高检索的有效性。常见的评价指标有查全率、查准率、漏检率、误检率、收录范围、响应时间、用户负担和输出形式等。其中最主要的指标是查全率和查准率。

查全率是指检索出的相关文献量占系统中所有相关文献总量的百分比,用来反映检索的全面性。查准率是指检索出与主题相关的文献量占所有检出文献总量的百分比,用来反映检索的准确性。

查全率和查准率是两个互补的关系。在一个特定的检索系统中,当查全率不断提高的同时,查准率就会降低;而当查准率提高的同时,查全率又会降低。但值得注意的是,当查全率和查准率都很低的时候,二者可以通过检索策略的改善同时得到提高。

用户查找信息的目的各不相同,对查全率和查准率的要求也不同。有时,寻找特定的事实并不关心一次检索中漏检了多少,或检索某个主题时并不在乎误检了多少。因此可根据用户需要,选择合适的查全率和查准率。

**知识点五:查准率和查全率的合理应用**

在实际课题检索过程中,查准率和查全率结合起来,描述了系统的检索成功率。查全率和查准率之间存在着相反的相互依赖关系:如果提高查全率,就会降低其查准率;反之亦然。查全率一般为 60%～70%,查准率一般为 40%～50%,当查全率超过 70% 时,若想再提高查全率就必然会降低查准率。企图使查全率和查准率都同时提高,是很不容易的;强调一方面而忽视另一方面,也是不妥当的,应当结合课题的具体要求,合理地选择检索方法。

## 4.5　计算机检索技术

在计算机信息检索系统中,虽然各数据库提供给信息用户的检索功能各不相同,但大多科技文献数据库均提供简单检索、高级检索及专业检索等检索途径。在科技文献检索的过程中,主要使用布尔逻辑算符、位置算符、截词算符、字段限制、加权检索等检索技术把检索词构造成检索式来实现计算机信息检索(计算机检索技术示意图如图 4-19 所示)。

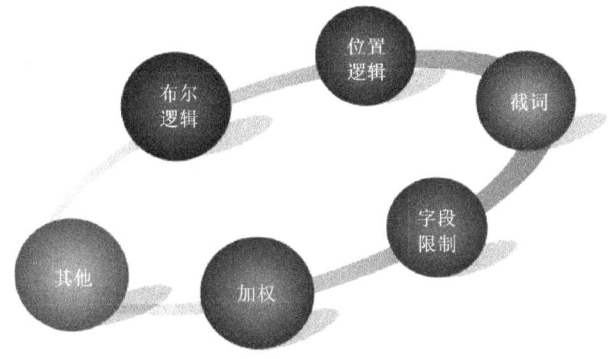

**图 4-19　计算机检索技术示意图**

### 4.5.1 布尔逻辑算符

布尔逻辑算符是所有计算机检索技术中,使用频率最高、实际应用最频繁的一种检索算符。所谓布尔逻辑检索(boolean logical)是用布尔逻辑算符将检索词、短语或代码进行逻辑组配,指定文献的命中条件和组配次序,凡符合逻辑组配所规定的条件的文献为命中文献,否则为非命中文献。布尔逻辑检索是当今检索理论中最成熟的理论之一,也是构造检索表达式最基本、最简单的匹配模式。布尔逻辑检索是通过布尔逻辑算符来实现的,这些运算符能把一些具有简单概念的检索词(或检索项)组配成为一个具有复杂概念的检索式,用以表达用户的检索要求。它是机检系统中最常用的一种检索技术。

布尔逻辑检索是用布尔逻辑算符将检索词、短语或代码进行逻辑组配,指定文献的命中条件和组配次序,凡符合逻辑组配所规定条件的为命中文献,否则为非命中文献。它是一种比较成熟的检索技术,现代计算机信息检索系统多采用这种方式。布尔逻辑算符就是布尔代数中的逻辑运算符 and、or、not,这三种算符表示不同的逻辑关系。用户正确选择使用它们构造逻辑检索式,能将一些具有简单概念的检索词组配成一个具有复杂概念的检索式,来表达用户的信息检索需求。文献检索表达式组成如图 4-20 所示。

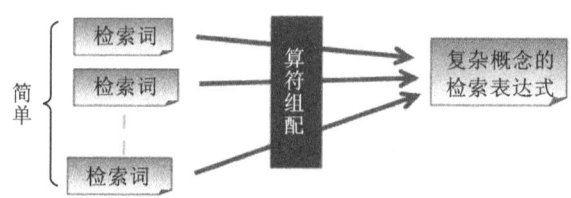

图 4-20　文献检索表达式组成

**1. 逻辑"与"**

逻辑"与"主要用于交叉概念或限定概念之间的组配,用来组配不同的检索概念。如检索式 A and B 即表示检索结果中必须同时含有检索词 A 和检索词 B 才算检索信息命中。采用此检索式可以缩小检索范围,有利于提高检准率。逻辑"与"用 and(或×)表示,即两个检索词以 and(或×)相连。例如,检索信息技术方面的文献信息,检索时要求文献信息中同时出现 information 和 technical 两个检索词,布尔逻辑检索式即可表示为:information and technical;检索牛奶检测方面的文献信息,检索时要求文献中同时出现"牛奶"和"检测"两个检索词,布尔逻辑检索即可表示为:牛奶×检测。逻辑"与"关系图如图 4-21 所示。

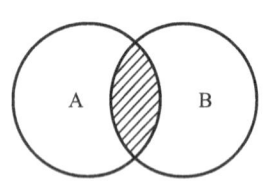

图 4-21　逻辑"与"关系图

**2. 逻辑"或"**

逻辑"或"主要用于同义关系或相关关系的概念组配,用来表示检索概念的相加。如检索式 A or B 即表示检索结果中只要含有检索词 A 和检索词 B 中的任何一个就算检索信息命中。采用这类检索式可以扩大检索范围,防止漏检,便于提高查全率。逻辑"或"用 or(或+)表示,即两个检索词以 or(或+)相连。例如,检索商业或商务方面的文献信息,检索时要求文献信息中出现 commerce 或 business 或 commerce 和 business 两个检索词,布尔逻辑检索式可表示为:commerce or business,检索结果则表示凡含有 commerce 或 business 或同时出现 commerce 和 business 的相关文献;检索航空母舰方面的文献信息,检索时要求文献信息中出现"航空母舰"或"航母"或"特种重型舰艇"三个检索词,布尔逻辑检索式即可表示为:航空母舰 ＋ 航母 ＋ 特种重型舰艇,检索结果则表示凡含有"航空母舰"或"航母"或"特种重型舰艇"其中之一、或之二、或之三的全部相关文献。逻辑"或"关系图如图 4-22 所示。

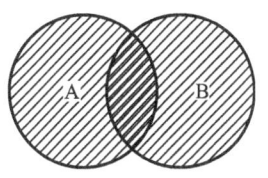

图 4-22　逻辑"或"关系图

**3.逻辑"非"**

逻辑"非"主要用于排斥与选样关系的组配,用来表示检索概念的相减。如 A not B,即表示从含有检索词 A 的检索结果中减去含有检索词 B 的检索结果,这也是一种缩小检索范围的方法。逻辑"非"用 not(或－)表示,即两个检索词以 not(或－)相连,即指从原来的检索范围中排除不需要的概念或影响检索结果的概念,但要慎重防止把有用的检索结果给丢弃,避免漏检。例如,要查找有关"文献"方面的资料,但涉及"手稿"方面的资料不要,逻辑检索式即可表示为:document not manuscript(或 document － manuscript)。逻辑"非"关系图如图 4-23 所示。

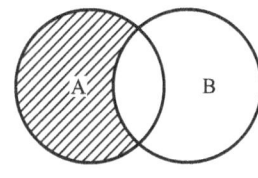

图 4-23　逻辑"非"关系图

### 知识点六:逻辑检索算符"与""或""非"的合理应用

在使用逻辑运算符时应注意以下几点。①使用逻辑"与"算符可以缩小命中范围,起到缩检的作用,得到的检索结果专指性强,查准率也就高;使用逻辑"或"算符可以扩大命中范围,得到更多的检索结果,起到扩检的作用,查全率也就高;使用"非"算符可以缩小命中范围,得到更切题的检索效果,也可以提高查准率,但是使用时要慎重,以免把一些相关信息漏掉。②在一些检索系统中,逻辑运算符的优先级为 not、and、or 依次降低,但更多的检索系统依从左到右的顺序执行逻辑运算,如图 4-24 所示。检索时,可用括号(允许多重括号)来改变优先顺序。③运算符两侧必须各有一个半角的空格;在录入检索式时,除中文检索词外,其他符号应在英文状态下录入;逻辑运算符是用 and、or、not 还是用"×""＋""－",不同的系统有不同的规定。④不同的中文文献检索系统,其菜单式检索中逻辑运算符的表达略有差异,如 CNKI 用"并且""并含"表示 and,用"或者""或含"表示 or,用"不包含"表示 not。万方和 NSTL 都用"与""或""非"来表示 and、or 和 not。二次检索时 CNKI 用"在结果中检

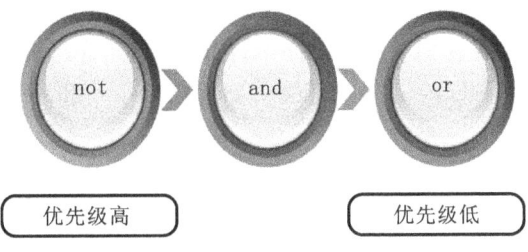

图 4-24　逻辑运算符的优先级

索"表示 and,而维普用"在结果中添加"来表示 or,"在结果中去除"来表示 not。⑤用菜单式检索方式来检索复杂的检索式比较困难。如(WTO or 世界贸易组织 or 世贸)and(中国 or 我国)and(环境保护 or 环保 or 环境政策),在菜单式检索方式中难以实现,如果并列检索词过多,或者检索式相对比较复杂的情况下,建议分步完成该检索式的检索,或选择专业检索方式进行检索。

### 4.5.2　位置算符

位置运算符又称邻接算符(adjacent operators),适用于两个检索词以指定间隔距离或者指定的顺序出现的场合,主要根据外文文献(特别是英文文献的语言特色)进行相关文献检索的一种常用算符。位置算符实现的功能跟 and 运算符类似,但比 and 运算符功能更具体。比如:通过"communication and satellite"进行检索时,命中的文献可能既含有"communication satellite"又含有"satellite communication",也可能含有"communication devices for satellite""communication links without satellite"等。显然其中有些记录与课题要求毫无关系。位置运算符可以用于改进 and 运算符的这种不足之处,因此,它们可以看成是特殊功能的 and 运算符。

位置运算符按照两个检索词出现的顺序和距离,还可以有多种位置运算符,而且对于同一功能的运算符,不同的检索系统可能有不同的表达方式,也有的检索系统不支持位置运算符,检索之前应该先看看数据库的帮助信息。常用位置运算符有(W)、(N)、(S)、(F)。

**1.(W)算符**

(W)算符中的 W 含义为"With"。(W)算符的检索规则如下:词序不许颠倒;两词之间不许插词,只允许出现空格或连字符号。(W)算符还可以使用其简略形式——( )。

例如:命令 S CD(W)ROM 将命中 CD ROM 或 CD-ROM;命令 S solar( )energy 检出 solar energy;命令 S CD(W)ROM / de,id。

**2.(nW)算符**

(nW)算符中的 W 含义为"Word"。(nW)算符的检索规则:两词中间可以插入 0~n 个其他词;插入的词中可以包含系统中规定的禁用词;词序不许颠倒。

例如:命令 communication(2W)satellite,以上命令可检索出含有 communication satellite、communication via satellite 和 communication on the satellite 的相关记录。

**3.(N)算符**

(N)算符中的 N 含义为"Near"。(N)算符的检索规则如下:词序可以颠倒(此为与(W)运算符的检索规则的最主要区别);两词之间不许插词,只允许出现空格或连字符号。

例如:命令 S cross(N)section,上式可检出 cross section 和 section cross 的相关记录。

**4.(nN)算符**

(nN)算符是(N)算符的变形。(nN)算符的检索规则如下:词序可以颠倒(此为与(nW)运算符的检索规则的最主要区别);检索词之间允许插入 0~n 个其他词,包括系统规定的禁用词。

例如:命令 cotton(2N)processing,可检出 cotton processing、processing of cotton 和

processing of egyptian cotton 的相关记录。

**5.(S)算符**

(S)算符中的 S 含义为"Sentence"。(S)算符的检索规则如下：词序可以颠倒；两词必须出现在同一句子(子字段)中。

例如：straw(S)brake 在 EI 的 AB 字段中为"straw"与"brake"在两个句号之间同时出现，在 DE 字段中"straw"与"break"为在两个分号之间同时出现。

**6.(F)算符**

(F)算符中的 F 含义为"Field"。(F)算符的检索规则如下：两词必须出现在同一字段中；词序不限。

例如：命令 pollution(F)control,可检出 control and management of industrial pollution 等相关记录。

(F)算符与 and 的区别如下：(F)邻近算符指定两个检索词在同一个字段中出现，而 and 布尔逻辑组配中的两个检索词会出现在不同的字段中；同位置运算符相比，and 可以连接两个以上的检索词，还可以在两个以上的检索集合进行组配。

例如：au＝cheng,gengdong and cs＝dalian and py＝1998 或 s1 and s2 and s3。

## 4.5.3　截词算符

截词算符就是使计算机保留检索词中的相同词干部分，允许检索词可有一定范围的变化，这种功能可减少输入步骤、简化检索程序、扩大检索范围，从而节省机时、降低费用、提高查全率。截词算符主要是在英文词汇中动词词根变化、名词单复数变化等的基础上出现的一种检索算符，可极大程度地方便检索者简化检索式，精确获取检索结果。不同的数据库有不同的截词符，DIALOG 系统用"?",ORBIT 系统用"＋",还有的系统用"＄"或"　"。

截词分为前方一致、后方一致、中间一致和中间屏蔽等四种形式。截词是计算机信息检索中常用的方法，尤其是英语单词的词尾变化较多，为避免漏检经常要使用前方一致的截词检索。

**1.前方一致**

前方一致也叫后截断，将截词符置于一个字符串的后面，以表示其后的有限或无限个字符的检索。

1)无限截词

例如：命令 physic?,可检出 physic、physical、physican、physicalism 等所有前方一致的相关记录。

2)截断两个字符

例如：命令 physic??(注：两个?间没有空格，如?为3个即为截断三个字符，依此类推),可检出 physic、physical、physican 等前方一致、后面不同字符不超过两个的相关记录。

3)截断一个字符

例如：命令 textile? ?(注：两个?间有一个空格，这种情况下检索工具确认为截断一个字符),可检出 textitle、textitles 等前方一致、后面不同字符不超过一个的相关记录。

**2. 后方一致**

后方一致也叫前截断,将截断符置于一个字符串的前面,以表示其前的无限个字符的检索,所有截断都为无限截断(支持的检索系统较少,EI 检索就不支持后方一致检索)。

例如:命令?? polymer,可检出 polymer、copolymer、homopolymer 等前方不同(不限字符数)、后方一致的所有相关的记录。

**3. 中间截断**

中间截断也叫中间屏蔽,即保持前面和后面的字符一致,只是对词中间的字符进行变化,检索相关的结果。

例如:命令 defen?e,可检出 defence、defense 等词的相关检索记录;命令 fib?? s,可检出 fibers 和 fibres 等词的相关检索记录。

**4. 中间一致**

中间一致也叫前后屏蔽,即保持词的中间不发生变化,词的词头词尾都可发生变化(支持的检索系统较少,EI 检索就不支持中间一致的检索)。

例如:命令?? wave?,可检出 wave、waves、microwave 等词的中间不发生变化,而词的词前和词后发生变化的词的相关检索记录。

相关数据库中具体应用情况如下。

(1)在 Web of Science 检索平台中,＊为截断字符运算符。命令 lap ＊ roscop ＊ ,可在 Web of Science 检索到 laparoscopic、laparoscopic、laparoscopy 等词的相关检索记录。

(2)在 CSA 检索平台中,＊为截断无限字符运算符。命令 patent ＊ 可检索到 patent、patents、patentable 等词的相关检索记录;命令 h ＊ ophilia 可检索到 haemophilia、hemophilia 等词的相关检索记录;? 为截断单个字符的运算符,在单词中最多可使用三个?,命令:wom?n 可检索到 woman、women 等词的相关检索记录;命令:fib?? 可检索到 fiber、fibre 等词的相关检索记录。

(3)在人大复印报刊资料全文数据库检索平台中,!:两词(字)之间允许隔零个至多个字,最多允许出九个"!"。例如:"旅游!! 企业"可检索到"旅游企业""旅游服务企业""旅游重点企业"等相关词语的检索记录。?:两词(字)之间允许隔几个字,相隔字的个数等于出现?的个数,最多允许出九个"?"。例如:"旅游?? 企业"可检索到"旅游服务企业""旅游重点企业"等相关词语的检索记录。

例如:
①检索有关"克隆人立法"方面的英文文献信息。
检索式:"human cloning" and legislat ＊
②检索"文昌鱼遗传多样性"方面的中文文献信息。
检索式:(文昌鱼 or 头索动物)and(遗传多样性 or 基因 or DNA)
③检索"生物基因工程技术"方面的报道而排除"生物基因工程公司"方面的信息。
检索式:"生物基因工程技术" not 公司,或"生物基因工程技术"－公司

 **知识点七:位置算符与截词算符的合理应用**

位置算符检索是用一些特定的位置算符来表达检索词与检索词之间的临近关系,并且

可以不依赖主题词表而直接使用自由词进行检索的技术方法;截词算符检索是指在检索词的合适位置进行截断,然后使用截词符进行处理,这样既可节省输入的字符数目,又可达到较高的查全率。可以说,位置算符与截词算符均是在逻辑算符检索基础上的延伸和精炼,特别是在西文检索过程中应用非常普遍,可以得到事半功倍的效果。

### 4.5.4　字段限制

字段限制就是将检索词限定在某一字段中,计算机只对限定字段进行运算,以提高检索效果。常用的字段限定符号有"in""="等。字段限定检索分为后缀方式和前缀方式。

**1. 后缀方式**

后缀方式是将检索词放在后缀字段代码之前。如:apple in AB、machine in TI 等。

**2. 前缀方式**

前缀方式是将检索词放在前缀字段代码之后。如:AU＝WANG、PY＞＝1996 等。

字段限定检索一般出现在数据库的高级检索或专家检索中,如 Web of Science 数据库的高级检索就是利用"前缀方式"的字段限定检索。在利用字段的限定检索时,要熟悉一些常见的字段代码,表4-2列出了一些常见的字段名称、字段代码和字段中文名称。

表 4-2　常见的字段名称、字段代码和字段中文名称

| 字段名称 | 字段代码 | 字段中文名称 |
| --- | --- | --- |
| Title | TI | 题名(篇名) |
| Subject | SU | 主题词 |
| Keyword | KW | 关键词 |
| Author | AU | 作者姓名 |
| Author Affiliation | AF | 作者机构 |
| Abstracts | AB | 文摘内容 |
| Source | SO | 文献来源 |
| Publication Year | PY | 出版年份 |
| Language | LA | 语种 |
| Address of Author | AD | 作者地址 |
| Accession number | AN | 记录存储号 |
| Classification code | CL | 分类号 |
| CODEN | CN | 期刊代码 |
| ISSN | IS | 国际标准刊号 |

# 思考题

（1）按科技文献检索的内容划分，科技文献检索可划分为哪几种类型，并详细说明。

（2）分别说明标题词检索语言、叙词检索语言、关键词检索语言及单元词检索语言的定义及它们之间的主要区别。

（3）分别说明布尔逻辑算符"与""或""非"在文献检索过程中的不同作用，并举例说明。

# 第5章　典型科技文献数据库介绍

本章主要通过典型科技文献数据库的介绍,帮助同学们熟悉图书、科技论文、专利、标准等相关的国内外权威数据库,为科技文献针对性检索提供文献信息检索系统和检索途径。

科技文献数据库是指计算机可读的、有组织的相关科技文献信息的集合,是科技文献数据源、科技文献检索语言、科技文献检索系统及工具的结合体。

科技文献数据库的内容与其传统的文献信息是相对应的。一种书刊或一篇文献的内容和形式特征经著录后形成一条款目。款目是文献信息的基本单位。在文献数据库中,一条款目称为一条记录,记录也是构成文献数据库的基本单位。款目由篇名、作者和主题等著录项目组成,著录项目在文献数据库中称为字段。一个字段又可细分为若干个子字段。因此,文献数据库是由一系列连续的记录、字段和子字段组成,并形成了一个分级树型结构。

在科技文献数据库中,科技文献信息不是以传统的文字表示,而是将文字用二进制编码的方式表示,按一定的数据结构,有组织地存储在计算机中,从而使计算机能够识别和进行处理。科技文献数据库是当前通过遍布于全世界的通信网络进行联机情报检索的最早的和主要的处理和检索对象。

## 5.1　科技文献数据库概述

科技文献数据库起源于二次文献编辑出版的计算机化。20 世纪 60 年代初,各科技文摘社为克服因信息爆炸而带来的困难,纷纷引进了先进的计算机技术。将经过整理、加工的文献信息输入到计算机中,由计算机进行编辑和排版,输出后排版印刷为文摘刊物和各种索引。同时,仍保留在计算机中的机器可读的文献信息,作为二次文献编辑出版的副产品,发展成为文献数据库。由于机器可读信息大多记录在计算机的磁带上,因此也称文献数据库为磁带版二次文献。早期的文献数据库有 1964 年正式对外发行的美国国立医学图书馆的医学文献分析与检索系统(MEDLARS)、美国化学文摘社的《化学文摘数据库》(CAS)等。图 5-1 所示为早期光盘版 CA 示意图。经过 50 年的发展,全世界科技文献数据库已经从 1965 年的 20 个数据库发展到 2015 年初的约 40 000 个商用科技文献数据库,几乎覆盖了所有国家的所有科技文献类型。科技文献数据库的内容也不限于二次文献,已发展为以下三种类型:全文数据库,存储文献全文;书目数据库,存储内容为题录或除题录外的文摘、提要或简介;书目相关数据库,仅存储索引词和文献号,不存储其他书目信息。

科技文献数据库主要用于情报检索,包括以下几个方面:由计算机处理直接进行联机情报检索和定题情报检索;生产传统性的文献产品,如文摘刊物、书目、索引、专题目录等;生产机读文献产品,如综合或专题文献数据库磁带、软盘等;生产文献缩微产品,如计算机输出缩

图 5-1　早期光盘版 CA 示意图

微片（COM）。

　　科技文献数据库发展趋势如下：①多维度，科技文献数据库不仅仅是科技文献源的提供者，而向多维度科技化、产业化情报分析提供者的角色转变；②多类型，科技文献数据库不再单单提供一种或几种类型文献源，而向多类型、综合性科技文献提供者的角色转变；③多密度，科技文献数据库不仅仅作为科技文献收集及加工者，而向全球性科技文献的存储者的角色转变；④多智能，科技文献数据库不仅仅提供文献特征的检索，而向全文化、口语化等自然语言检索的转变；⑤多文种，科技文献数据库不仅仅提供一种语言的检索，而向多语言、语义化等跨语言检索的转变。

# 5.2　中文科技文献数据库介绍

　　通过本书的第 3 章第 2 节的学习，可以知道：科技文献按照出版类型可分为图书、期刊、报纸、学位论文、会议论文、专利、标准等 11 种常用文献类型，下面就按照出版文献类型相关情况，进行数据库的介绍。

**1. 超星数字图书馆（http://chaoxing.com/）**

　　平台概要：超星数字图书馆为目前世界最大的中文在线数字图书馆，提供大量的电子图书资源，包括文学、经济、计算机等五十余大类、数百万册电子图书、500 万篇论文，全文总量 13 亿余页、数据总量 1 000 000GB，大量免费电子图书，超 16 万集的学术视频，拥有超过 35 万授权作者、5300 位名师、1000 万注册用户，并且每天仍在不断的增加与更新。图 5-2 所示为超星数字图书馆主界面。

　　平台起源：超星数字图书馆成立于 1993 年，是国内专业的数字图书馆解决方案提供商和数字图书资源供应商。超星数字图书馆是国家"863"计划中国数字图书馆示范工程项目，于 2000 年 1 月在互联网上正式开通。它由北京世纪超星信息技术发展有限责任公司投资兴建，目前拥有数字图书 80 多万种。

**图 5-2　超星数字图书馆主界面**

学科范围：涉及自然科学、工程技术、生物医学、社会科学、艺术与人文等全学科领域。

检索途径：超星数字图书馆可通过关键词或按图书分类查找图书。关键词检索：超星数字图书馆提供了书名、作者、主题词、全文四个检索字段，同时可根据需要选择相应的图书分类进行关键词字段的检索。分类查找：超星数字图书馆按照中图分类法对所收录图书进行分类加工，分类检索可根据其左侧中图分类导航逐级展开，选中某学科类别后，即在概览区显示该学科的图书名称列表。

浏览方式：用户可通过安装超星浏览器或网页直接浏览等方式进行文献阅读。

文献类型：图书、全文。

收录年限：1977 年至今。

图 5-3 所示为超星数字图书馆高级检索界面。图 5-4 所示为超星数字图书馆分类检索界面。图 5-5 所示为超星数字图书馆文献阅览界面。

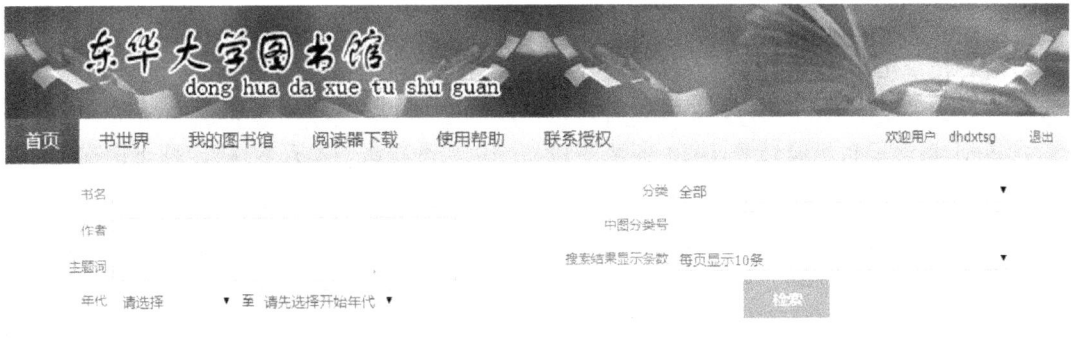

**图 5-3　超星数字图书馆高级检索界面**

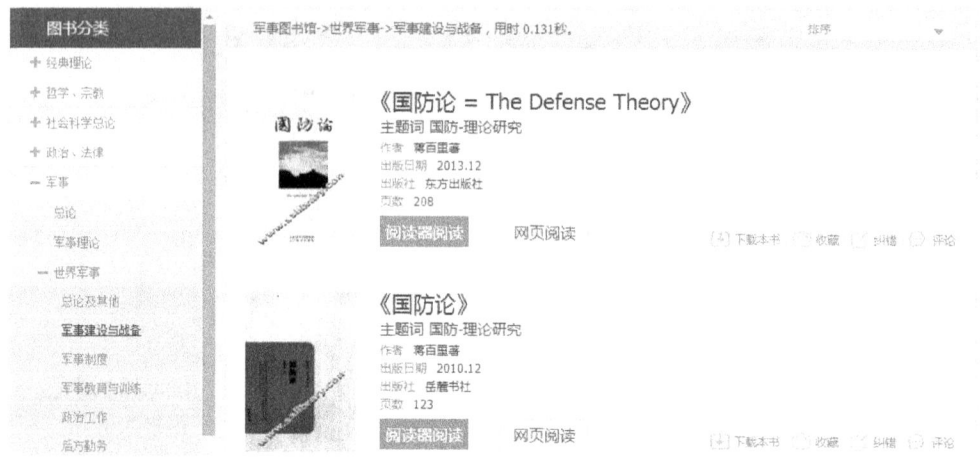

图 5-4　超星数字图书馆分类检索界面

正文123页 ▼ | 11 /123 | 缩小　文字摘录 打印 纠错 下载 阅读模式

# 第二篇　最近世界之国防趋势

## 第一章　世界军事之新趋势

图 5-5　超星数字图书馆文献阅览界面

**2. CNKI 检索平台（中国知网）（http://www.cnki.net）**

平台概要：CNKI 检索平台又名中国知识资源总库，是全球信息量最大、最具价值的中文网站。CNKI 检索平台是国家新闻出版总署首批批准的互联网出版平台之一，可以二次出版所有传统出版方式已经出版过的内容，也可以直接通过网络进行一次出版，出版形式多种多样，包括文本、图片、音频、视频、动画、软件、网络课程、科学数据等多种媒体方式。目前，CNKI 检索平台已集结了 7000 多种期刊、近 1000 种报纸、18 万本博士/硕士论文、16 万册会议论文、30 万册图书以及国内外 1100 多个专业数据库。其中博士/硕士论文、会议论文及部分数据库为一次出版，期刊、图书、报纸等为二次出版。

平台起源：CNKI 是中国知识基础设施工程（China National Knowledge Infrastructure）。CNKI 工程是以实现全社会知识资源传播共享与增值利用为目标的信息化建设项目，由清华大学、清华同方发起，始建于 1999 年 6 月。

学科范围：涉及自然科学、工程技术、生物医学、社会科学、艺术与人文等全学科领域。

检索途径：CNKI 检索平台提供基本检索、高级检索、专业检索、分类导航等多种检索途径,在文献检索过程中除支持文献特征各字段的检索外,还提供文献全文字段的检索。在各文献类型之间还提供跨库检索,可实现多种类型文献的一站式检索。

浏览方式:文献浏览除 CAJViewer 专用文献浏览器外,还提供 PDF 格式文献的浏览(其中博士/硕士论文不提供 PDF 格式浏览)。

文献类型:期刊论文、博士/硕士论文、会议论文、报纸、年鉴、百科、专利、标准、成果等,是一个集合多类型全文文献的综合检索平台。

收录年限:现刊 1994 年至今;过刊(世纪期刊)1979—1993 年;学位论文 2007 年至今。

图 5-6 所示为 CNKI 检索平台主界面。图 5-7 所示为 CNKI 检索平台高级检索及跨库选择界面。图 5-8 所示为 CNKI 检索平台专业检索界面。图 5-9 所示为 CNKI 检索平台检索结果显示界面。图 5-10 所示为 CNKI 检索平台文献浏览界面。

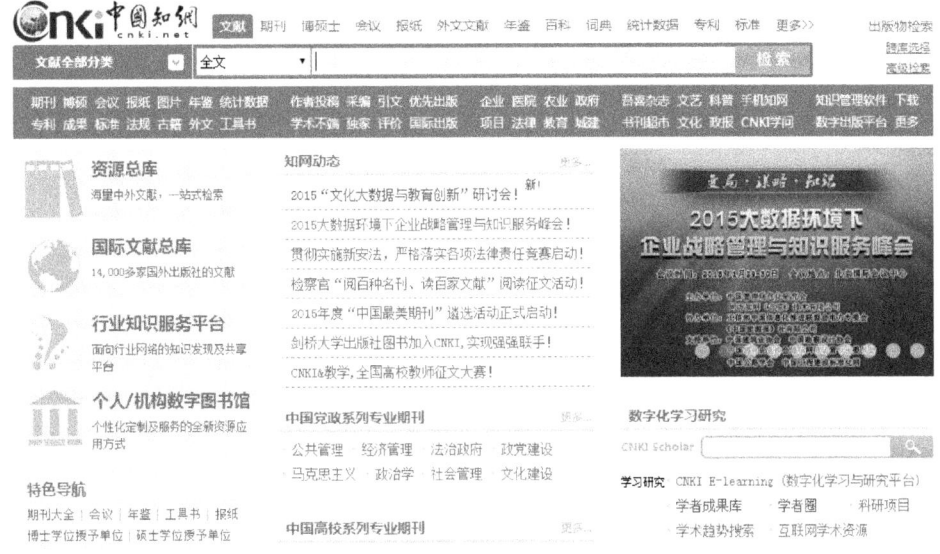

**图 5-6　CNKI 检索平台主界面**

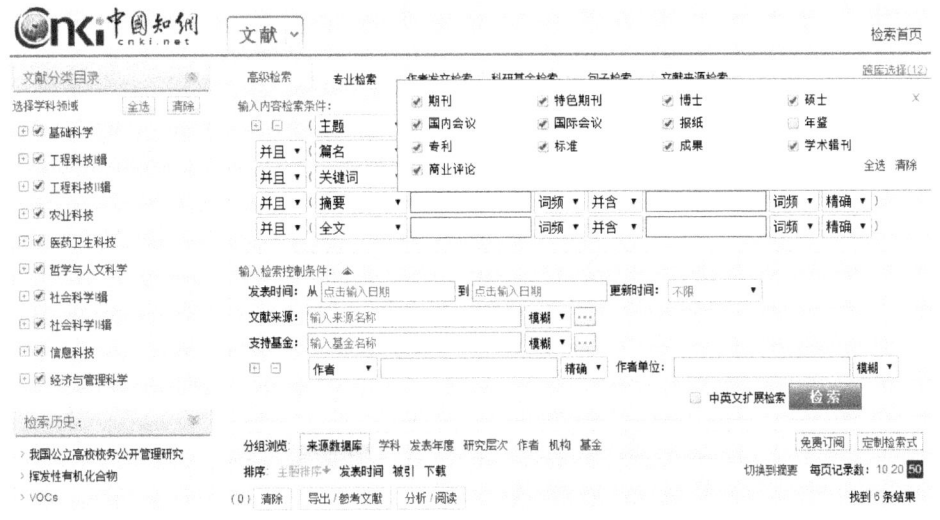

**图 5-7　CNKI 检索平台高级检索及跨库选择界面**

CNKI 中国知网

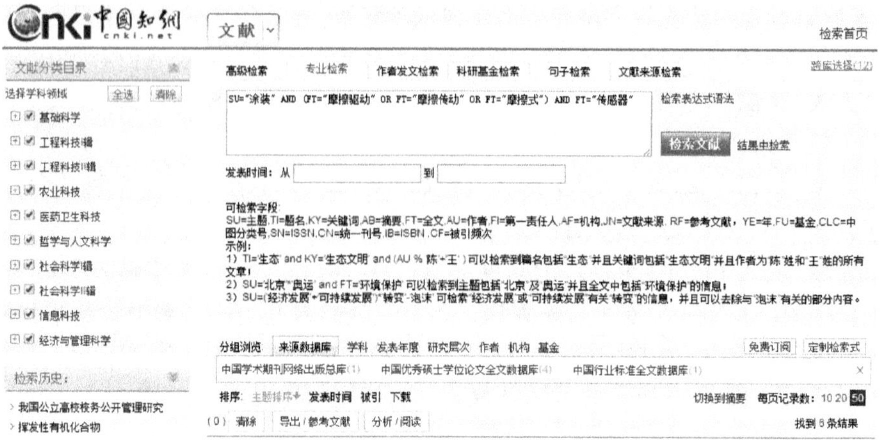

文献 ∨ | 检索首页

文献分类目录

选择学科领域　全选　清除

田 基础科学
田 工程科技I辑
田 工程科技II辑
田 农业科技
田 医药卫生科技
田 哲学与人文科学
田 社会科学I辑
田 社会科学II辑
田 信息科技
田 经济与管理科学

高级检索　专业检索　作者发文检索　科研基金检索　句子检索　文献来源检索　跨库选择(12)

SU="涂装" AND (FT="摩擦驱动" OR FT="摩擦传动" OR FT="摩擦式") AND FT="传感器"　检索表达式语法

检索文献　结果中检索

发表时间: 从 [ ]　到 [ ]

可检索字段:
SU=主题,TI=题名,KY=关键词,AB=摘要,FT=全文,AU=作者,FI=第一责任人,AF=机构,JN=文献来源,RF=参考文献,YE=年,FU=基金,CLC=中图分类号,SN=ISSN,CN=统一刊号,IB=ISBN,CF=被引频次
示例:
1) TI=生态 and KY=生态文明 and (AU % 陈+王) 可以检索到篇名包括"生态"并且关键词包括"生态文明"并且作者为陈姓和王姓的所有文献!
2) SU=北京 奥运 and FT=环境保护 可以检索到主题包括北京 及奥运 并且全文中包括环境保护的信息。
3) SU=(经济发展+可持续发展)* 转贸 泡沫 可检索经济发展 或可持续发展 有关转贸的信息,并且可以去除与泡沫 有关的部分内容。

检索历史

> 我国公立高校校务公开管理研究
> 挥发性有机化合物

分组浏览　来源数据库　学科　发表年度　研究层次　作者　机构　基金　免费订阅　定制检索式
中国学术期刊网络出版总库(1)　中国优秀硕士学位论文全文数据库(4)　中国行业标准全文数据库(1)　×

排序: 主题排序↓　发表时间　被引　下载　切换到摘要　每页记录数: 10 20 50
(0) 清除　导出/参考文献　分析/阅读　找到 6 条结果

**图 5-8　CNKI 检索平台专业检索界面**

|  | 题名 | 作者 | 来源 | 发表时间 | 数据库 | 被引 | 下载 | 预览 | 分享 |
|---|---|---|---|---|---|---|---|---|---|
| □1 | 电泳涂装生产线自动化控制系统的设计及应用 | 程晨 | 华东理工大学 | 2013-11-20 | 硕士 |  | ⬇ 251 | 📖 | ⊞ |
| □2 | 高层建筑外墙清洁涂装壁面爬行机器人研究 | 于朝阳 | 哈尔滨工程大学 | 2007-06-01 | 硕士 | 1 | ⬇ 443 | 📖 | ⊞ |
| □3 | 多因素分类矩阵模型在G公司设备维修备件中的应用研究 | 周颖 | 华南理工大学 | 2009-10-01 | 硕士 |  | ⬇ 63 | 📖 | ⊞ |
| □4 | 汽车涂装线中机械化运输设备的规划思路 | 陈茂江 | 涂料工业 | 2006-09-01 | 期刊 | 6 | ⬇ 184 | 📖 | ⊞ |
| □5 | 舞台机械 台上设备安全 | 郑辉;杜安坤;孙雅度;龚董成;吴润彤;常嵩;徐奇;魏发孔;宋宏 | 中华人民共和国文化部 | 2007-05-09 | 行业标准 |  | ⬇ |  | ⊞ |
| □6 | 基于多杆系统的高速辊床研究与优化设计 | 李体振 | 合肥工业大学 | 2013-04-01 | 硕士 |  | ⬇ 32 | 📖 | ⊞ |

**图 5-9　CNKI 检索平台检索结果显示**

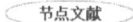
节点文献

## 汽车涂装线中机械化运输设备的规划思路

📥 推荐 CAJ下载　📄 PDF下载　🖥 CAJViewer下载　不支持迅雷等下载工具。　免费订阅

【作者】陈茂江;
【Author】Chen Maojiang(SAIC Motor Co.,Ltd.,Shanghai 201206,China)
【机构】上汽汽车制造有限公司规划部 上海201206;
【摘要】将机械化运输设备与汽车涂装工艺结合在一起,详细介绍了汽车涂装线中几种常用的悬挂输送形式和地面输送形式的特点和发展动态。并从规划的角度归纳了日本和欧洲输送设备的布置风格,确定了总体流程图和平面布置的主要参数,探讨了提高设备利用率和产能的措施,为机械化运输设备的规划提供了思路。
【关键词】汽车; 涂装线; 机械化运输; 规划;
【文内图片】

涂料工业, Paint & Coatings Industry, 编辑部邮箱, 2006年09期 [给本刊投稿]

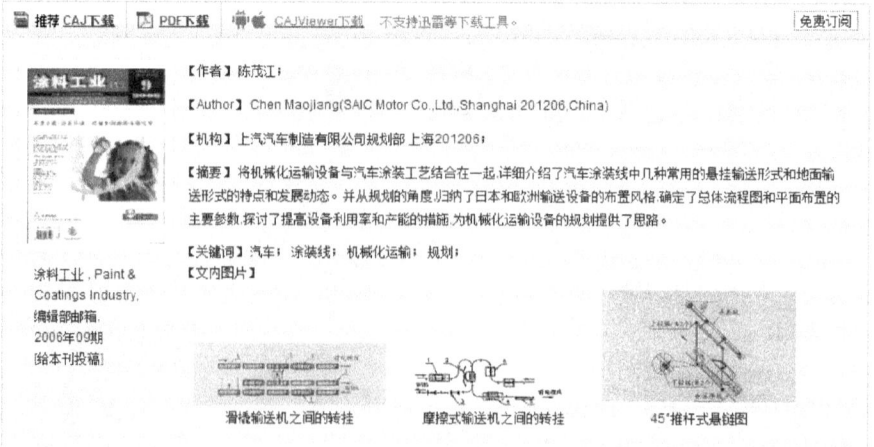

滑撬输送机之间的转挂　摩擦式输送机之间的转挂　45°推杆式悬链图

**图 5-10　CNKI 检索平台文献浏览界面**

**3.万方数据知识服务平台(http://www.wanfangdata.com.cn/)**

平台概要:万方数据知识服务平台是在原万方数据资源系统的基础上,经过不断改进、创新而成,集高品质信息资源、先进检索算法技术、多元化增值服务、人性化设计等特色于一身,是国内一流的品质信息资源出版、增值服务平台。万方数据知识服务平台收集中外学术期刊论文、学位论文、中外学术会议论文、标准、专利、科技成果、特种图书等各类信息资源,资源种类全、品质高、更新快且具有广泛的应用价值。万方数据知识服务平台还提供检索、多维知识浏览等多种人性化的信息揭示方式及知识脉络、查新咨询、论文相似性检测、引用通知等多元化增值服务。

平台起源:万方数据股份有限公司成立于 2000 年,是由中国科技信息研究所发起,以万方数据(集团)公司为基础,联合中国文化产业投资基金、中国科技出版传媒有限公司、北京知金科技投资有限公司、四川省科技信息研究所和科技文献出版社组建的高新技术股份有限公司。

学科范围:涉及自然科学、工程技术、生物医学、社会科学、艺术与人文等全学科领域(特别说明:相对于 CNKI 检索平台,中文医学学科期刊文献的收集是其重要的学科特色)。

检索途径:万方数据知识服务平台提供基本检索、高级检索、专业检索、分类导航等多种检索途径。在各文献类型之间还提供跨库检索,可实现多种类型文献的一站式检索(特别说明:相对于 CNKI 检索平台,万方数据知识服务平台不提供文献全文的检索)。

浏览方式:统一提供 PDF 格式文献浏览。

文献类型:期刊论文、博士/硕士论文、会议论文、专利、标准、成果、地方志、法律法规、企业及产品名录等,是一个集合多类型全文文献的综合检索平台。

收录年限:期刊 1997 年至今,中华医学会期刊 1998 年至今,博士/硕士学位论文 2007年至今,会议论文 1997 年至今,法律法规 1949 年至今。

图 5-11 所示为万方数据知识服务平台主界面。图 5-12 所示为万方数据知识服务平台高级检索界面。图 5-13 所示为万方数据知识服务平台专业检索界面。图 5-14 所示为万方数据知识服务平台检索结果显示界面。图 5-15 所示为万方数据知识服务平台文献信息多格式导出界面。

**图 5-11　万方数据知识服务平台主界面**

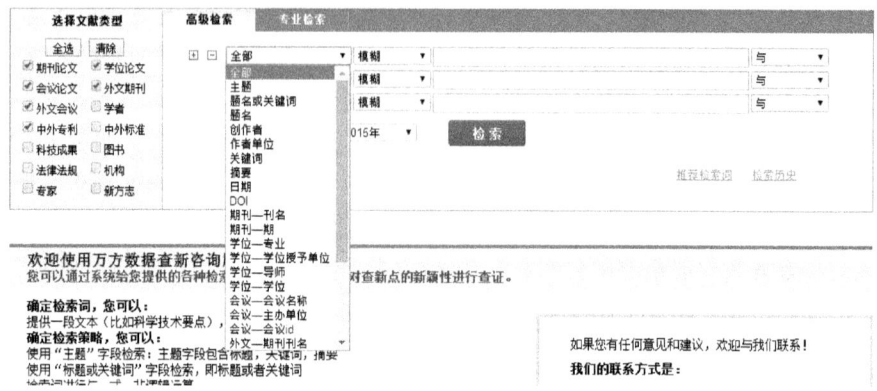

**图 5-12　万方数据知识服务平台高级检索界面**

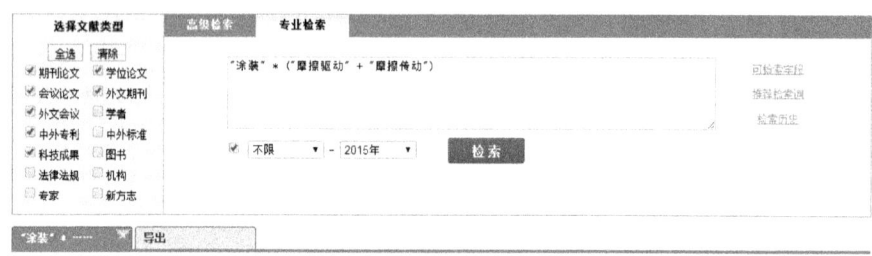

**图 5-13　万方数据知识服务平台专业检索界面**

**图 5-14　万方数据知识服务平台检索结果显示界面**

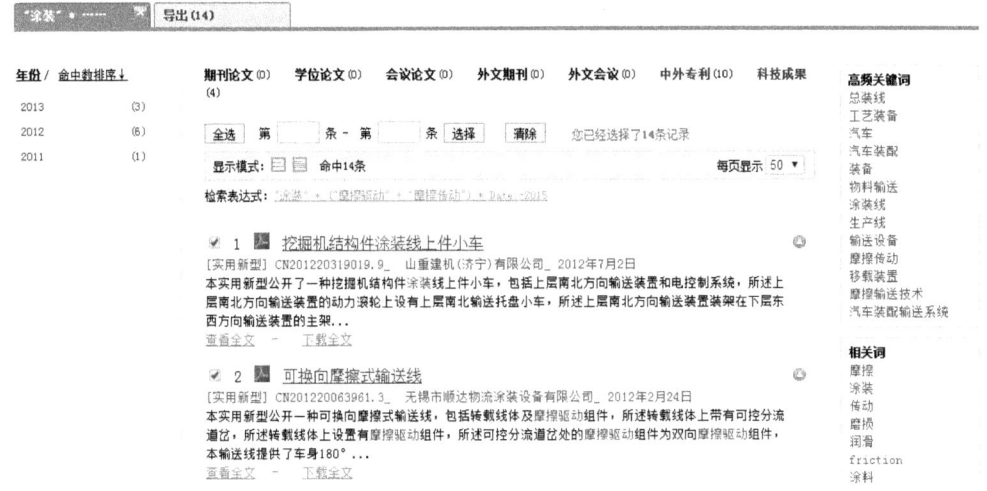

图 5-15　万方数据知识服务平台文献信息多格式导出界面

**4. 中文科技期刊数据库（维普资讯网）（http://lib.cqvip.com/）**

平台概要：中文科技期刊数据库源于重庆维普资讯有限公司 1989 年创建的"中文科技期刊篇名数据库"，其全文和题录文摘版一一对应，经过 13 年的推广使用和完善。中文科技期刊数据库收录了中国境内历年出版的中文期刊 12 000 余种、全文 3000 余万篇、引文 4000余万条，分 3 个版本（全文版、文摘版、引文版）和 8 个专辑（社会科学、自然科学、工程技术、农业科学、医药卫生、经济管理、教育科学、图书情报）定期出版发行。中文科技期刊数据库已经成为文献保障系统的重要组成部分，是科技工作者进行科技查新和科技查证的必备数据库之一。

平台起源：重庆维普资讯有限公司前身为中国科技情报所重庆分所数据库研究中心。主导产品《中文科技期刊数据库》是经国家新闻出版总署批准的大型连续电子出版物。公司2000 年所建立的营运网站——"维普资讯网"已经成为全球著名的中文信息服务网站以及中国最大的综合性文献服务网站。

学科范围：涉及自然科学、工程技术、生物医学、社会科学、艺术与人文等全学科领域（特别说明：相对于 CNKI 检索平台、万方知识服务平台，期刊收集的范围及数量是其重要的平台特色，但检索功能较 CNKI 检索平台、万方知识服务平台有所欠缺）。

检索途径：可提供快速检索、传统检索、高级检索、专业检索、分类检索、期刊导航、二次检索等检索方式，关键词检索字段包括题名、关键词、刊名、作者、第一作者、机构、题名、文摘、分类号九个检索字段。

浏览方式：提供统一的 PDF 文献浏览格式。

文献类型：期刊、全文。

收录年限：1989 年至今。

图 5-16 所示为中文科技期刊数据库主界面。图 5-17 所示为中文科技期刊数据库高级检索界面。图 5-18 所示为中文科技期刊数据库专业检索界面。图 5-19 所示为中文科技期刊数据库检索结果显示界面。图 5-20 所示为中文科技期刊数据库文献浏览界面。

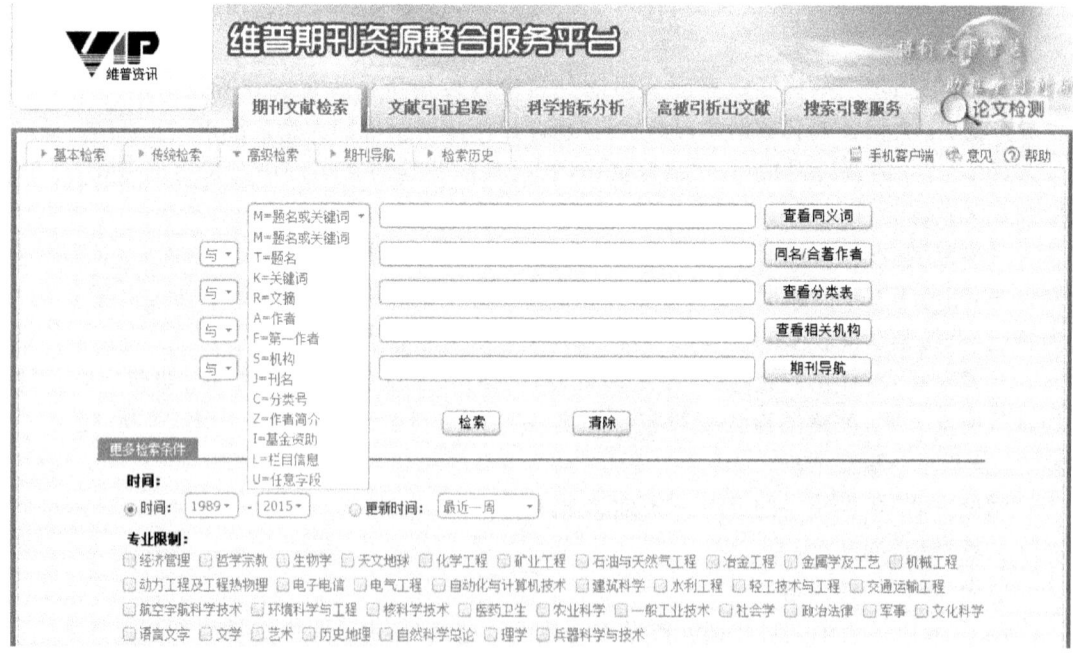

**图 5-16　中文科技期刊数据库主界面**

**图 5-17　中文科技期刊数据库高级检索界面**

期刊全文　被引期刊论文　被引学位论文　被引会议论文　被引专利　被引标准　被引图书专著

**您的检索式**　3篇;　文摘=涂装 并且 文摘=摩擦 并且 文摘=传动 或者 文摘=驱动

全选 清除 导出　已选　0　条　　　　　　　　　　　　按时间筛选 全部 ▼

□ 1　**题名: 多喷头漆料真空雾化喷涂室的设计**　暂未订购
　　作者: 聂松辉 刘文
　　出处: 《机械设计》 CSCD 2013年第12期
　　基金: 湖南省科技厅资助项目(2011GK3203)
　　摘要: 针对目前国内涂装生产线上存在的工作效率低、油漆利用率不高、工作环境恶劣等问题,从结构设计方面对铝型
　　　　　材喷涂设备进行了分析研究,设计出多喷头漆料真空雾化喷涂室。分析了喷涂室抽风...

□ 2　**题名: 摩擦轮传动在大客车涂装生产线上的应用**　暂未订购
　　作者: 黄新明
　　出处: 《黄石理工学院学报》 2011年第6期
　　基金: 湖北省教育厅重点科研项目资助(项目编号D20114403).
　　摘要: 介绍了大客车涂装自动输送系统中为无动力输送设备吊具提供返回行走能量的摩擦轮传动装置的设计与计算,该
　　　　　装置能够对与其接触的吊具摩擦条的位置偏差自动进行找正,以保证摩擦轮与吊具间...

□ 3　**题名: 大倾斜度缆索机器人的研制**　暂未订购
　　作者: 张家梁 吕恬生 罗均
　　出处: 《高技术通讯》 EI CAS CSCD 2001年第1期
　　摘要: 针对现代斜拉桥对安全和美观的越来越高要求,提出用大倾斜度缆索机器人进行高 空缆索检测和维护的新方法。
　　　　　采用电驱动摩擦轮压紧使机器人沿缆索连续爬升或气驱动气缸 夹紧蠕动爬升,利用...

3篇结果中的1-3篇　　　　　　　　　　　　　　　　　　　　页数: 1

**图 5-18　中文科技期刊数据库专业检索界面**

期刊全文　被引期刊论文　被引学位论文　被引会议论文　被引专利　被引标准　被引图书专著

**您的检索式**　3篇;　文摘=涂装 并且 文摘=摩擦 并且 文摘=传动 或者 文摘=驱动

全选 清除 导出　已选　0　条　　　　　　　　　　　　按时间筛选 全部 ▼

□ 1　**题名: 多喷头漆料真空雾化喷涂室的设计**　暂未订购
　　作者: 聂松辉 刘文
　　出处: 《机械设计》 CSCD 2013年第12期
　　基金: 湖南省科技厅资助项目(2011GK3203)
　　摘要: 针对目前国内涂装生产线上存在的工作效率低、油漆用率不高、工作环境恶劣等问题,从结构设计方面对铝型
　　　　　材喷涂设备进行了分析研究,设计出多喷头漆料真空雾化喷涂室。分析了喷涂室抽风...

□ 2　**题名: 摩擦轮传动在大客车涂装生产线上的应用**　暂未订购
　　作者: 黄新明
　　出处: 《黄石理工学院学报》 2011年第6期
　　基金: 湖北省教育厅重点科研项目资助(项目编号D20114403).
　　摘要: 介绍了大客车涂装自动输送系统中为无动力输送设备吊具提供返回行走能量的摩擦轮传动装置的设计与计算,该
　　　　　装置能够对与其接触的吊具摩擦条的位置偏差自动进行找正,以保证摩擦轮与吊具间...

□ 3　**题名: 大倾斜度缆索机器人的研制**　暂未订购
　　作者: 张家梁 吕恬生 罗均
　　出处: 《高技术通讯》 EI CAS CSCD 2001年第1期
　　摘要: 针对现代斜拉桥对安全和美观的越来越高要求,提出用大倾斜度缆索机器人进行高 空缆索检测和维护的新方法。
　　　　　采用电驱动摩擦轮压紧使机器人沿缆索连续爬升或气驱动气缸 夹紧蠕动爬升,利用...

3篇结果中的1-3篇　　　　　　　　　　　　　　　　　　　　页数: 1

**图 5-19　中文科技期刊数据库检索结果显示界面**

摩擦轮传动在大客车涂装生产线上的应用
Application of Friction Wheel Drive in Bus Shell Painting Line

[在线阅读]  [下载全文]  [收藏本页]  [导出题录]  [分享]

作　　者：黄新明　（查看高影响力作者）
HUANG Xinming （School of Mechanical and Electronic Engineering, Huangshi Institute of Technology, Huangshi Hubei 435003)

机构地区：黄石理工学院机电工程学院,湖北黄石435003　（查看高影响力机构）

出　　处：《黄石理工学院学报》2011年第27卷第6期 28-30页,共4页　（查看高影响力期刊）
《Journal of Huangshi Institute of Technology》

基　　金：基金项目：湖北省教育厅重点科研项目资助（项目编号：D20114403）.

摘　　要：介绍了大客车涂装自动输送系统中为无动力输送设备吊具提供返回行走能量的摩擦轮传动装置的设计与计算,该装置能够对与其接触的吊具摩擦条的位置偏差自动进行找正,以保证摩擦轮与吊具间运动和动力的正常传递。生产实践表明：该装置运行平稳,工作可靠,维修方便。

The paper introduces the design and calculation of the friction wheel device which provides returning walking power for the unpowered transmission lifting tool in the bus painting automatic transmission system. The location deviation of the lifting tool's friction strip contacted with the wheel can be alignmented auto- matically by the device to ensure the normal transmission of the motion and drive between the friction wheel and the lifting tool. The production practice shows that the device has such advantages as stable running, reliable work and convenient maintenance.

关 键 词：摩擦轮 传动装置 涂装 吊具
friction wheel transmission device painting lifting tool

**图 5-20　中文科技期刊数据库文献浏览界面**

**5.人大复印报刊资料全文数据库(http://book.zlzx.org/index.html)**

平台概要：人大复印报刊资料全文数据库由中国人民大学书报资料中心提供,该中心成立于 1958 年,是国内最早从事搜集、整理、存储、编辑人文社会科学信息资料的学术出版机构,逐渐形成了在我国人文社会科学学术信息出版领域中的强势品牌地位。人大复印报刊资料以其涵盖面广、信息量大、分类科学、筛选严谨、结构合理完备的特点,成为国内最有权威的具有大型、集中、系统、连续和灵活五大特点的社会科学、人文科学专题文献资料宝库,从 1995 年开始,共有 100 多个专题。

学科范围：涉及马列、哲学、社科总论、政治、法律、经济、文化、教育、体育、语言、文学、艺术、历史、地理等学科领域,是一个收集社科研究内容为主的全文型数据库。

检索途径：可通过关键词或按学科分类查找相关期刊全文。关键词检索包括主题词、标题词、关键词、作者及作者简介、摘要、全文等检索字段,同时可根据需要,选择相应的图书分类进行关键词字段的检索。

浏览方式：统一提供的网页 txt 文献浏览格式。

文献类型：报纸、期刊,全文。

收录年限：1995 年至今。

图 5-21 所示为人大复印报刊资料全文数据库主界面。图 5-22 所示为人大复印报刊资料全文数据库检索界面。图 5-23 所示为人大复印报刊资料全文数据库文献浏览界面。

图 5-21　人大复印报刊资料全文数据库主界面

图 5-22　人大复印报刊资料全文数据库检索界面

图 5-23　人大复印报刊资料全文数据库文献浏览界面

**6.读秀中文学术搜索(http://www.duxiu.com/)**

平台概要:读秀中文学术搜索拥有海量数据库资源,是全球最大的中文文献资源服务平台,有280万种中文图书元数据、160万种图书原文、6亿页资料,占1949年以来出版的全部中文图书的95%以上。读秀中文学术搜索的检索系统是一个拥有立体深度的检索系统,它提供了书目、章节、全文三个检索频道,实现了目录和全文的垂直搜索,使读者在最短时间内获得深入、准确、全面的文献资源。读秀中文学术搜索的图书检索系统不但能显示图书的详细信息,还提供图书的原文显示,使读者能清楚地判断是否是自己需要的图书,提高了信息检准率和读者查书、借书的效率。

读秀中文学术搜索除提供图书文献检索外,还提供期刊、报纸、学位论文、会议论文、专利、标准等文献的检索,它集文献搜索、试读、文献传递、参考咨询等多种功能为一体,读者可以通过这个平台获取本馆印刷版图书、电子版图书的收藏信息,也可以了解其他馆的收藏信息,并能通过文献传递来获取他们需要的部分电子版图书。

学科范围:全学科。

检索途径:可通过关键词或按学科分类查找相关图书全文。关键词检索包括主题词、标题词、关键词、作者及作者简介、摘要、全文等检索字段,同时可根据需要,选择相应的图书分类进行关键词字段的检索。

浏览方式:统一提供网页在线浏览格式。

文献类型:图书、期刊、学位论文、会议论文、专利、标准等,文献传递平台。

获取方式:机构已购买文献的可提供直接下载链接,机构未购买文献的可通过文献传递获取。

图5-24所示为读秀中文学术搜索主界面。图5-25所示为读秀中文学术搜索全文检索界面。图5-26所示为读秀中文学术搜索图书检索界面。图5-27所示为读秀中文学术搜索文献类型。图5-28～图5-32所示为文献传递步骤。

**知识** 图书 期刊 报纸 学位论文 会议论文 文档 ┃电子书　　　　　　更多>>

中文搜索　　外文搜索

**热门关键词**

・APEC蓝　　　・埃博拉病毒　　・依法治国　　　・克里米亚　　　・炒作

・材料　　　　　・藏地密码　　　・读者文摘　　　・病理　　　　　・百年孤独

**图5-24　读秀中文学术搜索主界面**

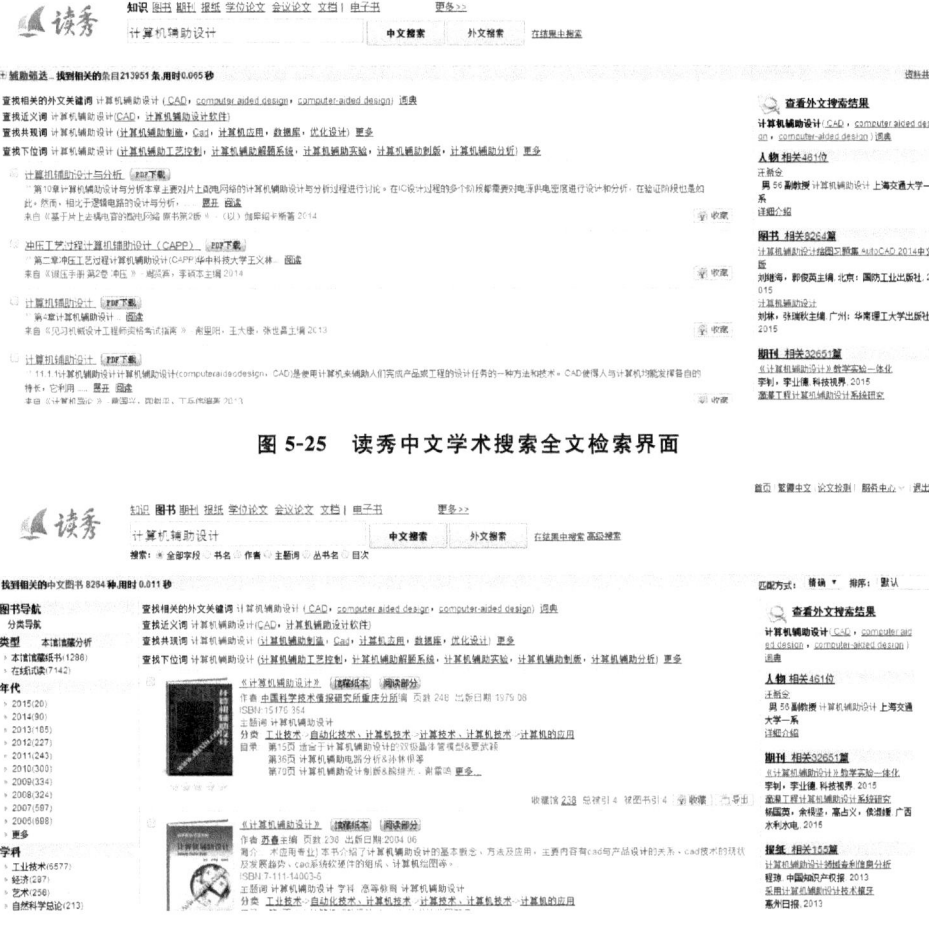

**图 5-25　读秀中文学术搜索全文检索界面**

**图 5-26　读秀中文学术搜索图书检索界面**

**图 5-27　读秀中文学术搜索文献类型界面**

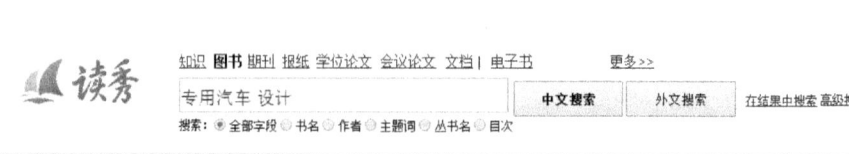

**图 5-28　文献传递步骤一：文献检索，选择需要获取文献**

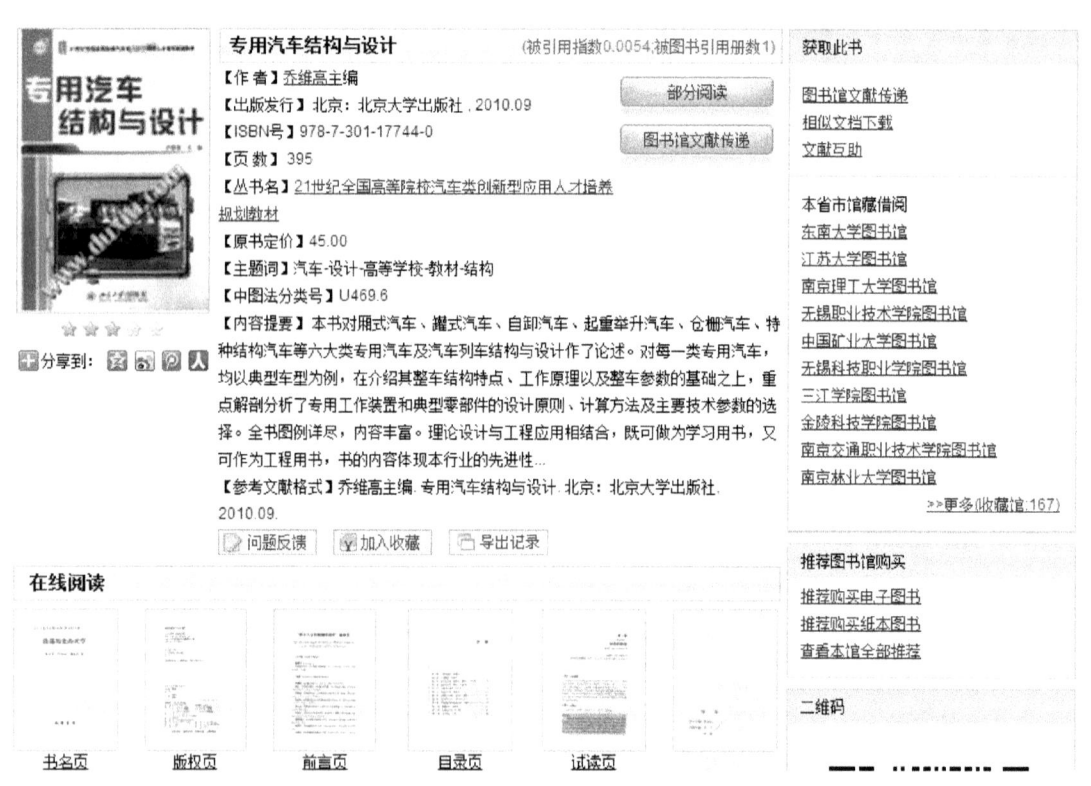

**图 5-29　文献传递步骤二：部分阅读，了解获取文献信息**

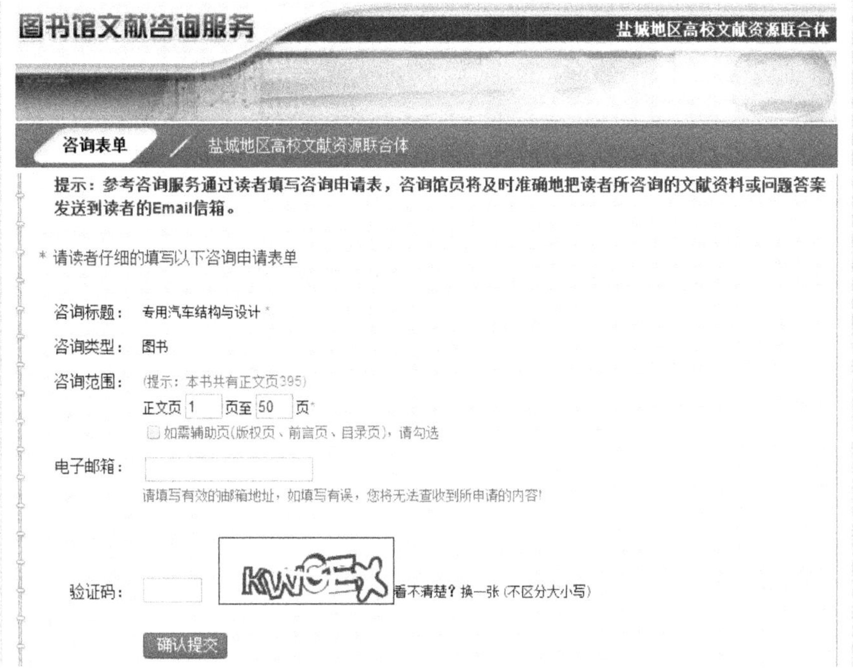

图书馆文献咨询服务 盐城地区高校文献资源联合体

咨询表单 / 盐城地区高校文献资源联合体

提示：参考咨询服务通过读者填写咨询申请表，咨询馆员将及时准确地把读者所咨询的文献资料或问题答案发送到读者的Email信箱。

* 请读者仔细的填写以下咨询申请表单

咨询标题： 专用汽车结构与设计 *

咨询类型： 图书

咨询范围： (提示：本书共有正文页395)

正文页 1 页至 50 页*

☐ 如需辅助页(版权页、前言页、目录页)，请勾选

电子邮箱：

请填写有效的邮箱地址，如填写有误，您将无法查收到所申请的内容！

验证码： KWCEX 看不清楚? 换一张 (不区分大小写)

确认提交

**图 5-30 文献传递步骤三：确定内容，输入邮箱进行传递**

图书馆文献咨询服务 盐城地区高校文献资源联合体

咨询表单 / 盐城地区高校文献资源联合体

√ 咨询提交成功！

您的文献传递请求已经收到。文献咨询服务单位(图书馆、情报所等)、网友会将处理结果发送到您的邮箱 **3747222@qq.com**。特别提示：如您所填写的email邮箱地址有误，您将无法查收到所申请的内容！

提示：如果您长时间没有收到邮件，请尝试以下方法：

1. **邮件可能被误识为垃圾邮件**，请检查被过滤的邮件中是否有回复给您的信件！

2. 请更换邮件地址再次提交参考咨询申请；

继续咨询本书

**图 5-31 文献传递步骤四：提交成功，等待邮箱来件浏览**

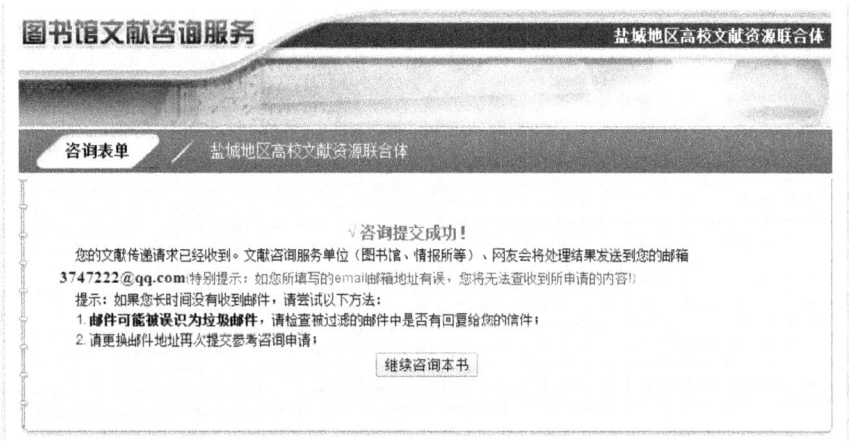

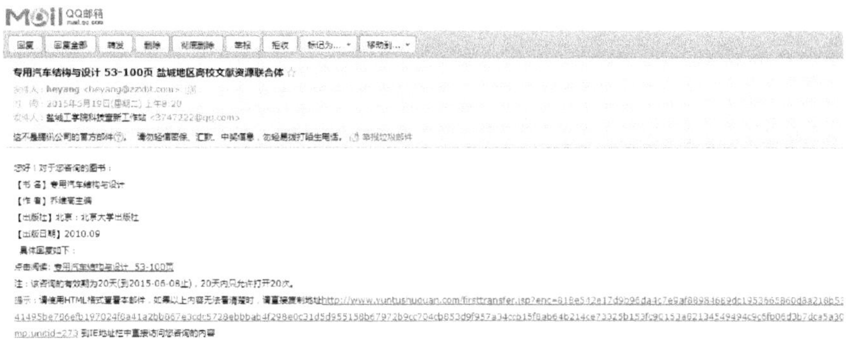

**图 5-32 文献传递步骤五：通过邮箱链接，进行文献阅读**

# 5.3 外文科技文献数据库介绍

**1. Web of Science(http://webofknowledge.com/WOS)**

平台概述:美国《科学引文索引》(Science Citation Index,简称 SCI)于 1957 年由美国科学信息研究所(Institute for Scientific Information,简称 ISI)在美国费城创办,并由美国科学信息研究所(ISI)1961 年开始每年编撰出版的引文数据库。SCI(科学引文索引)、EI(工程索引)、CPCI(科技会议录索引)是世界著名的三大科技文献检索系统,是国际公认的进行科学统计与科学评价的主要检索工具,其中 SCI 最为重要,创办人为 Eugene Garfield。Web of Science 是大型综合性、多学科、核心期刊引文索引数据库,包括三大引文数据库——科学引文索引(Science Citation Index,简称 SCI)、社会科学引文索引(Social Sciences Citation Index,简称 SSCI)和艺术与人文科学引文索引(Arts & Humanities Citation Index,简称 A&HCI)。Web of Science 核心合集数据库收录了 12 000 多种世界权威的、高影响力的学术期刊,内容涵盖自然科学、工程技术、生物医学、社会科学、艺术与人文等领域,最早的文献可回溯至 1900 年。Web of Science 核心合集收录了论文中所引用的参考文献,并按照被引作者、出处和出版年代编成独特的引文索引。

学科范围:涉及自然科学、工程技术、生物医学、社会科学、艺术与人文等全学科领域。

浏览方式:提供统一 PDF 文献浏览格式。

文献类型:期刊、会议论文,索引型文献,结合相关单位已购买外文期刊全文自动链接下载。

收录年限:1980 年至今。

图 5-33 所示为 SCI 索引数据库检索界面。图 5-34 所示为 SCI 索引数据库文献列表界面。图 5-35 所示为 SCI 索引数据库文献浏览界面。图 5-36 所示为 SCI 索引数据库引用文献浏览界面。

**图 5-33 SCI 索引数据库检索界面**

**图 5-34　SCI 索引数据库文献列表界面**

**图 5-35　SCI 索引数据库文献浏览界面**

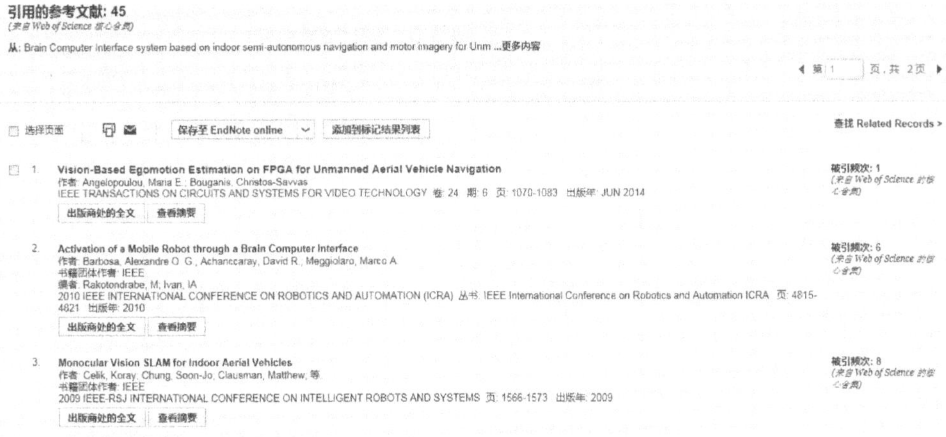

**图 5-36　SCI 索引数据库引用文献浏览界面**

**2. Engineering Village(简称 EI)(http://www.engineeringvillage.com/)**

平台概述:美国工程索引(Engineering Index)是世界著名的检索工具,由美国工程信息公司(Engineering Information Inc.)编辑、出版发行。该公司始建于 1884 年,是世界上最大的工程信息提供者之一,早期为印刷版、缩微版等信息产品,1969 年开始提供 EI Compendex 数据库服务。《Engineering Village》是由美国工程信息公司在 Internet 上提供的网络数据库,它的核心产品《Engineering Index》(美国工程索引)闻名于世。20 世纪 90 年代以来,随着网络信息技术的发展,美国工程信息公司开始提供网络版《工程索引》数据库 Ei Compendex Web;同时开始研究基于 Internet 环境下的集成信息服务模式,1997 年左右推出的 EI 是以 Ei Compendex Web 为核心的数据库,其将世界范围内的工程信息资源组织、筛选、集成在一起,向用户提供"一步到位"的便捷式服务。Ei Compendex Web 数据库除了收录 1969 年以来的 Ei Compendex 数据(每年收录 2600 余种工程期刊、会议录和科技报告)以外,还包括 1990 年以来的 Ei PageOne 数据(在 Ei Compendex 的 2600 种期刊基础上扩大收录范围,每年收录 5600 种工程期刊、会议录和科技报告)。

学科范围:涉及核技术、生物工程、运输、化学和工艺、光学、农业和食品、计算机和数据处理、应用物理、电子和通信、材料、石油、航空和汽车工程等学科领域。

浏览方式:提供统一 PDF 文献浏览格式。

文献类型:期刊、会议论文、科技报告等,索引型文献,可结合相关单位已购买相关外文期刊全文自动链接下载。

收录年限:1969 年至今。

图 5-37 所示为 EI 索引数据库检索界面。图 5-38 所示为 EI 索引数据库文献列表界面。图 5-39 所示为 EI 数据库文献浏览界面。

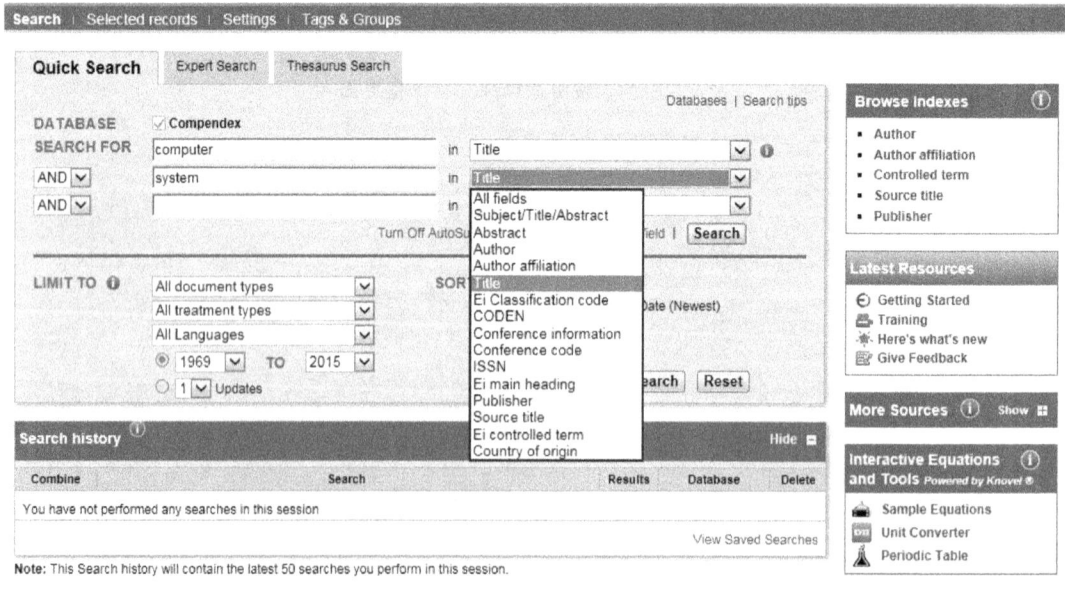

**图 5-37　EI 索引数据库检索界面**

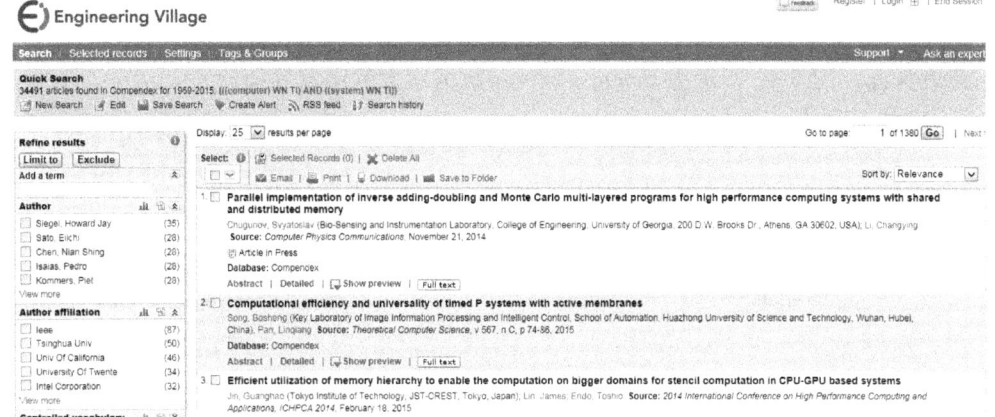

图 5-38　EI 索引数据库文献列表界面

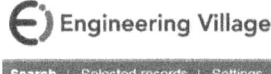

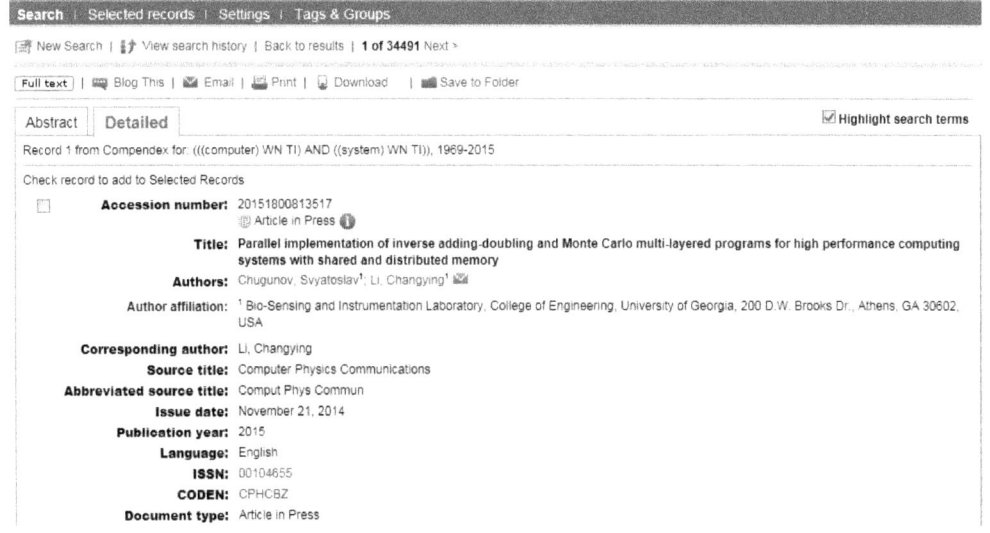

图 5-39　EI 数据库文献浏览界面

### 3. Elsevier Science Direct(http://www.sciencedirect.com/)

平台概述：Elsevier 是荷兰一家全球著名的学术期刊出版商，每年出版大量的学术图书和期刊，大部分期刊被 SCI、SSCI、EI 收录，是世界上公认的高品位学术期刊。Science Direct 系统是 Elsevier 公司的核心产品，自 1999 年开始向用户提供电子出版物全文在线服务，包括 Elsevier 出版集团所属的 2500 多种同行评议期刊和 11 000 多种系列丛书、手册及参考书等，数据库收录全文文章总数已超过 1500 多万篇。

学科范围：涉及数学、物理、化学、天文学、医学、生命科学、商业及经济管理、计算机科学、工程技术、能源科学、环境科学、材料科学等学科领域。

浏览方式：提供统一 PDF 文献浏览格式。

文献类型：期刊，全文型文献。

收录年限：1998 年至今。

图 5-40 所示为 Science Direct 数据库检索界面。图 5-41 所示为 Science Direct 数据库文献列表界面。图 5-42 所示为 Science Direct 数据库文献浏览界面。

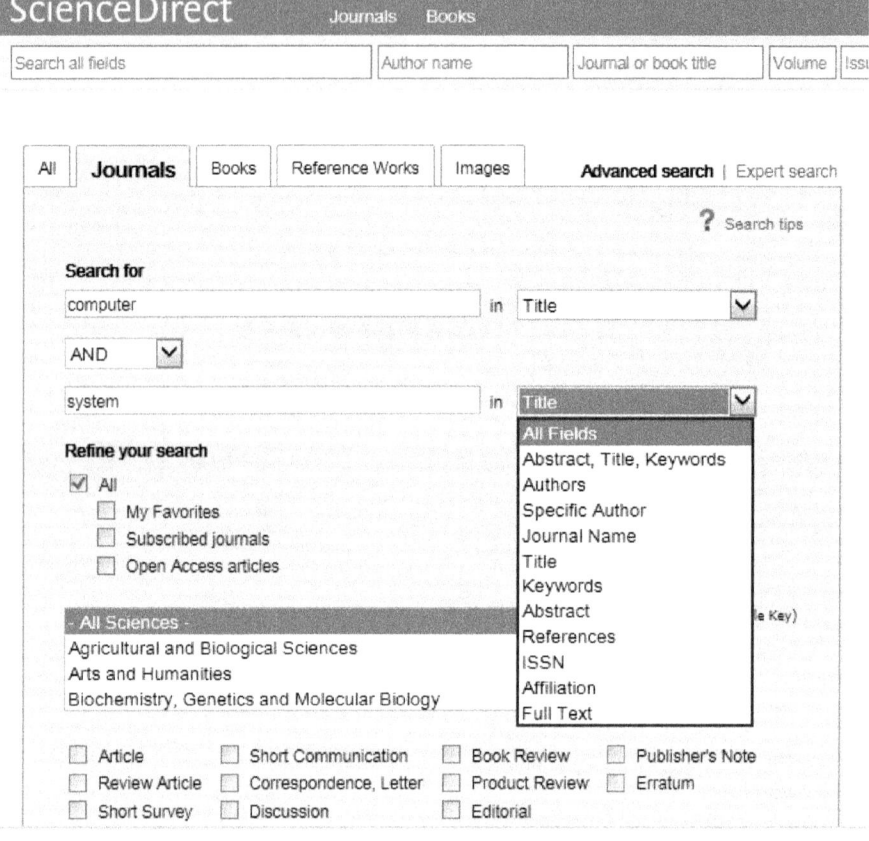

**图 5-40　Science Direct 数据库检索界面**

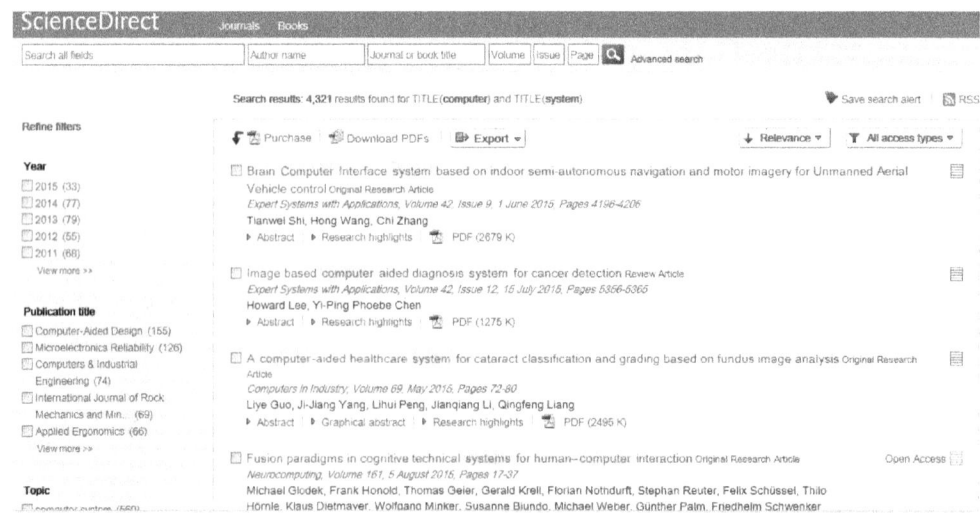

**图 5-41　Science Direct 数据库文献列表界面**

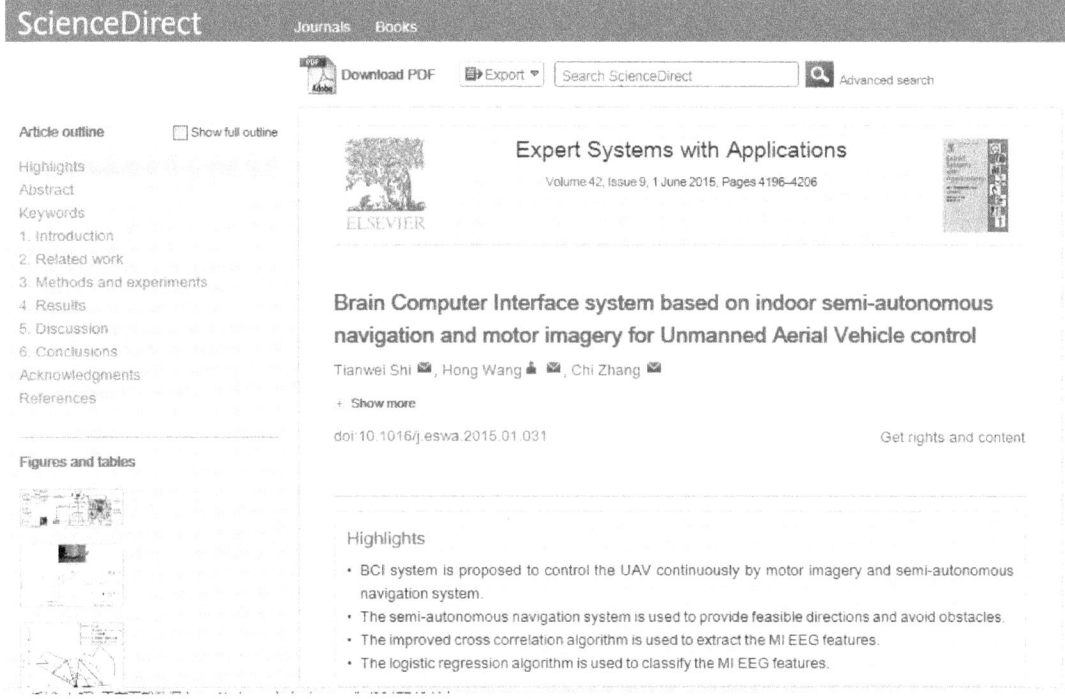

图 5-42　Science Direct 数据库文献浏览界面

**4. IEEE/IET Electronic Library, 简称 IEL(http://ieeexplore.ieee.org/)**

平台概述: IEEE/IET Electronic Library(IEL)数据库提供美国电气电子工程师学会(IEEE)和英国电气工程师学会(IEE)出版的 219 种期刊、7151 种会议录、1590 种标准的全文信息。IEEE 下属的 13 个技术学会的 18 种出版物可以浏览全文,且数据回溯的年限也比较长(其他出版物一般只提供 1988 年以后的全文检索),部分期刊还可以看到预印本(accepted for future publication)全文。IEL 收录了当今世界电气工程、通信工程和计算机科学领域近三分之一的文献,电气电子工程、计算机科学、人工智能、机器人、自动化控制、遥感和核工程领域的期刊影响因子和被引用量都名列前茅。IEEE 每年在全球举办超过 900 场学术会议,涉及电气电子、通信和计算机、能源、自动化控制等学科领域。

学科范围: 涉及电气电子、航空航天、计算机、通信工程、生物医学工程、机器人自动化、半导体、纳米技术、电力等技术领域。

浏览方式: 提供统一 PDF、txt 文献浏览格式。

文献类型: 期刊、图书、科技报告等,全文型文献。

收录年限: 1988 年至今。

图 5-43 所示为 IEL 数据库检索主界面。图 5-44 所示为 IEL 数据库高级检索界面。图 5-45 所示为 IEL 数据库文献列表界面。图 5-46 所示为 IEL 数据库文献浏览界面。

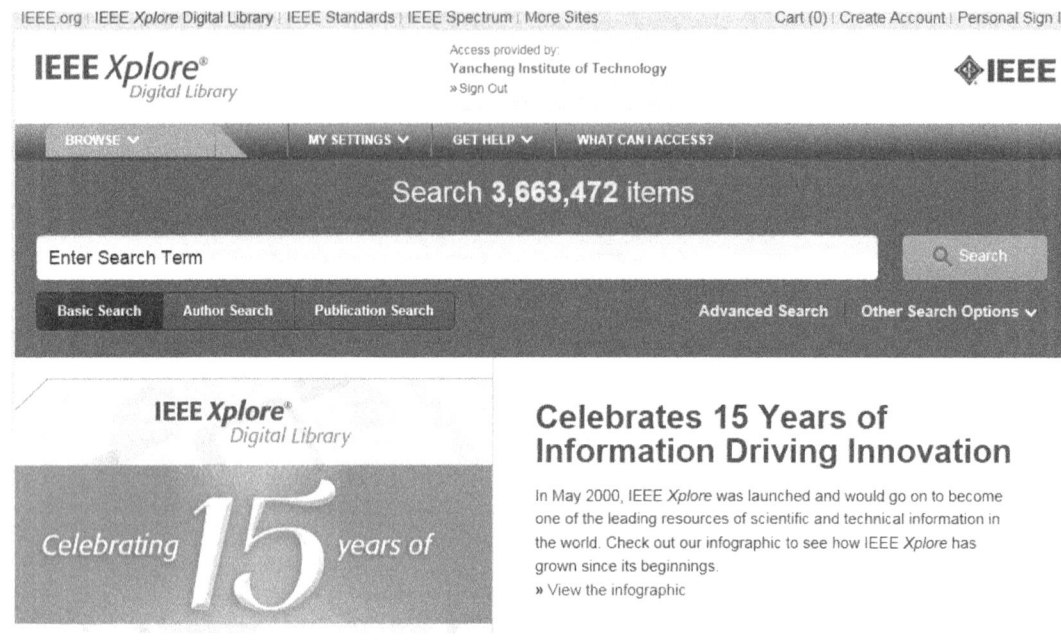

图 5-43　IEL 数据库检索主界面

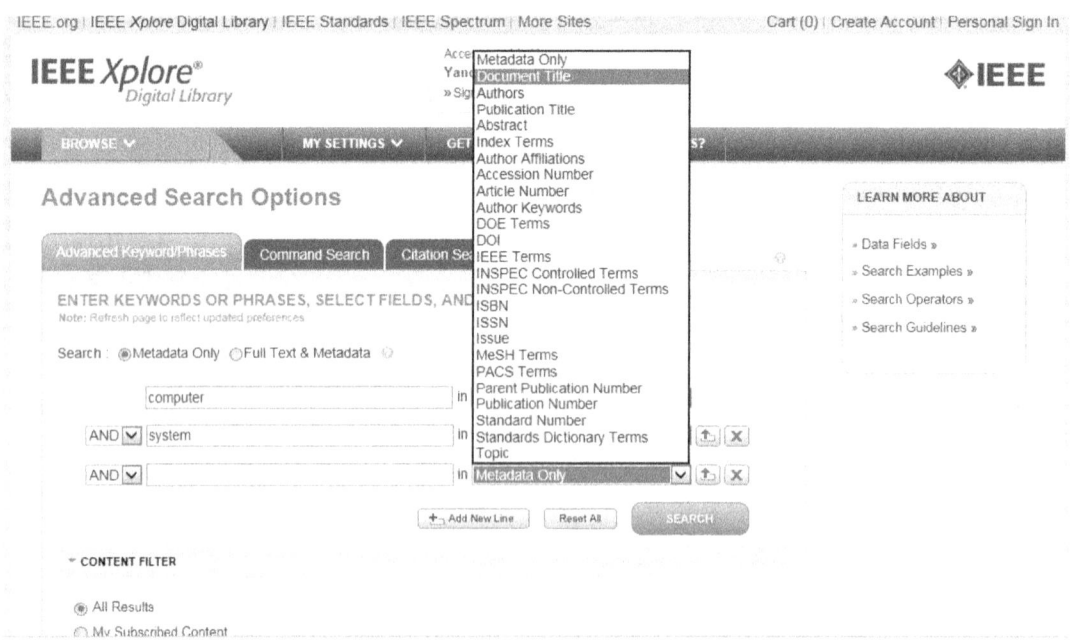

图 5-44　IEL 数据库高级检索界面

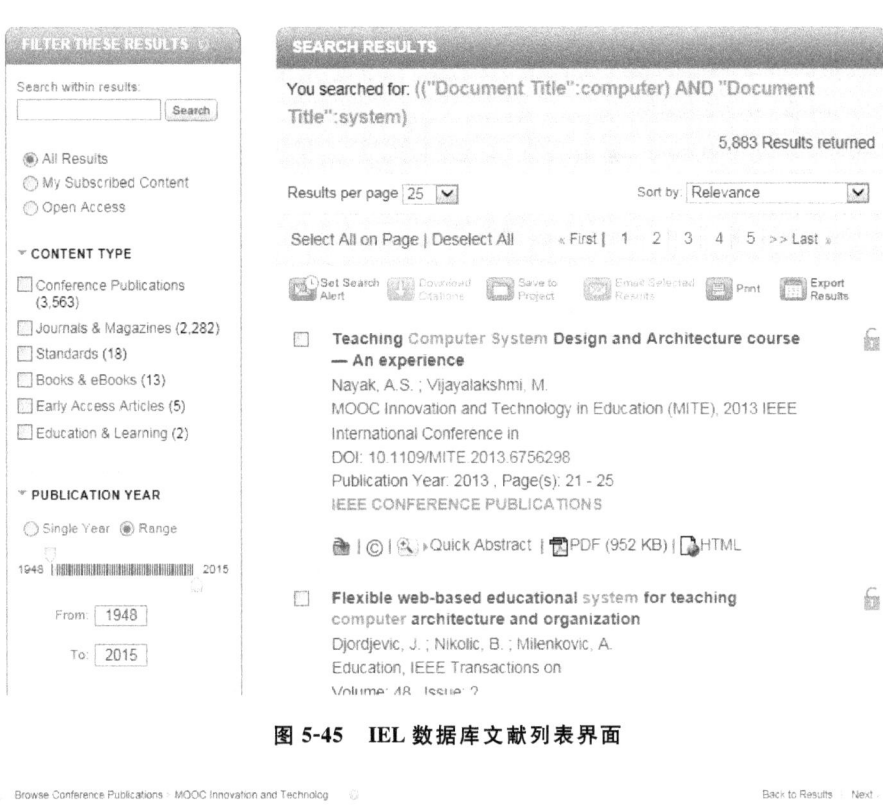

图 5-45　IEL 数据库文献列表界面

图 5-46　IEL 数据库文献浏览界面

### 5. Wiley Online Library(http://onlinelibrary.wiley.com/)

平台概述:约翰·威立父子出版公司(John Wiley & Sons)创始于 1807 年,是全球第二大期刊出版商,在化学、生命科学、医学以及工程技术等领域学术文献的出版方面颇具权威性。Blackwell Publishing 则是全球三大学术出版社之一,与世界各地 600 多个学术协会组织和专业机构合作出版学术期刊。2010 年 8 月,Wiley 正式向全球推出了新一代在线资源平台"Wiley Online Library"以取代已使用多年、并获得极大成功与美誉的"Wiley InterScience"。同时,旧平台所有的内容和许可都已转移至新的平台,确保为用户和订阅者

提供无缝集成访问权限。Wiley Online Library 收录了来自 1500 余种期刊、10 000 多册在线图书以及数百种多卷册的参考工具书、丛书系列、手册和辞典、实验室指南和数据库的 400 多万篇文章，并提供在线阅读。

学科范围：涉及生命科学、健康科学、自然科学、人文与社会科学等全面的学科领域，其中尤以收录材料学科、化学学科相关文献资源为其数据库特色。

浏览方式：提供统一 PDF、txt 文献浏览格式。

文献类型：期刊、图书等，全文型文献。

收录年限：1997 年至今。

图 5-47 所示为 Wiley Online Library 数据库主界面。图 5-48 所示为 Wiley Online Library 数据库检索界面。图 5-49 所示为 Wiley Online Library 数据库文献列表界面。图 5-50 所示为 Wiley Online Library 数据库文献浏览界面。

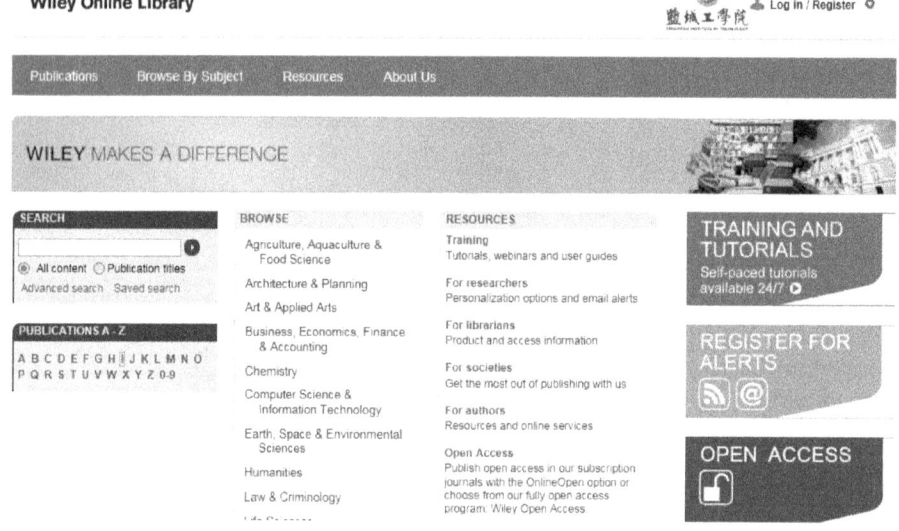

**图 5-47　Wiley Online Library 数据库主界面**

**图 5-48　Wiley Online Library 数据库检索界面**

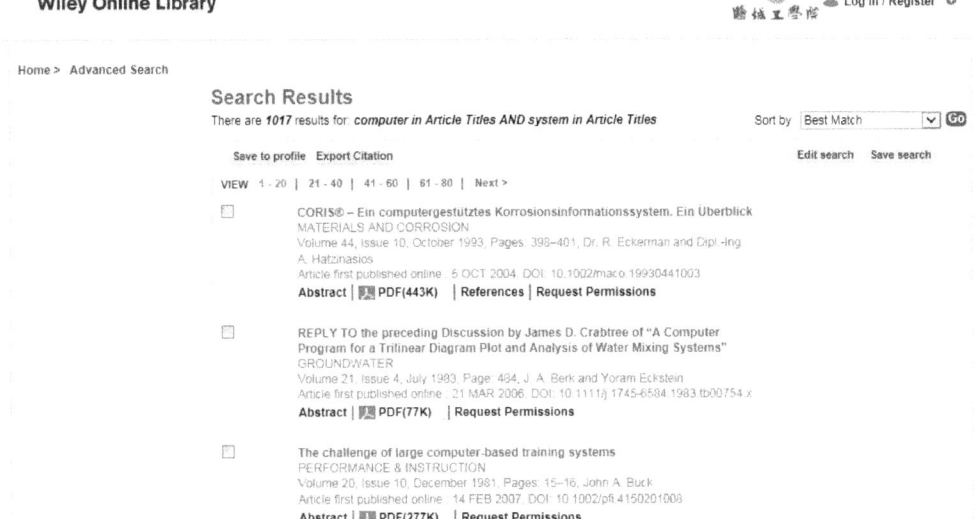

图 5-49　Wiley Online Library 数据库文献列表界面

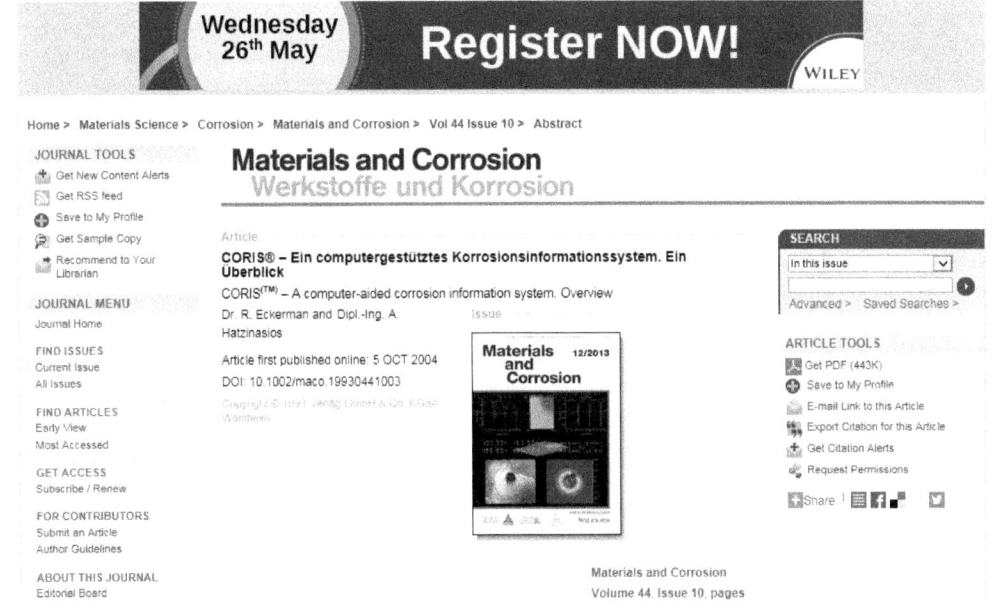

图 5-50　Wiley Online Library 数据库文献浏览界面

**6. PQDT 学位论文全文数据库(http://pqdt. calis. edu. cn)**

平台概述:PQDT(Pro Quest Dissertations & Theses)是美国 ProQuest 公司(原名 UMI 公司)出版的博硕士论文数据库,原名 PQDD(ProQuest Digital Dissertations),是 DAO(Dissertation Abstracts Ondisc)光盘数据库的网络版。它已收录了欧美 1000 余所大学的 200 多万篇学位论文,每年约增加 4.5 万篇论文摘要,是目前世界上最大和使用最广泛的学位论文数据库。

学科范围:涉及自然科学、工程技术、生物医学、社会科学、艺术与人文等全学科领域。

浏览方式:提供统一 PDF 文献浏览格式。

文献类型:学位论文,全文型文献。

收录年限:2001 年至今。

图 5-51 所示为 PQDT 学位论文全文数据库主界面。图 5-52 所示为 PQDT 学位论文全文数据库高级检索界面。图 5-53 所示为 PQDT 学位论文全文数据库文献列表界面。图 5-54所示为 PQDT 学位论文全文数据库文献浏览界面。

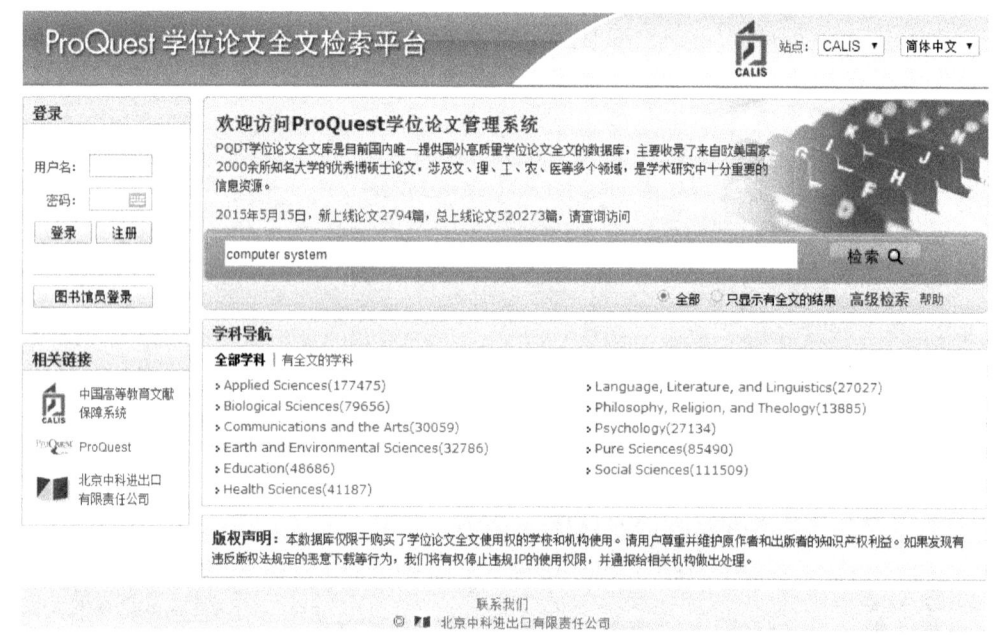

**图 5-51　PQDT 学位论文全文数据库主界面**

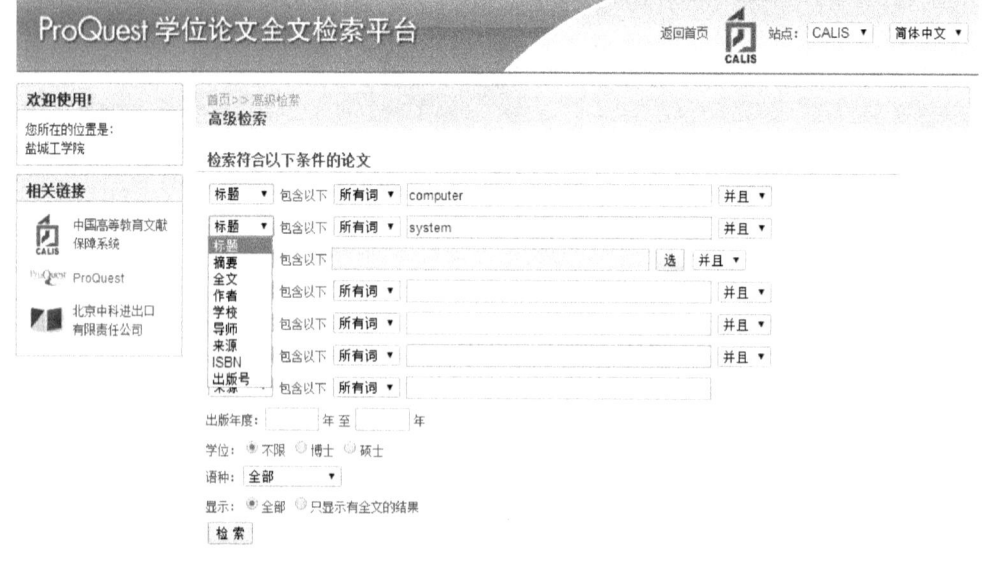

**图 5-52　PQDT 学位论文全文数据库高级检索界面**

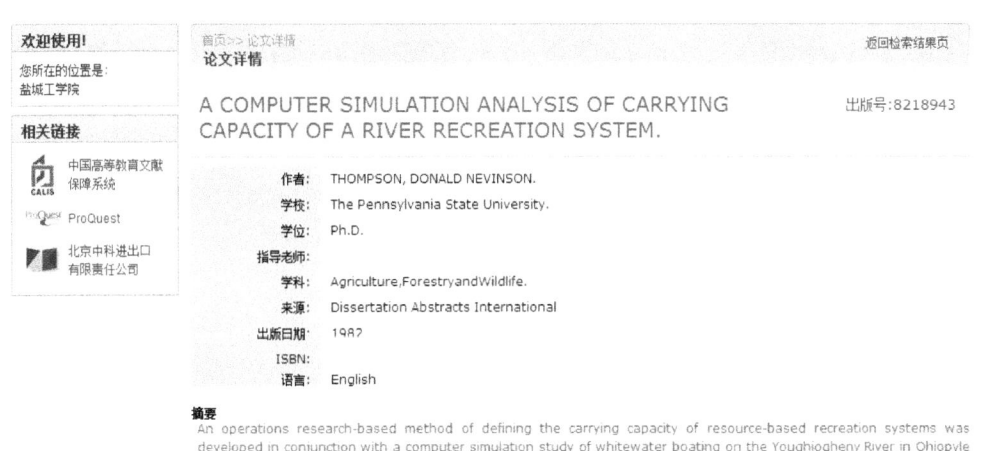

图 5-53 PQDT 学位论文全文数据库文献列表界面

图 5-54 PQDT 学位论文全文数据库文献浏览界面

**7. Derwent Innovations Index(简称 DII)(http://www.webofknowledge.com/diidw)**

平台概述:Derwent Innovation Index(德温特专利索引,简称 DII)将 Derwent World Patents Index 和 Patents Citation Index 有机地整合在一起,用户不仅可以通过它检索专利信息,而且可以通过这个数据库检索到专利的引用情况。DII 覆盖了全世界 1963 年以后的约 1 千万项基本发明和 2 千万项专利。每周增加来自全球 40 多个专利机构授权的、经过德

温特专利专家深度加工的 20 000 篇专利文献。同时,每周还要增加来自六个主要的专利授权机构的被引和施引专利文献,大约有 45 000 条记录。这六个专利授权机构分别是世界知识产权组织(WIPO)、美国专利及商标局(USPTO)、欧洲专利局(EPO)、德国知识产权专利局(DPMA)、英国知识产权局(UKPO)和日本专利局(JPO)。

学科范围:主要涉及化学、电子与电气和工程三大领域。

浏览方式:提供统一的 txt 文献浏览格式。

文献类型:专利,索引型文献。

收录年限:1950 年至今。

图 5-55 所示为 DII 数据库检索界面。

**图 5-55　DII 数据库检索界面**

# 思考题

(1)请简要说明超星数字图书馆、中国学术期刊全文数据库、读秀中文学术搜索可获取文献的类型、下载文献的格式及获取文献的方式。

(2)请简要说明 Web of Science、Science Direct、PQDT 可获取文献的类型及获取文献的方式。

(3)请列举专利文献获取的数据库 2~3 个,并说明获取专利文献的普遍方式。

# 第6章 科技文献检索策略与技巧

本章主要通过科技文献检索方法的介绍和实践案例的学习,了解科技文献检索的课题选择、课题分析、检索步骤确定、检索方法应用、科技文献组织等具体过程。

通过第1章至第5章的学习,同学们了解了信息素养、图书馆素养等概念,普及了大学图书馆本质及信息服务等知识,掌握了科技文献检索的基本知识、检索方法、检索步骤及常用数据库等内容。从本章开始我们和同学们走进科技文献检索,通过具体案例的剖析,帮助同学们掌握科技文献检索的基本步骤的设计、检索策略的制定、检索技巧的应用、检索结果的分析等相关内容。在学习本章内容之前,先让我们回顾一下科技文献检索的相关知识。

## 6.1 科技文献检索知识回顾

### 6.1.1 科技文献应用类型回顾

**1. 按照加工深度分类**

根据文献内容、性质和加工情况可将文献区分为零次文献、一次文献、二次文献、三次文献。零次文献是记录在非正规物理载体上的未经任何加工处理的源信息(零次信息),比如书信、论文手稿、笔记、实验记录、会议记录等,这是一种零星的、分散的、无规则的信息。零次信息的载体形式就称之为零次文献,这是近20年来被逐步认识和重视的一类文献,它具有原始性、新颖性、分散性和非检索性等特征。一次文献又称原始文献,是人们直接以自己的生产、科研、社会活动等实践经验为依据生产出来的文献;二次文献又称工具文献,是对一次文献进行加工整理后的产物,即对无序的一次文献的外部特征(如题名、作者、出处等)进行著录,或将其内容压缩成简介、提要或文摘,并按照一定的学科或专业加以有序化而形成的文献;三次文献又称综述性文献,是选用大量有关的文献,经过综合、分析、研究而编写出来的文献。

> **知识点一:一次文献、二次文献、三次文献在文献检索中的作用**
>
> 一次文献、二次文献、三次文献之间的关系:从一次文献到二次文献、三次文献就是一个由博到约、由分散到集中、由无组织到系统化的过程,也是科技文献资源的层次结构由无序走向有序、由一种有序结构演变为另一种完善的有序结构的过程。
>
> 科技文献检索过程即通过二次文献(工具文献)的应用,检索获取一次文献(原始文献),经过分析综合撰写三次文献(综述性文献)的过程。

### 2. 按照出版类型分类

按照文献出版类型可将文献分为图书、期刊、报纸、学位论文、会议论文、专利、标准文献、研究报告、政府出版物、技术资料及技术档案 11 种类型。如图 6-1 所示。图书是论述或介绍某一领域知识的出版物；期刊一般是指名称固定、开本一致的定期或不定期连续出版物；学位论文是指为申请硕士、博士等学位而提交的学术论文；会议论文是指在国际或国内重要的学术或专业性会议上发表的论文；专利文献主要由专利说明书构成；标准文献指标准化工作的文件，主要是工业产品和工程建设的质量、规格和检验方法等的技术规范文件；政府出版物指各国政府部门及其设立的专门机构发表的文献；技术资料指产品目录、产品样本和产品说明书一类的厂商产品宣传和实用资料；技术档案指科研生产活动中形成的，有具体事物的技术文件、图纸、图表、照片和原始记录等。

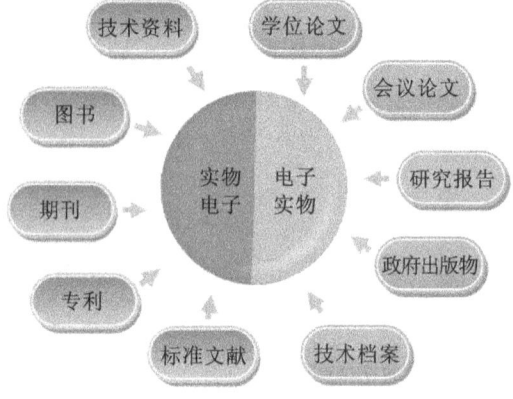

图 6-1　文献出版类型分类示意图

 ## 知识点二：图书、科技期刊及其他科技文献在科研中的作用

图书：科研过程中主要作为了解、学习和参考某一科技领域的理论、概念、技术、工艺等的工具使用，因此说，图书是一种非常好的参考性文献。科技期刊：科研过程中主要作为了解和掌握某一科技领域的研究历史与过程、研究动态与成果、研究方案及其实现的主要来源，因此说科技期刊是最佳的研究性文献，是研究人员不可或缺的第一手资料。专利、标准等其他科技文献：科研过程中作为全面了解和掌握某一科技领域研究的重要支撑文献，因此说专利、标准等其他科技文献是科研过程中重要的科研支撑性文献。图 6-2 所示为图书文献作用示意图。

图 6-2　图书文献作用示意图

### 6.1.2　科技文献检索语言回顾

按描述文献特征的不同,检索语言可分为描述文献外表特征的检索语言和描述文献内容特征的检索语言。描述文献外表特征的检索语言包括题名(书名、篇名)、著者姓名、号码(专利号、报告号、标准号等)和引文语言(被引用著者姓名和被引用文献的出处)等;描述文献内容特征的检索语言包括分类语言、主题词语言和代码语言。其中,主题词语言是科研过程中使用最广泛、最频繁的检索语言,主要分为标题词语言、叙词语言及关键词语言。标题词语言采用规范化了的自然语言,即将经过标准化处理的名词术语作为标识,来表达文献所论述或涉及的事物和主题,并将全部标识按字顺排列;叙词语言是指一些以概念为基础的,经过规范化的,具有组配功能并可以显示词间关系和动态性的词或词组;关键词语言是直接选用文献中的自然语言作基本词汇,并将那些能够揭示文献题名、摘要或主要意旨的关键性自然语词作为关键词进行标引的一种检索语言。

 **知识点三:检索语言在科技文献检索过程中的应用**

分类语言与主题词语言在科研过程中是使用最广泛的检索语言。分类语言可以帮助科研工作者准确定位需要检索内容的文献群,提高文献检索的针对性;主题词语言可以帮助科研工作者精确检索到与科研内容相关的科技文献,提高文献检索的准确性。最佳的科技文献检索的过程:①先通过分类语言准确定位某一科研领域的文献群,再通过主题词语言精确检索到所需的科技文献;②先通过主题词语言精确检索到与科研内容相关的科技文献,再通过分类语言了解检索文献所涉及的科技领域。

### 6.1.3　科技文献检索算符回顾

在科技文献检索过程中,主要使用到布尔逻辑算符、位置算符、截词算符、字段限制、加权检索等检索技术,并把检索词构造成检索式来实现计算机信息检索。其中,布尔逻辑算符是所有计算机检索技术中使用频率最高、实际应用最频繁的一种检索算符。布尔逻辑检索是用"与""或""非"三个布尔逻辑算符将检索词、短语或代码进行逻辑组配,凡符合逻辑组配所规定的条件的为命中文献,否则为非命中文献。逻辑"与"主要用于交叉概念或限定概念之间的组配,用来组配不同的检索概念;逻辑"或"主要用于同义关系或相关关系的概念组配,用来表示检索概念的相加;逻辑"非"主要用于排斥与选样关系的组配,用来表示检索概念的相减。

 **知识点四:检索算符的应用及注意事项**

布尔逻辑运算符在科技文献检索中是应用最广泛的检索算符,可通过复杂布尔逻辑检索式实现位置算符、截词算符、字段限制、加权检索等功能,是所有数据库检索平台均支持的基础性检索算符,在实际应用中务必注意以下事项:布尔逻辑算符是正对检索词的组配,务必要注意合理使用主题词、关键词、叙词、单元词及布尔逻辑算符撰写检索表达式;在检索表达式撰写过程中,务必要注意合理利用引号的精确功能及双括号的优先运算功能辅助撰写检索表达式;布尔逻辑运算符是有优先级的,在检索表达式检索过程中,必须时刻注意;检索表达式必须要能清晰反映检索者的检索意图,太复杂的检索表达式不是最佳的检索表达式。

# 6.2　科技文献检索方法回顾

科技文献检索是根据特定的课题要求,从检索系统中按照一定的方法和步骤把符合需要的科技文献挑选出来的过程。检索方法是指为准确、快速、有效、省时地检索出所需文献,依据一定的方法而制定的相关检索策略。常用的科技文献检索方法有追溯法、工具法及循环法等。

## 6.2.1　科技文献检索方法——追溯法

追溯法又称扩展法、追踪法,是一种传统的文献检索方法,即利用参考文献进行深入查找相关文献的方法。追溯法包括两种方法:一种是根据原始文献所附的参考文献进行追溯;另一种是利用引文索引检索工具进行追溯。

利用文献后所附的参考文献进行逐一追查被引用文献,然后再从被引用文献所附的参考文献目录逐一扩大检索范围,依据文献引用与被引用之间的关系获得内容相关的文献,这是一种扩大信息来源的最简捷的方法。通过追溯法获得的文献,有助于对论文的主题背景和理论依据等有更深入的理解,在检索工具短缺的情况下,采用此方法可获取一定数量的相关文献。但是由于原文作者记录参考文献存在着不全面与不准确的情况,所以有时很难达到理想的结果。

## 6.2.2　科技文献检索方法——工具法

工具法又称常规法,它是以主题、分类、著者等为检索点,通过检索工具获得文献信息的一种方法,是一种常用的科学检索方法。根据检索要求的不同,工具法又分为顺查法、逆查法和抽查法。

**1. 顺查法**

依照时间顺序,按照检索课题所涉及的起始年代,由远及近、从过去到现在,逐年、逐卷地查找信息的一种方法。该方法多用于检索内容复杂、时间较长、范围较广的理论性课题或学术性课题。这种方法查全率高、查准率较高、漏检率低,但费时费力、检索工作量大且效率低下。

**2. 逆查法**

与顺查法相反,逆查法是按照检索课题的时间范围,利用一定的检索工具,由近到远、从现在到过去回溯查找文献信息的一种方法。这种方法多用于检索新课题或有新内容的老课题,以及对某课题研究已有一定的基础,需要了解其最新研究动态的检索课题。这种方法省时省力、灵活性大、效率高,且检出的都是最新文献,可对某学科或研究课题的最新动态及发展水平一目了然;但容易产生漏查,查全率、查准率低。

**3. 抽查法**

抽查法是针对某学科发展特点和发展阶段,抓住该学科发展较快、文献信息发表较多的年代,抽出这段时间进行检索的一种方法。它是根据学科发展的特点而采用的一种有效的检索方式。其优点是能获得一批具有代表性、反映学科发展水平的文献,检索效果和效率较高,但使用这种方法必须了解和熟悉学科发展的特点及历史背景,方可得到满意的检索结果。

### 6.2.3　科技文献检索方法——循环法

循环法又称交替法、综合法,是指分期、分段交替使用追溯法和工具法这两种检索方法,以达到优势互补、获得理想结果的一种检索方法。具体步骤是:先利用检索工具查得一批相关文献,然后再利用这批文献所附的参考资料进行追溯查找,从而得到更多的相关文献,如此交替使用,直至满足检索需求为止。这种方法具有前两种检索方法的优势,但前提是原始文献必须收藏丰富,否则会造成漏检。

## 6.3　常用典型性数据库回顾

### 6.3.1　常用中文典型性数据库

**1. 读秀中文学术搜索(http://www.duxiu.com/)**

读秀中文学术搜索(其徽标如图 6-3 所示)拥有海量数据库资源,是全球最大的中文文献资源服务平台,有 280 万种中文图书元数据、160 万种图书原文、6 亿页资料,占 1949 年以来出版的全部中文图书的 95% 以上。读秀中文学术搜索的检索系统是一个有立体深度的检索系统,它提供了书目、章节、全文三个检索频道,实现了目录和全文的垂直搜索,使读者在最短时间内获得深入、准确、全面的文献资源。读秀中文学术搜索除提供图书文献检索外,还提供期刊、报纸、学位论文、会议论文、专利、标准等文献的检索,它集文献搜索、试读、传递、参考咨询等多种功能于一体,读者可以通过这个平台获取本馆印刷版图书、电子版图书的收藏信息,也可以了解其他馆的收藏信息,并能通过文献传递来获取他们需要的部分电子版图书。

图 6-3　读秀中文学术搜索徽标

**2. CNKI 检索平台(http://www.cnki.net)**

CNKI 检索平台,又名《中国知识资源总库》,是全球信息量最大、最具价值的中文网站(其徽标如图 6-4 所示)。CNKI 检索平台是国家新闻出版总署首批批准的互联网出版平台之一,可以二次出版所有传统出版方式已经出版过的内容,也可以直接通过网络进行一次出

图 6-4　中国学术资源总库徽标

版,出版形式多种多样,包括文本、图片、音频、视频、动画、软件、网络课程、科学数据等多种媒体方式。目前,CNKI 检索平台已收集了 7000 多种期刊、近 1000 种报纸、18 万本博士/硕士论文、16 万册会议论文、30 万册图书以及国内外 1100 多个专业数据库。其中博士/硕士论文、会议论文及部分数据库为一次出版,期刊、图书、报纸等为二次出版。

**3. 万方数据知识服务平台(http://www.wanfangdata.com.cn/)**

万方数据知识服务平台是在原万方数据资源系统的基础上,经过不断改进、创新而成,集高品质信息资源、先进检索算法技术、多元化增值服务、人性化设计等特色于一身,是国内一流的品质信息资源出版、增值服务平台。万方数据知识服务平台收集中外学术期刊论文、学位论文、中外学术会议论文、标准、专利、科技成果、特种图书等各类信息资源,资源种类全、品质高、更新快,具有广泛的应用价值。万方数据知识服务平台还提供检索、多维知识浏览等多种人性化的信息揭示方式及知识脉络、查新咨询、论文相似性检测、引用通知等多元化增值服务。万方数据资源服务平台徽标如图 6-5 所示。

图 6-5　万方数据资源服务平台徽标

### 6.3.2　常用外文典型性数据库

**1. Web of Science(http://webofknowledge.com/WOS)**

SCI(科学引文索引)是国际公认的进行科学统计与科学评价的主要检索工具(其徽标见图 6-6)。Web of science 是大型综合性、多学科、核心期刊引文索引数据库,包括三大引文数据库(科学引文索引(Science Citation Index,简称 SCI)、社会科学引文索引(Social Sciences Citation Index,简称 SSCI)和艺术与人文科学引文索引(Arts & Humanities Citation Index,简称 A&HCI))。Web of Science 核心合集数据库收录了 12 000 多种世界权威的、高影响力的学术期刊,内容涵盖自然科学、工程技术、生物医学、社会科学、艺术与人文等领域,最早回溯至 1900 年。Web of Science 核心合集收录了论文中所引用的参考文献,并按照被引作者、出处和出版年代编成独特的引文索引。

WEB OF KNOWLEDGE℠

图 6-6　科学引文索引检索平台徽标

**2. Engineering Village(简称 EI)(http://www.engineeringvillage.com/)**

EI(美国工程索引)是国际公认的进行科学统计与科学评价的主要检索工具。EI 是以 Ei Compendex Web 为核心数据库,将世界范围内的工程信息资源组织、筛选、集成在一起,向用户提供"一步到位"的便捷式服务。Ei Compendex Web 数据库除了收录 1969 年以来的 Ei Compendex 数据(每年收录 2600 余种工程期刊、会议录和科技报告)以外,还收录了 1990 年以来的 Ei PageOne 数据(在 Ei Compendex 的 2600 种期刊基础上扩大收录范围,每年收录 5600 种工程期刊、会议录和科技报告)。图 6-7 所示为美国工程索引检索平台徽标。

**图 6-7　工程索引检索平台徽标**

**3. Elsevier Science Direct(http://www.sciencedirect.com/)**

Elsevier 是荷兰一家全球著名的学术期刊出版商,每年出版大量的学术图书和期刊,大部分期刊被 SCI、SSCI、EI 收录,是世界上公认的高品位学术期刊。Science Direct 系统是 Elsevier 公司的核心产品,自 1999 年开始向用户提供电子出版物全文的在线服务,包括 Elsevier 出版集团所属的 2500 多种同行评议期刊和 11 000 多种系列丛书、手册及参考书等,数据库收录全文文章总数已超过 1500 多万篇。图 6-8 所示为 Science Direct 检索平台徽标。

**图 6-8　ScienceDirect 检索平台徽标**

**4. PQDT 学位论文全文数据库(http://pqdt.calis.edu.cn)**

PQDT(ProQuest Dissertations & Theses)是美国 ProQuest 公司(原名 UMI 公司)出版的博士/硕士论文数据库,原名 PQDD(ProQuest Digital Dissertations),是 DAO(Dissertation Abstracts Ondisc)光盘数据库的网络版。它已收录了欧美 1000 余所大学的 200 多万篇学位论文,每年约增加 4.5 万篇论文。图 6-9 所示为 PQDT 学位论文检索平台徽标。

**图 6-9　PQDT 学位论文检索平台徽标**

### 6.3.3　常用网络信息检索资源

**1. 维基百科(http://zh.wikipedia.org/)**

维基百科是一个基于维基技术的全球性多语言百科全书协作计划,同时也是一部用不同语言写成的网络百科全书,其目标及宗旨是为全人类提供自由的百科全书——用他们所选择的语言来书写而成的,是一个动态的、可自由访问和编辑的全球知识体。维基百科在许多国家相当普及,其口号为"维基百科,自由的百科全书",中文则附加"海纳百川,有容乃大"。截至 2015 年 5 月,维基百科条目数第一的英文维基百科已有 600 多万个条目。全球 282 种语言的独立运作版本共突破 2500 多万个条目,总登记用户也超越 3500 万人,而总编辑次数更是超越 15 亿次。中文的大部分页面都可以由任何人使用浏览器进行阅览和修改,英文维基百科的普及也促成了其他计划。图 6-10 所示为维基百科徽标。

图 6-10　维基百科徽标

**2. 百度百科**

百度百科旨在创造一个涵盖各领域知识的中文信息收集平台。百度百科强调用户的参与和奉献精神,充分调动互联网用户的力量,汇聚上亿用户的头脑智慧,积极进行交流和分享。同时,百度百科实现与百度搜索、百度知道的结合,从不同的层次上满足用户对信息的需求。百度百科是百度公司推出的一个内容开放、自由的网络百科全书平台,其测试版于2006 年 4 月 20 日上线,正式版在 2008 年 4 月 21 日发布,截至 2014 年 11 月收录词条数量已达 1000 万个。图 6-11 所示为百度百科徽标。

图 6-11　百度百科徽标

**3. Google 搜索(http://www.google.com)**

Google(中文名为谷歌)是美国的一家跨国科技企业,致力于互联网搜索、云计算、广告技术等领域,开发并提供大量基于互联网的产品与服务,其主要利润来自于 Ad Words 等广告服务。Google 由当时在斯坦福大学攻读理工博士的 Larry Page 和 Sergey Brin 共同创建,因此两人也被称为"Google Guys"。1998 年 9 月 4 日,Google 以私营公司的形式创立,设计并管理一个互联网搜索引擎"Google 搜索"。Google 网站则于 1999 年下半年启用。Google 的使命是整合全球信息,使人人皆可访问并从中受益。Google 是第一个被公认为全球最大的搜索引擎,在全球范围内拥有无数用户。图 6-12 所示为 Google 搜索引擎徽标。

图 6-12　Google 搜索引擎徽标

**4. 百度搜索(http://www.baidu.com)**

百度(NASDAQ:BAIDU)是全球最大的中文搜索引擎、最大的中文网站。由李彦宏于2000 年 1 月创立于北京中关村,百度最开始是以 Google 为蓝本开发的,致力于向人们提供"简单,可依赖"的信息获取方式。"百度"两字源于中国宋朝词人辛弃疾的《青玉案·元夕》词句"众里寻他千百度",象征着百度对中文信息检索技术的执着追求。百度以自身的核心技术"超链分析"为基础,提供的搜索服务体验赢得了广大用户的喜爱。超链分析就是通过分析链接网站的多少来评价被链接的网站质量,这保证了用户在使用百度搜索时,越受用户欢迎的网站排名越靠前。图 6-13 所示为百度搜索引擎徽标。

**图 6-13　百度搜索引擎徽标**

**5. 中国科技论文在线(http://www.paper.edu.cn/)**

中国科技论文在线是经教育部批准,由教育部科技发展中心主办,针对科研人员普遍反映的论文发表困难、学术交流渠道狭窄以及不利于科研成果快速、高效地转化为现实生产力而创建的科技论文网站。中国科技论文在线利用现代信息技术手段,打破传统出版物的概念,免去传统的评审、修改、编辑、印刷等程序,给科研人员提供一个方便、快捷的交流平台,提供及时发表成果和新观点的有效渠道,从而使新成果得到及时推广,科研创新思想得到及时交流。图 6-14 所示为中国科技论文在线徽标。

**图 6-14　中国科技论文在线徽标**

**6. 中国学术会议在线(http://www.meeting.edu.cn/meeting/)**

中国学术会议在线本着优化科研创新环境、优化创新人才培养环境的宗旨,针对当前我国学术会议资源分散、信息封闭、交流面狭窄的现状,通过实现学术会议资源的网络共享,为高校广大师生创造良好的学术交流环境,以利于开阔视野、拓宽学术交流渠道、促进跨学科融合,为国家培养创新型、高层次专业学术人才,创建世界一流大学做出积极贡献。中国学术会议在线利用现代信息技术手段,将分阶段实施学术会议网上预报及在线服务、学术会议交互式直播/多路广播和会议资料点播三大功能,为用户提供学术会议信息预报、会议分类搜索、会议在线报名、会议论文征集、会议资料发布、会议视频点播、会议同步直播等服务。图 6-15 所示为中国学术会议在线徽标。

**图 6-15　中国学术会议在线徽标**

### 7. 国家科技成果网(http://www.tech110.net/)

国家科技成果网由科技部发展计划司于1999年创建,2006年由国家科学技术奖励工作办公室管理。国家科技成果网的建设、运行、维护单位为中国化工信息中心。建设国家科技成果网的目的是:为科技成果登记管理提供工作性平台,为科技成果转化提供支撑性信息服务,加快全国科技成果进入市场的步伐,促进科技成果的应用与转化。国家科技成果网由两个平台组成:一个是面向全国科技成果登记机构的科技成果管理工作平台;另一个是面向公众用户的科技成果信息查询、发布与交流平台,名为"国科网"。国家科技成果网拥有全国数量最多、质量最好的技术项目资源。截至2014年,已经汇集重点科研院所、985及211重点院校、重点企业直接报送的科技成果达到150万项。每年更新和追加的科技成果量达到10万项。图6-16所示为国家科技成果网徽标。

**图6-16 国家科技成果网徽标**

### 8. 欧洲专利局(http://worldwide.espacenet.com/)

欧洲专利局提供了自1920年以来世界上50多个国家公开的专利题录数据,以及20多个国家的专利说明书。每个国家所含数据收录的范围不同,数据类型不同。数据类型包括题录数据、文摘、文本式的说明书及权利要求、扫描图像存贮的专利说明书首页、附图、权利的要求及全文。对于1970年以后公开的专利文献,数据库中每个专利同族都包括一件带有可检索的英文发明名称和文摘的专利文献。从1998年年中开始,欧洲专利局用户能够检索欧洲专利组织任何成员国、欧洲专利局和世界知识产权组织近两年公开的全部专利的题录数据。图6-17所示为欧洲专利局公共服务平台徽标。

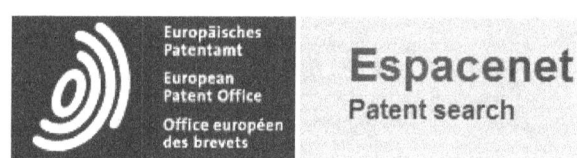

**图6-17 欧洲专利局公共服务平台徽标**

### 9. Google学术搜索(https://scholar.google.com.hk/schhp? hl=zh-CN)

Google学术搜索是一个可以免费搜索学术文章的Google网络应用。2004年11月,Google第一次发布了Google学术搜索的试用版。该项索引包括了世界上出版的绝大部分学术期刊以及可广泛搜索学术文献的简便方法。公众可以从一个位置搜索众多学科和资料来源:来自学术著作出版商、专业性社团、预印本、各大学及其他学术组织的经同行评论的文章、论文、图书、摘要和文章。Google学术搜索可帮助公众在整个学术领域中确定相关性最强的研究。图6-18所示为Google学术搜索徽标。

**图6-18 Google学术搜索徽标**

**10. Google 专利搜索(https://www.google.com.hk/? tbm＝pts&hl＝en)**

Google 于 2006 年 12 月 14 日发布了一项新的搜索服务 Patent Search,该特色搜索可以让用户搜索到美国、中国等多个国家的所有专利,包括它们的图片信息、专利号、发明人、发布日期、专利全文等。公众可以在线查看相关专利的图片,或者保存和打印它们以供脱线浏览。Google Patent Search 用到了许多和 Google Book Search 一样的技术,所以,公众也可以滚动和放大页面。Google 专利搜索的最大特点是可以实现专利全文的检索,可以通过主题词检索语言实现专利全文的全揭示。

# 6.4    数据库检索步骤回顾

科技文献检索一般包括分析检索课题、选择合适的检索工具或数据库、确定检索标识、构造检索表达式、确定检索途径、执行检索并评价检索结果和调整检索策略等步骤。科技文献检索步骤如图 6-19 所示。

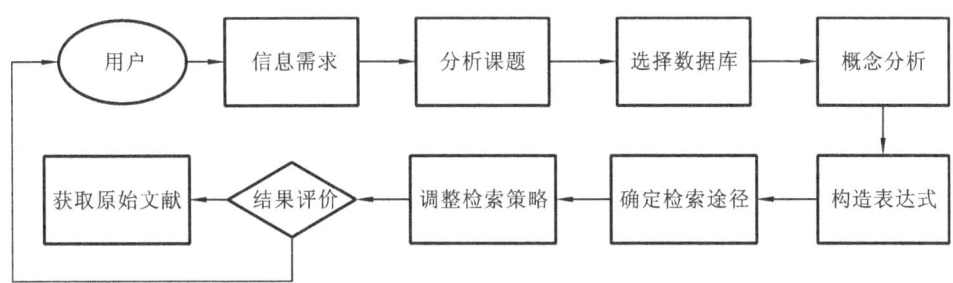

图 6-19    科技文献检索步骤示意图

## 6.4.1    分析课题

科技文献首先要建立在分析课题的基础上,弄清楚课题的性质是什么,了解课题的目的、意义,确定检索内容的学科范围、文献类型、检索年限,根据学科范围选择检索工具以及检索范围的限定和检索技术。

**1. 分析信息需求类型**

科技文献在科研过程的需求大概可归结为新、全和准等三类。如要了解科技的最新动态、学科的进展、了解前沿、探索发展趋势,则强调一个"新"字;如要了解课题发展的全过程,写综述、做鉴定、报成果,就要回溯大量文献,要求检索得全面、详尽和系统,则要强调一个"全"字;如要解决研究中的具体问题,则要强调一个"准"字。

**2. 明确检索课题的范围**

检索课题的范围包括学科范围、时间范围和地域范围等。不同的数据库,其收录的学科范围、时间范围和地域范围往往不一样,适用对象也不同。用户需根据自己的需求选择合适的数据库或检索系统。

**3. 分析检索课题所涉及的主要概念**

每个检索课题都包含一个或多个,甚至一系列的概念,因此要分析出课题所涉及的主要

概念,并找出能代表这些概念的若干个词或词组,进而分析其在学科知识网络中所处的位置。对于新兴学科、交叉学科和边缘学科的课题,更要弄清楚这些概念之间的关系。

### 6.4.2  选择数据库

在分析课题的基础上,首先必须对各种检索数据库所覆盖的学科范围有清楚的了解,根据课题研究对科技文献的需求,在相应数据库的检索途径查找有关的科技文献的索引,再根据索引指示的地址查得相应的科技文献线索,如题名、内容摘要、作者及作者单位、文献出处等,最终根据文献的外部特征及内容特征的了解选择研究课题所需的科技文献。在数据库选择过程中,一般来说,优先选择本单位已有的科技文献检索数据库,再选择本单位以外的科技文献检索数据库,在与科技文献检索主题内容对口的科技文献检索数据库中,选择高质量的数据库作为科技文献检索的文献源数据库。

### 知识点五:不同的数据库收录文献的类型和范围都不相同

中国知网、重庆维普、万方数据同为中文科技期刊全文数据库检索平台,但文献收录的时间范围、科技期刊种类、平台整合的文献类型也各不相同;Science Direct、Willey Online Library、IEL 同为外文科技期刊全文数据库检索平台,但文献收录的时间范围、文献收录学科侧重点、科技文献的质量等也各不相同,Science Direct 侧重于工程类科技文献的收录,Willey Online Library 侧重于化工、材料等科技文献的收录,IEL 侧重于电子、电气领域科技文献的收录。用户必须在明确检索课题所需文献的学科范围、时间范围和地域范围的基础上,有针对性地选择合适的检索工具和数据库。

### 6.4.3  概念分析

科技文献检索,特别是计算机检索,是按照相应联机数据库的标引检索语言进行科技文献的检索与获取。简单地说,就是通过主题词、叙词、关键词或单元词的组配进行科技文献的检索与获取。因此,用户在进行科技文献检索过程中,必须准确进行课题相关概念的分析,把握所检课题相关主题词、叙词、关键词及单元词,然后通过相关主题词、叙词、关键词及单元词作为检索词进行组配,获取相关科技文献。也就是说,科技文献的检索其实就是检索词的检索,检索词把握的情况,直接决定检索的结果和质量。通常的概念分析过程中,在检索词把握不准的情况下,要善于使用一些辅助工具,例如工具书、专业词典、维基百科、百度百科等。

### 6.4.4  构造检索表达式

检索表达式是要求系统执行的检索语句。最简单的检索表达式由一个检索词构成,复杂的检索表达式由多个检索词及字段名,通过关系运算符连接组合而成。由于各检索工具或数据库提供的检索途径不一,因此检索表达式也需要灵活调整。选用具体的检索工具(数据库)后,就要考虑选择哪种检索方法、确定具体的检索途径、选择是从分类途径检索还是从主题途径检索、所查找的文献要达到什么要求、选用什么检索词等,以便进行具体检索表达式的构建。图 6-20 所示为科技文献检索表达式结构示意图。

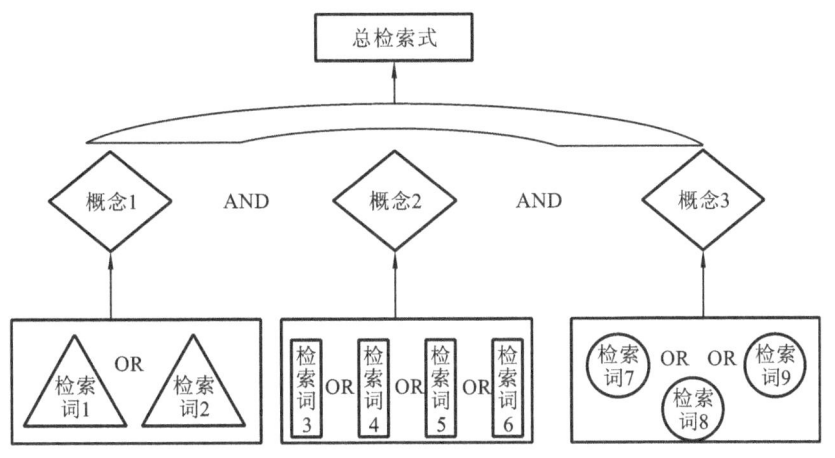

图 6-20　科技文献检索表达式结构示意图

 **知识点六:构造检索表达式的注意事项**

　　构造检索表达式的注意事项:在确定检索词时,要须注意对习惯用语、专业术语、全称、简称、同义词、近义词,以及英文文字的前缀、后缀的了解和运用,尽可能地提高关键词的形式匹配概率,最大限度地减少误检和漏检;在撰写检索表达式时,必须充分了解所选检索工具/数据库关于布尔逻辑算符、截词算符、位置算符、括号、引号的用法的相关规定,充分利用检索表达式的撰写,反应检索者课题分析程度及检索意图。

## 6.4.5　确定检索途径

　　标志是确切表达文献内容及某些外表特征而使用的一种符号或词,是经过规范化处理的,是比较通用和定型的。要注意文献的外部特征,如出版年、文献类型、书名、刊名、著者等;也要注意文献内容特征,如学科属性、分类、主题、结构符号等。族性检索用分类途径好,特性检索用主题途径好,知道分子式可用分子式途径,有专利号的发明用查专利的途径。

　　不同的检索工具和数据库提供的检索途径可能并不相同。如万方数据库提供标题、作者、作者单位、刊名、期、中图分类号、关键词、摘要、全文、DOI 等检索途径;中国知网提供主题、篇名、关键词、摘要、全文、参考文献、中图分类号、年、来源期刊、作者、单位等检索途径。使用同样反映文献主题特征的不同检索途径(如篇名(标题)、关键词、全文等),得到的检索结果也可能相差数十倍甚至数百倍。例如检索关于"超临界流体色谱法分析维生素 E"的论文,输入检索词"超临界"和"维生素 E",不同检索字段的检索结果不同,具体检索情况见表6-1。

表 6-1　"超临界流体色谱法分析维生素 E"文献检索结果

| 中国知网 | | 万方数据 | |
| --- | --- | --- | --- |
| 题名/篇名 | 15 篇 | 题名/篇名 | 14 篇 |
| 关键词 | 4 篇 | 关键词 | 26 篇 |
| 摘要 | 78 篇 | 摘要 | 69 篇 |

因此,在检索过程中,先用什么途径进行试检,检索结果的查全率、查准率如何,改用什么途径再次进行检索,都应该根据实际情况来灵活掌握。

### 6.4.6　调整检索策略

构建好检索表达式以后,就可以通过选定的检索工具或数据库来执行检索。多数系统提供多种检索方式,用户可以根据自己的需求和能力来进行选择。中国知网提供简单检索、高级检索、专业检索、引文检索、学者检索、科研基金检索、句子检索、工具书及知识元搜索、文献出版来源等检索方式。如检索钱伟长的《大学必须拆除教学与科研之间的高墙》一文,可以通过中国知网的专业检索,输入检索式"作者＝钱伟长 and 题名＝大学必须拆除教学与科研之间的高墙",单击"检索",得到检索结果;也可以选用高级检索,选择作者途径,输入检索词"钱伟长",然后选择篇名途径,输入检索词"大学必须拆除教学与科研之间的高墙",逻辑关系选择"并含",单击"检索",同样可以得到检索结果。

但在实际的检索中,初次检索的检索结果往往不能完全符合用户的要求。比如:检索到的文献非常多,但是其中有很多文献并不相关,查准率较低;或者虽然相关,但是良莠不齐,难以区分;或者是检索到的文献过少,查全率很低,无法获知课题研究全貌等。这时,就需要采取补救措施,调整检索策略。

**1. 检索文献过多情况的处理**

1)选用专指度高的检索标识

检索结果过多,最常见的原因在于用户使用的检索词太过宽泛,使用专指度高的检索标识就可以解决这个问题。比如,课题名称为"塑料成分的分析鉴定",经分析,发现该课题实际采用的是红外吸收光谱(IR)与差动热分析(DSC)联用技术进行塑料成分分析鉴定,因此,检索式"塑料 and(分析 or 鉴定)"可能得到大量低相关度信息,而检索式"塑料 and(红外吸收光谱 or IR)and(差动热分析 or DSC)",采用红外吸收光谱(IR)与差动热分析(DSC)两种具体方法来替代分析、鉴定这些宽泛的检索标识,能得到更符合用户需求的信息。

2)利用逻辑"与"和逻辑"非"

很多用户习惯在检索框中输入一个词然后执行检索,但事实上,我们的信息需求往往不是一个词就能准确描述的。比如,课题"稻草覆盖栽培马铃薯技术研究",检索式"马铃薯 and 栽培 and 稻草""(马铃薯 or 洋芋 or 土豆)and(栽培 or 栽种 or 种植)and(稻草 or 秸秆)"的检索结果,其相关度一定比只检索"马铃薯"要高及准确。逻辑"非"可以帮助用户排除不相关文献。比如,需要获取有关"aids"的文献,为了避免出现"hearing aids",可以使用检索式"aids not hearing"。

3)灵活使用限制检索和位置检索

以中国知网为例,该数据库提供多角度的限制检索,如字段限制、学科限制、时间限制、文献来源类别(如核心期刊、EI来源期刊、SCI来源期刊)等。例如,有冶金工业领域的科研人员研究"冶金工业企业如何走循环经济之路"时,就可以将检索范围限制在"冶金工业",然后在篇名字段检索"循环经济",检索结果的相关度远高于仅在篇名字段检索"循环经济"。再如,欲检索"信息检索的PPT课件",在百度高级检索"信息检索 file type:ppt"得到检索结果170 000多条,其中很多相关度并不高;如果规定信息检索要位于网页的标题中,检索"title:信息检索 file type:ppt",检索结果仅为3700多条,检索结果的相关度普遍较高。

**2. 检索文献过少情况处理**

1）善用切分、删除、补充等手段

有些学生在有了研究课题的时候，习惯直接将整个课题名称放到检索框中检索，然后抱怨为什么检索结果总是那么少。其实在有了课题之后，首先要对课题题目进行切分，将一句话切分成几个词或词组，然后删除那些没有实质意义的词（如研究、分析等），对于课题涉及的主要概念，要补充其同义词、近义词、相关词和上下位词。检索英语等外文文献时，可以通过截词算符获得与检索词同词根的相关词，还可以充分利用数据库的一些特殊功能（如 EI 的自动取词根功能等）。例如，检索关于"超临界流体色谱法分析维生素 E"的论文，可以将课题切分成"超临界""流体""色谱""维生素 E"等一系列检索词，并补充"流体"的同义词"液相"，"维生素 E"的同义词"生育酚""VE"，然后将其组织成检索表达式：超临界 and（流体 or 液相）and 色谱 and（维生素 E or 生育酚 or VE）。再如，课题"稻草覆盖栽培马铃薯技术研究"，检索表达式"（马铃薯 or 洋芋 or 土豆）and（栽培 or 栽种 or 种植）and（稻草 or 秸秆）"的检索结果，其查全率比"马铃薯 and 栽培 and 稻草"要高得多。

2）改主题检索为分类检索

以中国知网为例，如检索钱伟长撰写的弹性力学方面的论文，通过检索式"作者＝钱伟长 and 主题＝弹性力学"，检索结果为零。这个检索结果并不合理，因为钱伟长是世界著名的科学家，在弹性力学、变分原理、摄动方法等领域都有重要成就。我们在检索的时候，可以将检索的学科领域限制在弹性力学，然后再选用作者途径检索"钱伟长"，可以检得 14 条文献。再如，有冶金工业领域的科研人员研究"冶金工业企业如何走循环经济之路"时，如果通过检索式"篇名＝冶金工业 and 篇名＝循环经济"，其检索结果远少于将检索范围限制在"冶金工业"，然后在篇名字段检索"循环经济"。

3）增用引文法检索

在得到检索结果后，可以在此基础上增用引文法来得到更多文献。引文法可分为两种，一种是由远及近地搜寻，即找到一篇有价值的论文后进一步查找该论文被哪些其他文献引用过，以便了解后人对该论文的评论：是否有人对此做过进一步的研究、实践结果又如何、最新进展怎样等。由远及近地追寻，资料越查越新，研究也就越深入，但这种查法主要依靠专门的引文索引，如《科学引文索引》（Science Citation Index，SCI）、《社会科学引文索引》（Social Science Citation Index，SSCI）。另一种是利用文后参考文献由近及远地追溯，这样由一变十、由十变百地获取更多相关文献，直到满足要求为止，其缺点是材料越查越旧。如中国知网的知网节、万方数据的知识脉络为用户提供参考文献、二级参考文献、共引文献、引证文献、二级引证文献、同被引文献等链接，用户可以直接点击以获得更多相关文献。

4）放宽限制条件，慎用位置算符

使用限制检索、位置检索或者选用更专指的检索字段，主要是为了提高查准率，但是当检索结果过少、根本无法满足需求的时候，可以取消位置检索、放宽检索限制或选用较宽泛的检索途径。如将在篇名中的检索放宽至关键词、摘要、主题词，甚至全文等检索字段进行检索。

### 6.4.7 获取原始文献

**1. 就近借阅**

通过网络书刊平台或者书刊联合目录检索所需印刷型文献,可先查询所在图书馆的馆藏目录,若所在图书馆有馆藏,直接借阅进行阅读;若没有,可以利用书刊联合目录,查看附近图书馆或者其他信息机构是否有收藏,如有收藏,可利用图书馆馆际互借系统,通过馆际互借的方式进行借阅。

**2. 直接下载**

现在许多数据库均为全文数据库,可以直接通过检索表达式在该数据库检索到相关文献,下载进行阅读,如中文的全文数据库超星数字图书馆、中国知网、万方数据、重庆维普等,外文的全文数据库 Science Direct、Willey Online Library、IEL、PQDT、Spinger Link、EBSCO 等。这些数据库在文献浏览界面上均提供全文下载链接按钮,用户可以直接阅读或者下载原文文献,但一般需要下载并安装相应的文献阅读器。

**3. 文献传递**

文献传递系统及平台在各个图书馆的普及,为原文获取提供了更广阔的获取途径,其中尤以独秀中文学术搜索、百链外文学术搜索、中国高校人文科学文献中心(CASHL)、中国高等教育文献保障系统(CALIS)、中国国家科技图书文献中心(NSTL)等平台在高校文献传递中,最为普及及高效。读者通过文献传递系统或平台提出请求后,文献传递系统或平台会通过邮件、传真、复印邮寄等形式,直接将文献发送给读者,读者不需要返还所传文献。

# 6.5　文献检索技术应用实例

### 6.5.1　实例一:大功率抗结渣生物质固气复合燃烧技术及装置

拟研究内容:燃烧室内增加由半弧形水管组成的挡火墙,加长燃烧行程,使烟气中夹带的生物质粉粒中的焦油有效析出并燃烧,并使粉粒中的固定碳得到充分燃烧,在同一燃烧室内实现固气复合燃烧。

**1. 步骤一:分析课题**

研究范围:生物质燃烧;

燃烧方式:锅炉或流化床;

研究内容:燃烧室中增加由水管组成的挡火墙;

解决问题:实现生物质固气复合燃烧过程中抗结渣/抗结焦处理;

实现效果:固定碳和焦油的充分燃烧。

**2. 步骤二:选择数据库**

1)国内数据库

超星数字图书馆:用于检索及获取生物质流化床燃烧工艺相关专业图书与科学词典,通过专业图书了解具体工艺流程,通过科学词典了解相关科学名词(特别是英文专业名词)。

CNKI 检索平台:通过对 CNKI 检索平台整合资源的检索,获取与本课题研究内容密切相关的期刊论文、会议论文、博士/硕士论文、专利、成果等科技文献,通过阅读密切相关的文献,了解本课题的国内研究历史、国内研究现状,调研本课题国内研究的创新程度及技术的可行性。

万方数据知识服务平台:利用万方数据跨库检索平台的检索结果,作为 CNKI 检索平台期刊论文、会议论文、博硕士论文、专利、成果等检索结果的补充,确保检索结果的全面和准确。

中文科技期刊数据库:利用维普资讯丰富的科技期刊资源,作为中国知网、万方数据期刊论文检索结果的补充。

2)国外数据库

Web of Science、EI:通过 Web of Science、EI 丰富的索引资源,检索与本课题研究内容密切相关的 SCI 或 EI 收录论文的索引,并通过索引指向获取所需的原文文献,通过密切相关文献的阅读,了解本课题的国外研究历史、国外研究现状,调研本课题国外研究的创新程度及技术的可行性。

Science Direct、Willey Online Library、PQDT:利用 Science Direct、Willey Online Library、PQDT 丰富的外文全文论文资源,作为 Web of Science、EI 平台检索的补充。

3)公网资源

中国学术论文在线/国家科技成果网:作为中文科技论文及科技成果资源的有效补充。

Google 专利:利用 Google 专利搜索的中外文全文检索功能,可以全面揭示与本课题研究内容密切相关的专利的技术本质。

Google 学术搜索:利用 Google 学术搜索的中外文科技论文的全文扫描功能,对中外文科技期刊进行全文扫描,尽可能减少检索结果的遗漏。

BaiGoogledu:利用 BaiGoogledu 整合 Google 搜索与百度搜索的功能,对公网资源进行本课题相关研究内容的检索,作为数据库检索的有效补充。图 6-21 所示为 BaiGoogledu 检索界面。

**图 6-21　BaiGoogledu 检索界面**

**3. 步骤三:概念分析**

1)利用维基百科、百度百科了解相关概念

图 6-22 所示为百度百科关于"生物质"知识点的介绍界面。

图 6-23 所示为百度百科关于"流化床燃烧"知识点的介绍界面。

图 6-24 所示为维基百科关于"锅炉"知识点的介绍界面。

# 生物质 ✎编辑

生物质是指利用大气、水、土地等通过光合作用而产生的各种有机体，即一切有生命的可以生长的有机物质通称为生物质。它包括植物、动物和微生物。广义概念：生物质包括所有的植物、微生物以及以植物、微生物为食物的动物及其生产的废弃物。有代表性的生物质有农作物、农作物废弃物、木材、木材废弃物和动物粪便。狭义概念：生物质主要是指农林业生产过程中除粮食、果实以外的秸秆 树木等木质纤维素、农产品加工业下脚料、农林废弃物及畜牧业生产过程中的禽畜粪便和废弃物等物质。特点：可再生性、低污染性、广泛分布性。

| 中文名 | 生物质 | | 简 介 | 一切有生命的可以生长的有机物质 |
|---|---|---|---|---|
| 外文名 | Biomass | | 特 点 | 可再生性、低污染性 |
| | | | 包 括 | 植物、动物和微生物 |

图 6-22 百度百科关于"生物质"知识点的介绍界面

# 流化床燃烧 ✎编辑

📄 本词条缺少信息栏、名片图，补充相关内容使词条更完整，还能快速升级，赶紧来编辑吧！

| 中文名称 | 流化床燃烧 |
|---|---|
| 英文名称 | fluidized bed combustion，FBC |
| 定　义 | 固体燃料以流化床方式进行的燃烧。 |
| 应用学科 | 电力（一级学科），锅炉（二级学科） |

以上内容由全国科学技术名词审定委员会审定公布

图 6-23 百度百科关于"流化床燃烧"知识点的介绍界面

维基百科
自由的百科全书

首页
分类索引
特色内容
新闻动态
最近更改
随机条目

帮助
　帮助
　社群首页
　方针与指引
　互助客栈
　知识问答
　字词转换
　IRC即时聊天
　联络我们

条目　讨论　　大陆简体 ▾　　　　　　　　　　　　阅读　编辑　查看

## 锅炉 [编辑]

🔧 本文介绍的是机械设备。关于金融诈骗手法，请参见"**锅炉室**"。

**锅炉**是一种利用燃料燃烧放出的热，通过金属壁面将水加热产生蒸汽的设备，从而把燃料的化学能转变为热能。锅炉常在热力发电厂中使用。

锅炉是由**锅**和**炉**两大部分组成。锅是装水的容器，由锅筒和许多钢管组成；炉是燃料燃烧的场所。燃料在炉内燃烧产生的高温烟气，借导热、对流和辐射三种换热的形式，将烟气的热量传给锅中的水而产生蒸汽。

　　**目录** [隐藏]
　　1 锅炉的型式
　　2 锅炉的基本结构
　　　2.1 锅炉本体
　　　　2.1.1 炉膛
　　　　2.1.2 锅筒
　　　2.2 辅助设备
　　3 外部链接

图 6-24 维基百科关于"锅炉"知识点介绍

图 6-25 所示为百度百科关于"结焦"知识点的介绍界面。

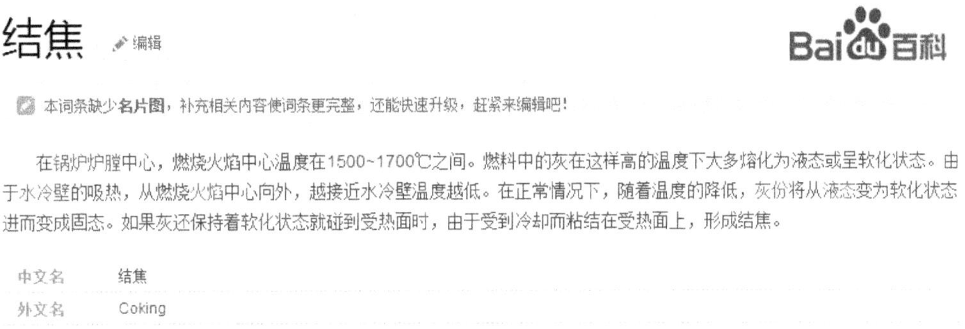

结焦　<u>编辑</u>　

本词条缺少**名片图**，补充相关内容使词条更完整，还能快速升级，赶紧来编辑吧！

　　在锅炉炉膛中心，燃烧火焰中心温度在1500~1700℃之间。燃料中的灰在这样高的温度下大多熔化为液态或呈软化状态。由于水冷壁的吸热，从燃烧火焰中心向外，越接近水冷壁温度越低。在正常情况下，随着温度的降低，灰份将从液态变为软化状态进而变成固态。如果灰还保持着软化状态就碰到受热面时，由于受到冷却而粘结在受热面上，形成结焦。

| 中文名 | 结焦 |
|---|---|
| 外文名 | Coking |

**图 6-25　百度百科关于"结焦"知识点的介绍界面**

## 2）通过专业图书了解生物质流化床的结构

关于"生物质流化床"相关图书的检索结果如图 2-26 和图 6-27 所示。

**图 6-26　关于"生物质流化床"相关图书的检索结果（1）**

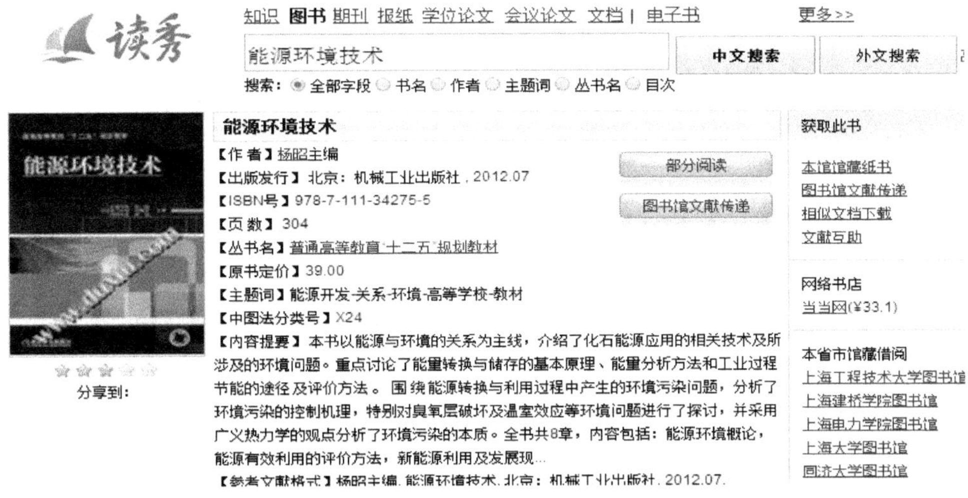

**图 6-27　关于"生物质流化床"相关图书的检索结果（2）**

图 6-28 和图 6-29 所示为图书中关于"生物质流化床"知识点的介绍界面。

　　循环流化床锅炉与鼓泡流化床相比最明显的区别在于炉膛上部的出口安装了循环物料分离器和回送装置，如图 4-13 所示，将烟气中的高温细固体颗粒分离收集并送回炉膛，使未燃尽而飞出炉膛的颗粒可以再次循环燃烧，从而大大提高了燃尽率。循环流化床锅炉一般是由流化床燃烧室（炉膛）、循环物料分离器、回料装置、尾部受热面和辅助设备等组成，是电站锅炉、工业锅炉和工业炉窑的一种很有前途和极具竞争力的燃烧方式。

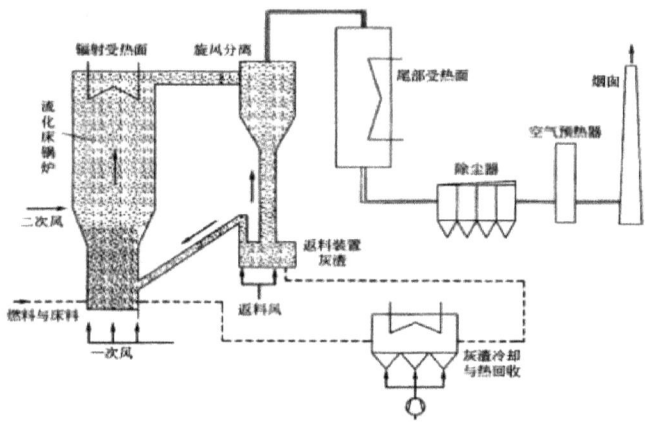

图 4-13　循环流化床锅炉发电系统原理

**图 6-28　图书中关于"生物质流化床"知识点的介绍界面(1)**

　　（2）循环流化床技术　流化床是基于气固流态化的一项技术，流化床燃烧技术燃料适应范围广，能够使用一般燃烧方式无法燃烧的石煤和煤矸石等劣质燃料、含水率较高的生物质及混合燃料（如木材与秸秆的混合）等；此外，流化床燃烧技术可以降低尾气中氮与硫的氧化物等有害气体含量，保护环境，是一种清洁燃烧技术，得到了广泛的应用。

　　循环流化床（图 3-52）主要由燃烧室、飞灰分离收集装置、飞灰回送装置及外部流化床换热器等组成。

　　循环流化床锅炉的燃料及脱硫剂从流化床布风室上部进入，在炉内燃烧并发生化学反应。循环流化床的流化速度可增加到 5~10m/s，在较高气流速度作用下，大量固体颗粒被携带出燃烧室，经高温旋风分离器分离后，返回到燃烧室继续燃烧。经旋风分离器导出的高温烟气，在尾部烟道受热面换热后，通过除尘器从烟囱排出。更大的扰动带来了更好的传热效果和均匀的温度分配，可使用更小的粒子（直径为

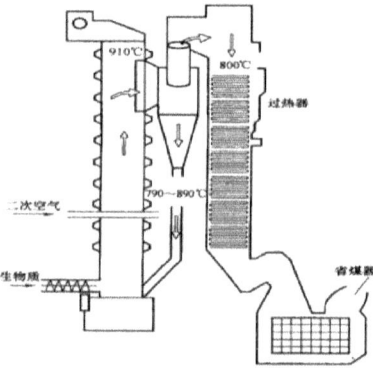

图 3-52　循环流化床锅炉的工作原理

　　（3）悬浮燃烧技术　生物质悬浮燃烧技术与煤粉燃烧技术类似，几乎是大型锅炉的唯一燃烧方式。对于大型的燃煤系统而言，煤粉炉具有效率高、燃烧完全等优点，已成为标准的燃烧系统。图 3-53 所示为采用悬浮燃烧技术的生物质水管锅炉示意图。

　　在悬浮燃烧系统中，生物质（如锯末、刨花等）需要进行预处理，颗粒尺寸要小于 2mm，含水率不能超过 15%。首先将生物质粉碎至细粉，然后将经过预处理的生物质与空气混合后一起向喷入燃烧室内，形成涡流呈悬浮燃烧状态，增加了滞留时间。通过采用精确的燃烧温度控制技术，悬浮燃烧系统可以在较低的过剩空气条件下高效运行。采用分阶段配风以及良好的混合可以减少 $NO_x$ 的生成。但是，由于颗粒的尺寸较小，高燃烧强度会导致炉墙表面温度较高，致使构成炉墙的耐火材料损坏速率较快。此外，悬浮燃烧系统需要辅助起动热源，当炉膛温度达到规定的要求，才能关闭辅助热源。

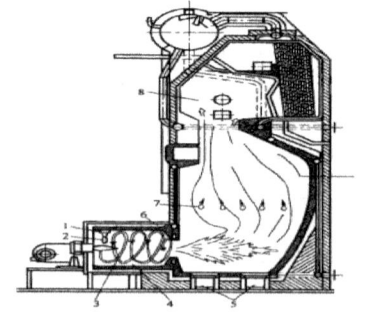

图 3-53　采用悬浮燃烧技术的生物质水管锅炉示意图
1—二次风通道　2—旋流器　3—旋涡燃烧器
4—旋流二次风通道　5—排渣装置　6—点火装置
7—水冷壁　8—辐射式过热器（屏式过热器）

**图 6-29　图书中关于"生物质流化床"知识点的介绍界面(2)**

3)通过综述性文献了解相关技术研究进展

图 6-30 所示为关于"生物质流化床抗结渣"综述性文献阅读界面。

第 27 卷 第 5 期
2009 年 10 月

可再生能源
Renewable Energy Resources

Vol.27 No.5
Oct. 2009

# 生物质固体成型燃料抗结渣研究进展

袁艳文 [1,2]，林　聪 [1]，赵立欣 [2]，田宜水 [2]，孟海波 [2]

(1.中国农业大学，北京　100083；2.农业部规划设计研究院，北京　100125)

摘　要：生物质固体成型燃料具有易储存、运输及使用方便、清洁环保、燃烧效率高等优点，是开发利用生物质能的主要方向之一。但秸秆类生物质原料中无机元素(包括 K，Na，Cl，S，Ca，Si，P 等)含量较高，导致了生物质固体成型燃料在热化学转化利用过程中出现结渣现象，不仅对燃烧设备的热性能造成影响，而且危及燃烧设备安全，成为阻碍生物质固体成型燃料推广应用的主要因素。文章分析了秸秆类生物质燃料的结渣机理，介绍了国内外生物质燃料抗结渣特性的研究现状，探讨了原料预处理、添加剂和颗粒密度对燃料抗结渣特性的影响，最后分析了目前生物质抗结渣研究中存在的问题，并提出了未来的研究方向。

关键词：生物质能；固体成型燃料；结渣；添加剂；碱金属

中图分类号：TK6；S216.2　文献标志码：A　文章编号：1671-5292(2009)04-0048-04

**图 6-30　关于"生物质流化床抗结渣"综述性文献阅读界面**

### 4. 步骤四：构造检索表达式

图 6-31 所示为关于"生物质流化床"检索表达式的构建示意图。

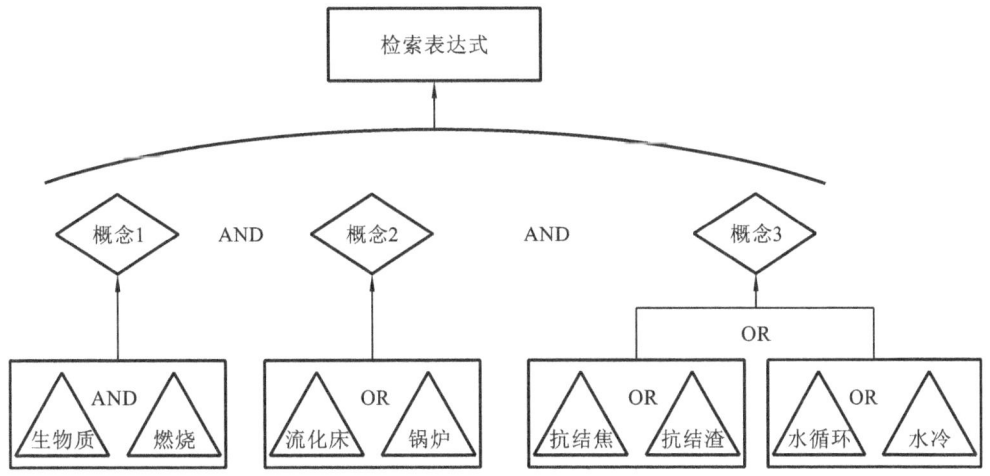

**图 6-31　关于"生物质流化床"检索表达式的构建示意图**

### 5. 步骤五：确定检索途径

1)通过题名、主题/关键词、摘要检索密切相关文献

图 6-32 所示为中国知网关于"生物质流化床"高级检索应用界面。

科技文献检索与分析

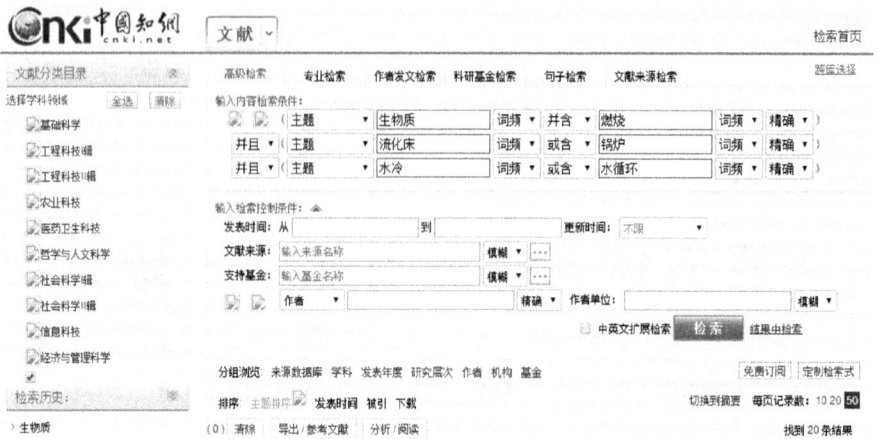

**图6-32　中国知网关于"生物质流化床"的高级检索应用界面**

图6-33所示为中国知网关于"生物质流化床"的专业检索应用界面。

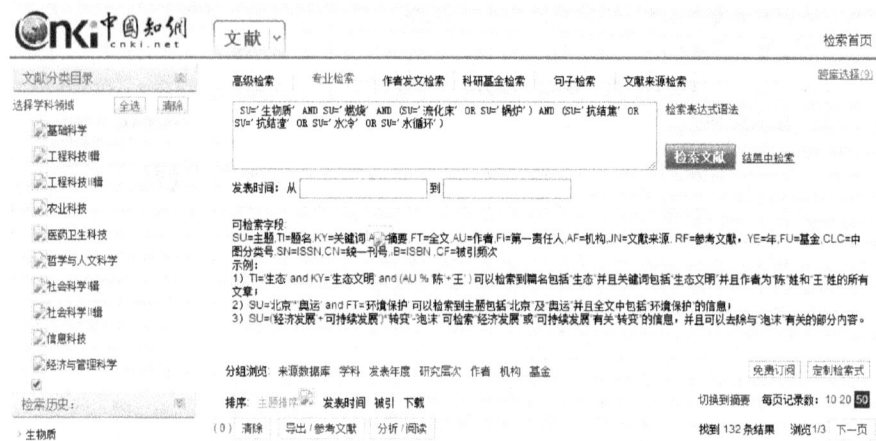

**图6-33　中国知网关于"生物质流化床"的专业检索应用界面**

图6-34所示为万方数据关于"生物质流化床"的高级检索应用界面。

**图6-34　万方数据关于"生物质流化床"的高级检索应用界面**

图 6-35 所示为万方数据关于"生物质流化床"的专业检索应用界面。

图 6-35 万方数据关于"生物质流化床"的专业检索应用界面

## 知识点七：专业检索的合理应用

通过中国知网与万方数据跨库检索平台检索发现，高级检索因其界面布局所限，或多或少不能真实反应检索者的检索意图。而专业检索因其检索表达式只有撰写规范的限制，没有撰写内容的限制，能充分反应检索者真实的检索意图。因此，建议同学们在进行文献检索的过程中，要充分利用专业检索进行文献的检索与获取。

2）通过全文字段进行文献检索补充，以防检索遗漏

图 6-36 所示为中国知网关于"生物质流化床"的全文检索及文献补充界面。

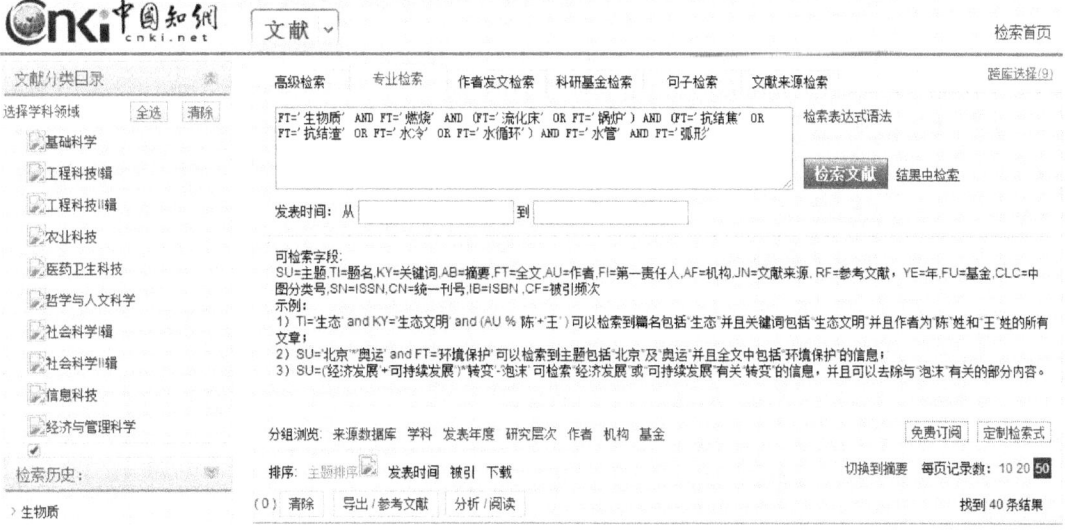

图 6-36 中国知网关于"生物质流化床"的全文检索及文献补充界面

图 6-37 所示为 Google 学术搜索关于"生物质流化床"的检索及文献补充界面。

Google

"生物质" "燃烧" "流化床"|"锅炉" "抗结焦"|"抗结渣"|"水冷"|"水循环" "水管

Web　　Images　　News　　Videos　　More ▾　　Search tools

About 1,580 results (0.50 seconds)

链条炉排式生物质供暖锅炉
www.google.com.hk/.../CN203052974U?cl... - Translate this page
Grant - Filed 18 Jan 2013 - Issued 10 Jul 2013 - 吴蔚然 - 河南巨烽生物能源
开发有限公司
本实用新型提供的锅炉燃烧温度高、燃烧效率高，提高了工作效率。... 端设
置有弧形拱，所述锅筒前端部设置有集烟箱，锅筒底部设置有回水箱，回水管
... 和右集箱，回水管分别与左集箱、右集箱连通，左集箱连通设置有通向锅
筒的水冷
Overview - Related - Discuss

链条式双锅筒生物质颗粒气化燃烧热水环保锅炉
www.google.com.hk/.../CN102818362B?cl... - Translate this page
Grant - Filed 8 Jun 2011 - Issued 9 Jul 2014 - 刘伟义 - 刘伟义
链条式双锅筒生物质颗粒气化燃烧热水环保锅炉，包括炉体、链条炉排上锅筒
和下锅筒。炉体内由前部依次设置预热燃烧燃烧封闭弧形拱、预热燃烧网状弧
拱墙、... 有受热水冷壁管，其上下两端分别连接与上下锅筒连接的上下受热
水循环管，... 上受热水循环管(11)和下锅筒(19)，构成双锅筒水管受热结构；
预热燃烧区 ...
Overview - Related - Discuss

**图 6-37　Google 学术搜索关于"生物质流化床"的检索及文献补充界面**

特别说明：中国知网、Google 学术搜索、Google 专利搜索均提供全文搜索的功能，可以在主题检索的基础上，进行有效的文献补充。但必须要注意：全文检索的表达式不能完全采用主题检索的表达式，必须在主题检索表达式的基础上进行进一步的技术限定，否则检索结果过多，无法准确把握文献的信息。例如，本例主题检索的表达式为：SU＝"生物质" and SU＝"燃烧" and(SU＝"流化床" or SU＝"锅炉")and(SU＝"抗结焦" or SU＝"抗结渣" or SU＝"水冷" or SU＝"水循环")；而全文检索的表达式为：FT＝"生物质" and FT＝"燃烧" and(FT＝"流化床" or FT＝"锅炉")and(FT＝"抗结焦" or FT＝"抗结渣" or FT＝"水冷" or FT＝"水循环")and FT＝"水管" and FT＝"弧形"，全文检索表达式在主题检索表达式的基础上，增加了"弧形"与"水管"的检索限定。

**6. 步骤六：调整检索策略**

本实例在课题分析、概念分析的基础上，制定检索表达式为：生物质 and 燃烧 and(流化床 or 锅炉)and(抗结焦 or 抗结渣 or 水循环 or 水冷)。具体情况说明如下。

(1)数据平台：中国知网；文献范围：期刊论文、会议论文、博士/硕士论文、专利、成果等；检索结果：132 篇。如图 6-38 所示。

(2)数据平台：万方数据；文献范围：期刊论文、会议论文、博士/硕士论文、专利、成果等；检索结果：196 篇。如图 6-39 所示。

| | 题名 | 作者 | 来源 | 发表时间 | 数据库 | 被引 | 下载 | 预览 | 分享 |
|---|---|---|---|---|---|---|---|---|---|
| □ 1 | 水冷炉排生物质锅炉 | 陈士和;王雪曼;汪养芬 | 安徽博瑞特热能设备股份有限公司 | 2014-04-02 | 中国专利 | | ⬇ | | ⊞ |
| □ 2 | 一种燃烧高水分低热值生物质燃料的循环流化床锅炉膛结构 | 王祥庆;殷庆勇;于照青 | 济南锅炉集团有限公司 | 2014-03-26 | 中国专利 | | ⬇ | | ⊞ |
| □ 3 | 使用生物质燃料的锅炉燃烧装置 | 蒋大龙 | 龙基电力有限公司 | 2006-02-01 | 中国专利 | | ⬇ | | ⊞ |
| □ 4 | 生物质燃料、逆向燃烧半煤气化锅炉 | 石铁君 | 石铁君 | 2007-03-28 | 中国专利 | | ⬇ | | ⊞ |
| □ 5 | 生物质直燃式蒸汽锅炉 | 孙正;朱丽萍;陈小琴;花文祥;曹芦卫;花志田;姜浩;董强 | 江苏正阳锅炉有限公司 | 2015-01-21 | 中国专利 | | ⬇ | | ⊞ |
| □ 6 | 燃烧生物质水冷振动炉排锅炉的研发及应用 | 万思本;蔡文钢;王智微 | 热力发电 | 2010-09-25 | 期刊 | 2 | ⬇ 138 | 📖 | ⊞ |
| □ 7 | 带有炭燃烧池的生物锅炉高效分段控制燃烧方法及系统 | 史飞;胡笑颖 | 华北电力大学 | 2013-04-03 | 中国专利 | | ⬇ | | ⊞ |
| □ 8 | 燃烧生物质燃料锅炉 | 崔勇吉 | 崔勇吉 | 2008-03-12 | 中国专利 | | ⬇ | | ⊞ |
| □ 9 | 卧式内燃双强化生物燃料热水锅炉 | 王震坤;苏俊林 | 长春鸿鑫热能有限公司 | 2012-12-12 | 中国专利 | | ⬇ | | ⊞ |

**图 6-38　中国知网科技文献检索列表**

显示模式：☰ ☷ 命中198条　　　　　每页显示 50 ▼

检索表达式："生物质" * "燃烧" * ("流化床" + "锅炉") * ("抗结焦" + "抗结渣" + "水循环" + "水冷") * Date:-2015

□ 1 👤 燃烧生物质水冷振动炉排锅炉的研发及应用　　　　　　　　　　　　⚫
[期刊论文] 《热力发电》 PKU — 2010年9期　万思本　蔡文钢　王智微　WAN Siben　CAI Wengang　WANG Zhiwei
75 t/h的秸秆直燃水冷振动炉排锅炉实际应用表明,水冷振动炉排冷却效果很好,其燃料适应性广,变负荷能力强,最大负荷可以达到80 t/h,汽温稳定,调节性能好,各项参数均达到和超过设计值.运行期间,锅炉排烟温度约135 ℃,未发...
关键词：秸秆直燃　结焦　腐蚀　堵灰　水冷振动炉排　锅炉
查看全文　—　下载全文　—　引用通知

□ 2 👤 浅谈秸秆生物质直燃发电技术 (被引用 7 次)
[期刊论文] 《锅炉制造》 — 2009年4期　姜述杰　赵伟英　Jiang Shujie　Zhao Weiying
介绍国内外生物质发电的现状,生物质燃料的资源与燃烧特性,并结合本公司产品介绍了生物质锅炉的特点及其燃烧设备--水冷振动炉排对生物质燃料的适应性.
关键词：可再生能源　生物质能源　生物质直燃发电　水冷振动炉排　renewable resources　biomass energy　generate electricity for biomass combustion　vibrating grate firing station
查看全文　—　下载全文　—　引用通知

□ 3 👤 水冷振动炉排锅炉燃烧秸秆的数值模拟　　　　　　　　　　　　⚫
[期刊论文] 《热力发电》 PKU — 2013年9期　王凤祥　郭澄昆　吕太　房子俊　郭克寅　WANG Fengxiang　GUO Chengkun　LU Tai　FANG Zijun　GUO Keyin
对农安生物质电厂的水冷振动炉排锅炉进行燃烧秸秆的数值模拟.通过建立单元体模型分别模拟炉排上秸秆料层燃烧和炉内气相空间燃烧过程,分析不同一、二次风进风量比例对燃烧的影响,得到不同一、二次风进

**图 6-39　万方数据科技文献检索列表**

 **知识点八：撰写检索表达式的注意事项**

在充分分析课题及概念的基础上，撰写的检索表达式必须能同时反应检索课题的研究内容及检索者的检索思路。撰写的检索表达式在检索工具中检索最佳结果应在 50～200 篇之间，文献太少不能真实反应研究内容，必须进行扩检；文献太多不利于检索者对文献进行有效分析，必须进行缩检；在文献充分分析的基础上，必须利用全文精确检索，进行文献的扫描与补充。

### 6.5.2 实例二：数字化 PCB 工业喷印机

拟研究内容：采用微滴喷射技术、UV 固化技术实现 PCB 板字符层、蚀刻层、阻焊层的直接喷印。

**1. 步骤一：分析课题**

研究范围：PCB 工业喷印机；

喷印方式：微滴喷射技术、UV 固化技术；

研究内容：PCB 板字符层、蚀刻层、阻焊层的直接喷印。

**2. 步骤二：选择数据库**

1）国内数据库

超星数字图书馆、CNKI 检索平台、万方数据知识服务平台、中文科技期刊数据库。

2）国外数据库

Web of Science、EI：通过 Web of Science、EI 丰富的索引资源，检索与本课题研究内容密切相关的 SCI 或 EI 收录论文的索引，并通过索引指向获取所需的原文文献，通过密切相关文献的阅读，了解本课题的国外研究历史、国外研究的现状，调研本课题国外研究的创新程度及技术的可行性。

Science Direct、Willey Online Library、PQDT：利用 Science Direct、Willey Online Library、PQDT 丰富的外文全文论文资源，作为 Web of Science、EI 平台检索的补充。

3）公网资源

中国学术论文在线/国家科技成果网：作为中文科技论文及科技成果资源的有效补充。

Google 专利：利用 Google 专利搜索的中外文全文检索功能，可以全面揭示与本课题研究内容密切相关专利的技术本质。

Google 学术搜索：利用 Google 学术搜索的中外文科技论文的全文扫描功能，对中外文科技期刊进行全扫描，尽可能减少检索结果的遗漏。

BaiGoogledu：利用 BaiGoogledu 整合 Google 搜索与百度搜索的功能，对公网资源进行本课题相关研究内容的检索，作为数据库检索的有效补充。BaiGoogledu 搜索引擎徽标如图 6-40 所示。

**图 6-40 BaiGoogledu 搜索引擎徽标**

### 3. 步骤三：概念分析

1）利用维基百科、百度百科了解相关概念

图 6-41 所示为维基百科关于"印制电路板"知识点的介绍界面。

**图 6-41　维基百科关于"印制电路板"知识点的介绍界面**

图 6-42 所示为百度百科关于"微滴喷射"知识点的介绍界面。

# 微滴喷射自由成形 ✏编辑

　　本书介绍近年发展起来的一项新技术——微滴喷射自由成形，它是快速成形技术发展的新里程碑，其核心是在计算机控制下，根据设计的二维或三维图形，迫使不同类型的材料以微细液滴的形式从喷头的微米级小孔中射至底材上，形成各种具有真实产品功能的器件，例如二维图文、点阵或三维实体。由于这种技术具有很高的成形精度、响应频率和效率，特别是适用的成形材料几乎无限制，可以采用用户自行研制、选择的材料，因此在制造领域和生物医学工程中得到了广泛的应用。

| 书　名 | 微滴喷射自由成形 | 定　价 | 36.00元 |
| --- | --- | --- | --- |
| 作　者 | 王运赣、张祥林 | 出版社 | 华中科技大学出版社 |
| ISBN | 9787560956121 | 出版时间 | 2009-10-1 |
| | | 开　本 | 16开 |

**图 6-42　百度百科关于"微滴喷射"知识点的介绍界面**

图 6-43 所示为百度百科关于"UV 固化"知识点的介绍界面。

# UV固化 🔒锁定

本词条由 科普中国 百科科学词条编写与应用工作项目审核。

　　UV固化即紫外固化，UV是紫外线的英文缩写，固化是指物质从低分子转变为高分子的过程。UV固化一般是指需要用紫外线固化的涂料（油漆）、油墨、胶黏剂（胶水）或其它灌封密封剂的固化条件或要求，其区别于加温固化、胶联剂（固化剂）固化、自然固化等。

| 中文名 | 紫外固化 | 紫外线波长 | 10-400nm |
| --- | --- | --- | --- |
| 外文名 | Ultraviolet curing | 时　间 | 20世纪80年 |

**图 6-43　百度百科关于"UV 固化"知识点的介绍界面**

2）通过专业图书了解"PCB 喷墨打印"技术

图 6-44 和图 6-45 所示为关于"PCB 喷墨打印"技术的相关图书检索结果。

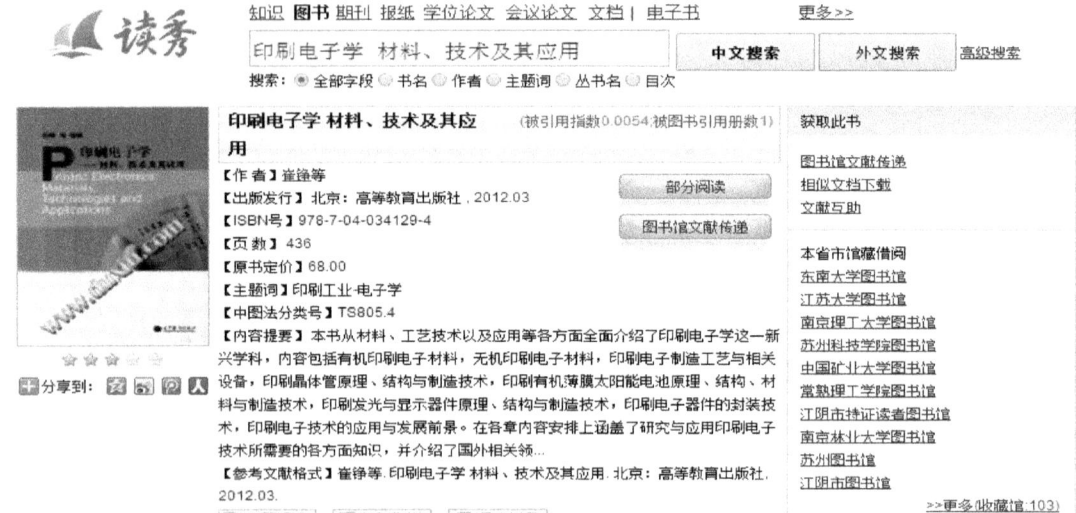

**图 6-44　关于"PCB 喷墨打印"技术的相关图书检索结果(1)**

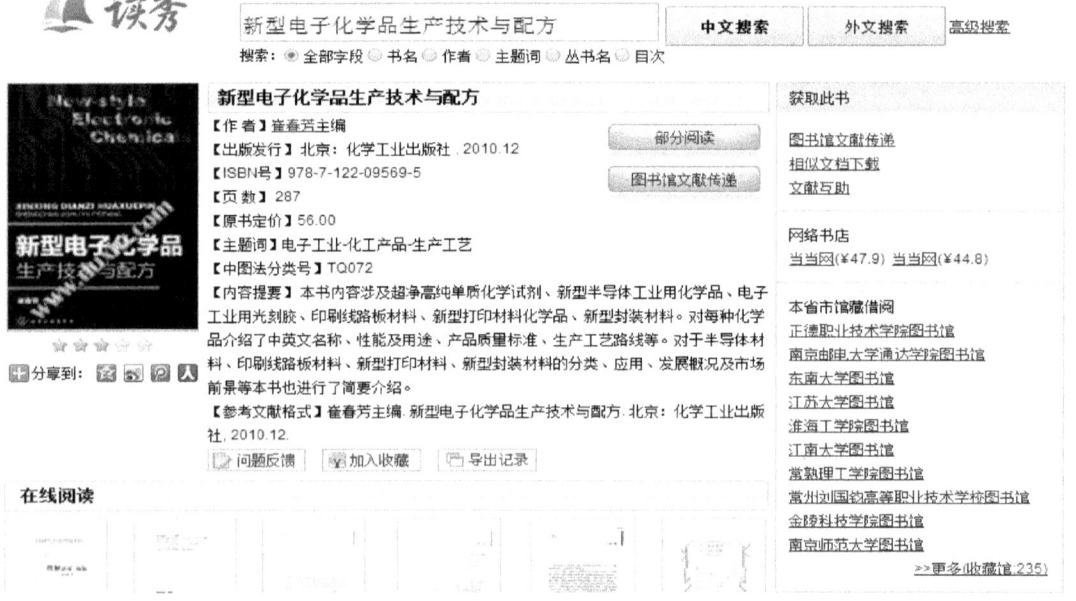

**图 6-45　关于"PCB 喷墨打印"技术的相关图书检索结果(2)**

3）通过综述性文献了解相关技术研究进展

图 6-46～图 6-49 所示为关于"PCB 喷墨打印"的综述性文献阅读界面。

印制电路信息 2011 No.12　　　　　　　　　　　　　　　　　　　印制电子 Printed Electronics

# 数字喷墨打印技术在PCB字符工艺中的应用

卢玉蛟　黄哲贤　李宝

（江苏锐毕利实业有限公司，江苏 盐城　224056）

摘　要　　概述了文字喷墨打印技术的原理及其优点。文字喷印机可明显简化PCB文字工艺流程，提高生产效率、且生产过程中无墨水的浪费，最终体现为生产成本的降低；另外文字喷印机环保无污染，符合绿色环保理念。以上诸多优点将使其成为未来PCB文字工艺的发展方向。

关键词　　数字喷印；线路板；文字工艺；绿色环保

中图分类号：TN41　　文献标识码：A　　文章编号：1009-0096（2011）12-0055-05

**图 6-46　关于"PCB 喷墨打印"的综述性文献阅读界面(1)**

印制电子技术 Printed Electronics　　　　　　　　　　　　　　　印制电路信息 2013 No.12

# 数字喷墨打印技术在PCB抗蚀层
# 制作中的初步研究

严惠娟　吴金华　付海涛　罗永红　陈培峰

（上海美维科技有限公司研发部，上海）

摘　要　　随着数字喷墨打印设备和纳米油墨的不断发展，喷墨打印技术在PCB制作中得到了越来越广泛的应用。目前市场上主要包括三个方面的应用：抗蚀层、字符、阻焊。文章通过市场调研，成本评估和工艺能力评估重点研究了喷墨打印技术在线路抗蚀层制作中的应用。结果发现喷墨打印技术相对于传统的线路制作工艺具有一定的成本优势和线路制作能力。

**图 6-47　关于"PCB 喷墨打印"的综述性文献阅读界面(2)**

# 用于 PCB 蚀刻
# 线路的数字喷墨打印技术

林金堵

CPCA 顾问　　本刊主编

摘　要　　文章概述了用于PCB蚀刻线路中数字喷墨打印技术的原理和优点。在PCB的图形转移中，数字喷墨打印技术具有加工工序少、周期短和成本低的特点，它将和激光直接成像（LDI）一样成为PCB工业生产的重要方法。

关键词　　数字喷墨打印技术；图形转移；蚀刻线路；激光直接成像；周期短；环境污染少

中图分类号：TN34.8　　文献标识码：A　　文章编号：1009-0096（2008）03-0008-07

**图 6-48　关于"PCB 喷墨打印"的综述性文献阅读界面(3)**

第 28 卷 第 3 期　　　　　　重庆理工大学学报(自然科学)　　　　　　2014 年 3 月

Vol. 28　No. 3　　　　Journal of Chongqing University of Technology(Natural Science)　　　　Mar. 2014

doi：10.3969/j.issn.1674-8425(z).2014.03.015

# PCB 喷墨打印机的研发现状和发展趋势

陈　庄,孙　云

(重庆理工大学 计算机科学与工程学院,重庆　400054)

**摘　　要:**印制电路板(printed circuit board,PCB)是当前电子产品不可或缺的一部分。传统的 PCB 生产制作流程在节能减排和制造精度上都存在着无法克服的问题。PCB 喷墨打印技术在缩短生产周期、降低生产成本、提高生产精度、减少环境污染等方面具有诸多优势,逐渐成为 PCB 生产的主流。给出了 PCB 喷墨打印机的系统架构和功能架构,分析了其工艺流程和关键技术,提出了喷头和油墨是制约 PCB 喷墨打印机推广应用的关键因素,最后讨论了 PCB 喷墨打印机未来的发展前景。

**图 6-49　关于"PCB 喷墨打印"的综述性文献阅读界面(4)**

## 4. 步骤四:构造检索表达式

图 6-50 所示为关于"PCB 喷墨打印"检索表达式的构建示意图。

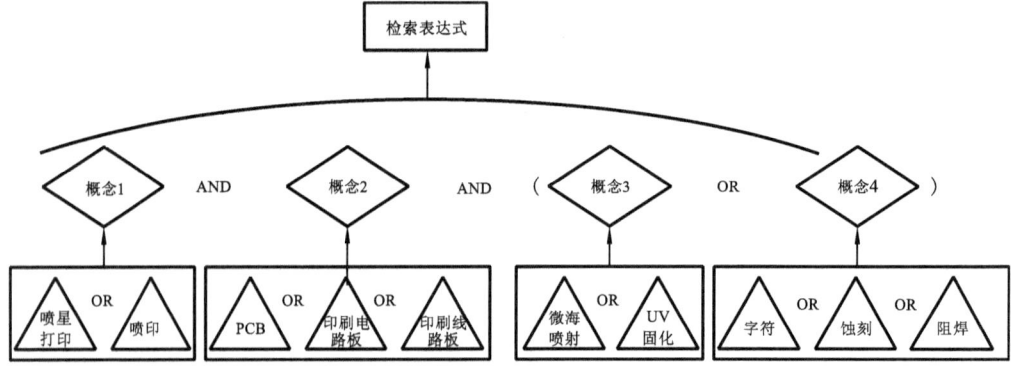

**图 6-50　关于"PCB 喷墨打印"检索表达式的构建示意图**

## 5. 步骤五:确定检索途径

(1)题名、主题词/关键词、摘要检索于中国知网、万方之比较。

图 6-51 所示为万方数据关于"PCB 喷墨打印"的专业检索应用界面。

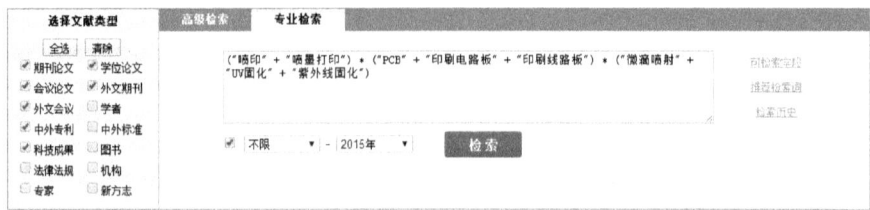

**图 6-51　万方数据关于"PCB 喷墨打印"的专业检索应用界面**

图 6-52 所示为万方数据关于“PCB 喷墨打印”的文献检索列表界面。

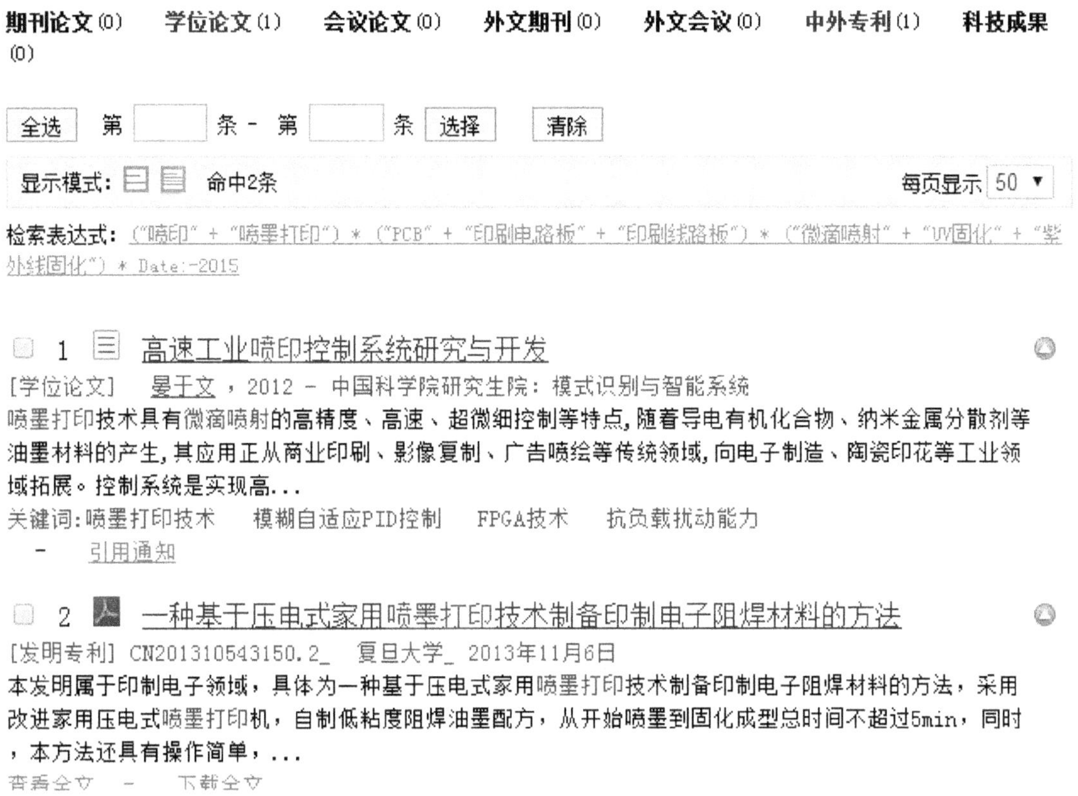
期刊论文(0) 学位论文(1) 会议论文(0) 外文期刊(0) 外文会议(0) 中外专利(1) 科技成果(0)
全选 第 条 - 第 条 选择 清除
显示模式: 命中2条 每页显示 50
检索表达式: (“喷印” + “喷墨打印”) * (“PCB” + “印刷电路板” + “印刷线路板”) * (“微滴喷射” + “UV固化” + “紫外线固化”) * Date:-2015
1 高速工业喷印控制系统研究与开发
[学位论文] 晏于文 , 2012 - 中国科学院研究生院: 模式识别与智能系统
喷墨打印技术具有微滴喷射的高精度、高速、超微细控制等特点,随着导电有机化合物、纳米金属分散剂等油墨材料的产生,其应用正从商业印刷、影像复制、广告喷绘等传统领域,向电子制造、陶瓷印花等工业领域拓展。控制系统是实现高...
关键词:喷墨打印技术 模糊自适应PID控制 FPGA技术 抗负载扰动能力
- 引用通知
2 一种基于压电式家用喷墨打印技术制备印制电子阻焊材料的方法
[发明专利] CN201310543150.2_ 复旦大学_ 2013年11月6日
本发明属于印制电子领域，具体为一种基于压电式家用喷墨打印技术制备印制电子阻焊材料的方法，采用改进家用压电式喷墨打印机，自制低粘度阻焊油墨配方，从开始喷墨到固化成型总时间不超过5min，同时，本方法还具有操作简单，...
查看全文 - 下载全文

**图 6-52 万方数据关于“PCB 喷墨打印”的文献检索列表界面**

图 6-53 所示为中国知网关于“PCB 喷墨打印”的专业检索应用界面。

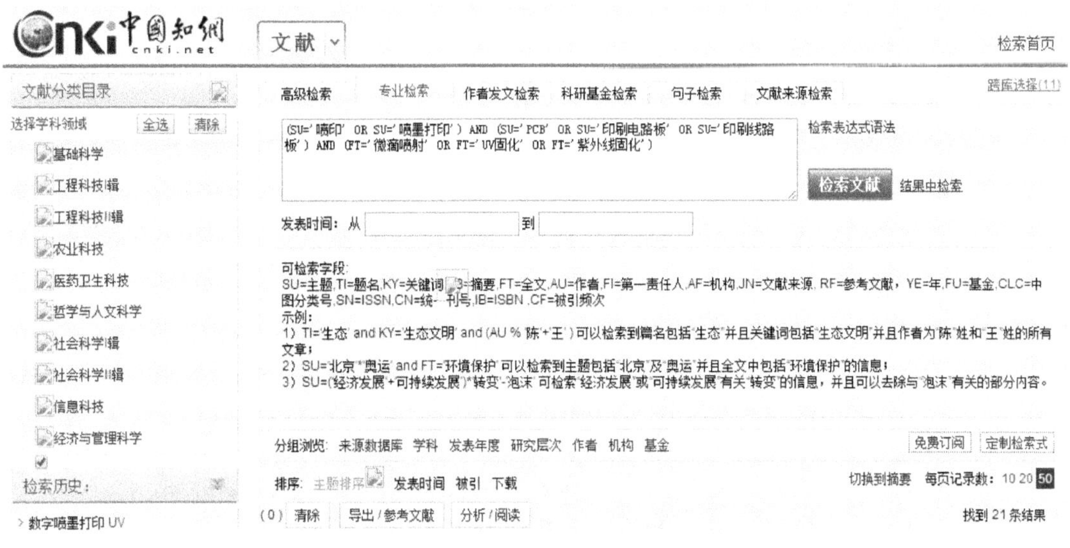
cnki 中国知网 cnki.net
文献
检索首页
文献分类目录
选择学科领域 全选 清除
基础科学
工程科技Ⅰ辑
工程科技Ⅱ辑
农业科技
医药卫生科技
哲学与人文科学
社会科学Ⅰ辑
社会科学Ⅱ辑
信息科技
经济与管理科学
检索历史:
数字喷墨打印 UV
高级检索 专业检索 作者发文检索 科研基金检索 句子检索 文献来源检索
跨库选择(11)
(SU='喷印' OR SU='喷墨打印') AND (SU='PCB' OR SU='印刷电路板' OR SU='印刷线路板') AND (FT='微滴喷射' OR FT='UV固化' OR FT='紫外线固化')
检索表达式语法
检索文献 结果中检索
发表时间: 从 到
可检索字段:
SU=主题,TI=题名,KY=关键词,AB=摘要,FT=全文,AU=作者,FI=第一责任人,AF=机构,JN=文献来源,RF=参考文献，YE=年,FU=基金,CLC=中图分类号,SN=ISSN,CN=统一刊号,IB=ISBN,CF=被引频次
示例:
1) TI='生态' and KY='生态文明' and (AU % '陈'+'王') 可以检索到篇名包括“生态”并且关键词包括“生态文明”并且作者为“陈”姓和“王”姓的所有文章；
2) SU='北京'*'奥运' and FT='环境保护' 可以检索到主题包括“北京”及“奥运”并且全文中包括“环境保护”的信息；
3) SU=('经济发展'+'可持续发展')*'转变'-'泡沫' 可检索“经济发展”或“可持续发展”有关“转变”的信息，并且可以去除与“泡沫”有关的部分内容。
分组浏览: 来源数据库 学科 发表年度 研究层次 作者 机构 基金
免费订阅 定制检索式
排序: 主题排序 发表时间 被引 下载
切换到摘要 每页记录数: 10 20 50
(0) 清除 导出/参考文献 分析/阅读
找到 21 条结果

**图 6-53 中国知网关于“PCB 喷墨打印”的专业检索应用界面**

图 6-54 所示为中国知网关于"PCB 喷墨打印"的文献检索列表界面。

| | 题名 | 作者 | 来源 | 发表时间 | 数据库 | 被引 | 下载 | 预览 | 分享 |
|---|---|---|---|---|---|---|---|---|---|
| 1 | 数字喷墨打印技术在PCB字符工艺中的应用 | 卢玉蛟;黄哲赟;李宝 | 印制电路信息 | 2011-12-10 | 期刊 | 3 | 92 | | |
| 2 | 数字喷墨打印技术在PCB抗蚀层制作中的初步研究 | 严惠娟;吴金华;付海涛;罗永红;陈培峰 | 印制电路信息 | 2013-12-10 | 期刊 | | 29 | | |
| 3 | 用于PCB蚀刻线路的数字喷墨打印技术 | 林金堵 | 印制电路信息 | 2008-03-10 | 期刊 | 7 | 214 | | |
| 4 | 数字化文字喷印及其在PCB生产中应用 | 周金鑫;李宝 | 印制电路信息 | 2013-12-10 | 期刊 | | 14 | | |
| 5 | 一种印刷电路板字符喷印机 | 王运赣;文成;牧青;李宝;缪育博;王宣;黄哲赟 | 江苏锐毕利实业有限公司;上海富奇凡机电科技有限公司 | 2011-08-17 | 中国专利 | | | | |
| 6 | 喷墨打印技术在PCB中的应用(上) | 林金堵 | 印制电路信息 | 2008-07-10 | 期刊 | 10 | 226 | | |
| 7 | "喷印技术"和"技术创新" | 林金堵 | 印制电路信息 | 2010-04-10 | 期刊 | 1 | 71 | | |
| 8 | 一种基于压电式家用喷墨打印技术制备印制电子阻焊材料的方法 | 杨振国;杨超 | 复旦大学 | 2014-02-12 | 中国专利 | | | | |

**图 6-54  所示为中国知网关于"PCB 喷墨打印"的文献检索列表界面**

图 6-55 所示为万方数据关于"PCB 电路板印刷效果"的专业检索应用界面。

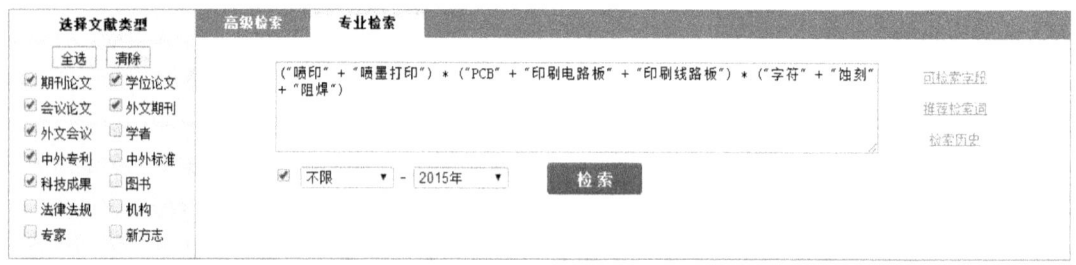

**图 6-55  万方数据关于"PCB 电路板印刷效果"的专业检索应用界面**

图 6-56 所示为万方数据关于"PCB 电路板印刷效果"的文献检索列表界面。
图 6-57 所示为中国知网关于"PCB 电路板印刷效果"的专业检索应用界面。
图 6-58 所示为中国知网关于"PCB 电路板印刷效果"的文献检索列表界面。

期刊论文 (9)　　学位论文 (5)　　会议论文 (2)　　外文期刊 (0)　　外文会议 (0)　　中外专利 (10)　　科技成果 (1)

全选　第 ☐ 条 - 第 ☐ 条 选择　清除

显示模式：▦ ▤　命中27条　　　　　　　　　　　　　　　　　每页显示 50 ▼

检索表达式：("喷印" + "喷墨打印") * ("PCB" + "印刷电路板" + "印刷线路板") * ("字符" + "蚀刻" + "阴焊") * Date:-2015

☐　1 ▲ 数字喷墨打印技术在PCB字符工艺中的应用 (被引用 2 次)　　　　　　　　　　　　⊘

[期刊论文]《印制电路信息》 - 2011年12期　卢玉蛟　黄哲樊　李宝

概述了文字喷墨打印技术的原理及其优点。文字喷印机可明显简化PCB文字工艺流程，提高生产效率，且生产过程中无墨水的浪费，最终体现为生产成本的降低；另外文字喷印机环保无污染，符合绿色环保理念。以上诸多优点将使其成为未...

关键词：数字喷印　线路板　文字工艺　绿色环保　digital inkjet printing　PCB　legend process　environment protection

查看全文 － 下载全文 － 引用通知

☐　2 ▲ 喷墨打印技术在PCB中的应用(下) (被引用 1 次)　　　　　　　　　　　　　　⊘

[期刊论文]《印制电路信息》 - 2008年8月期　林金堵

(接上期) 4 数字喷墨打印用油墨 目前在PCB中，喷墨打印用的油墨主要有三大类：(1)抗蚀/抗镀油墨，用于取代传统干膜与湿膜；(2)阻焊、字符(含介质层)等油墨，取代常规的阻焊、字符(介质层/绝缘层)等油墨；(3)直接喷印形成导电...

查看全文 － 下载全文 － 引用通知

图 6-56　万方数据关于"PCB 电路板印刷效果"的文献检索列表界面

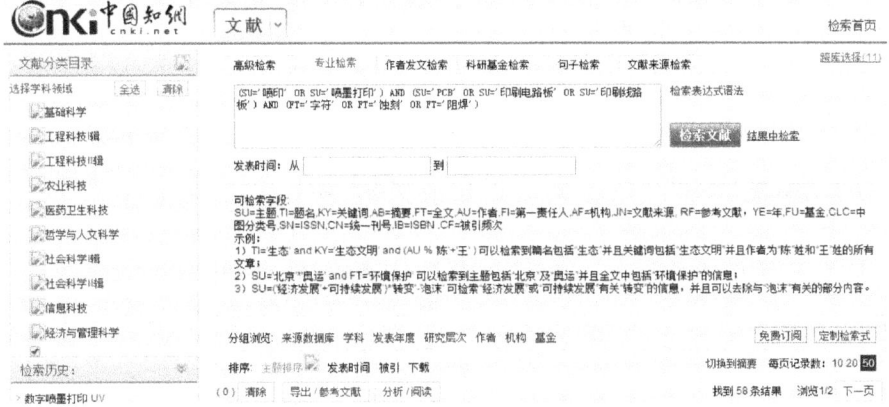

图 6-57　中国知网关于"PCB 电路板印刷效果"的专业检索应用界面

| | 题名 | 作者 | 来源 | 发表时间 | 数据库 | 被引 | 下载 | 预览 | 分享 |
|---|---|---|---|---|---|---|---|---|---|
| ☐ 1 | 喷墨打印技术在PCB中的应用前景 | 林金堵 | 印制电路信息 | 2008-04-10 | 期刊 | 27 | ⬇ 452 | 📖 | ⊞ |
| ☐ 2 | 喷墨打印技术在PCB中的应用(下) | 林金堵 | 印制电路信息 | 2008-08-10 | 期刊 | 5 | ⬇ 295 | 📖 | ⊞ |
| ☐ 3 | LDI和喷印技术是解决"甚高密度"PCB的最佳出路 | 吴梅珠;林金堵 | 印制电路信息 | 2011-11-10 | 期刊 | 6 | ⬇ 87 | 📖 | ⊞ |
| ☐ 4 | 一种印刷电路板字符喷印机 | 王运赣;文成;牧青;李宝;缪首博;王富;黄哲樊 | 江苏锐毕利实业有限公司;上海富奇凡机电科技有限公司 | 2011-08-17 | 中国专利 | | ⬇ | | ⊞ |
| ☐ 5 | 数字喷墨打印技术在PCB字符工艺中的应用 | 卢玉蛟;黄哲樊;李宝 | 印制电路信息 | 2011-12-10 | 期刊 | 3 | ⬇ 92 | 📖 | ⊞ |
| ☐ 6 | 数字喷墨打印技术在PCB抗蚀层制作中的初步研究 | 严惠娟;吴金华;付海涛;罗永红;陈培嵋 | 印制电路信息 | 2013-12-10 | 期刊 | | ⬇ 29 | 📖 | ⊞ |
| ☐ 7 | 用于PCB蚀刻线路的数字喷墨打印技术 | 林金堵 | 印制电路信息 | 2008-03-10 | 期刊 | 7 | ⬇ 214 | 📖 | ⊞ |

图 6-58　中国知网关于"PCB 电路板印刷效果"的文献检索列表界面

（2）通过 Google 学术及专利全文字段进行文献检索补充，以防检索遗漏。

图 6-59 所示为 Google 学术搜索关于"PCB 喷墨打印技术"的检索补充界面。

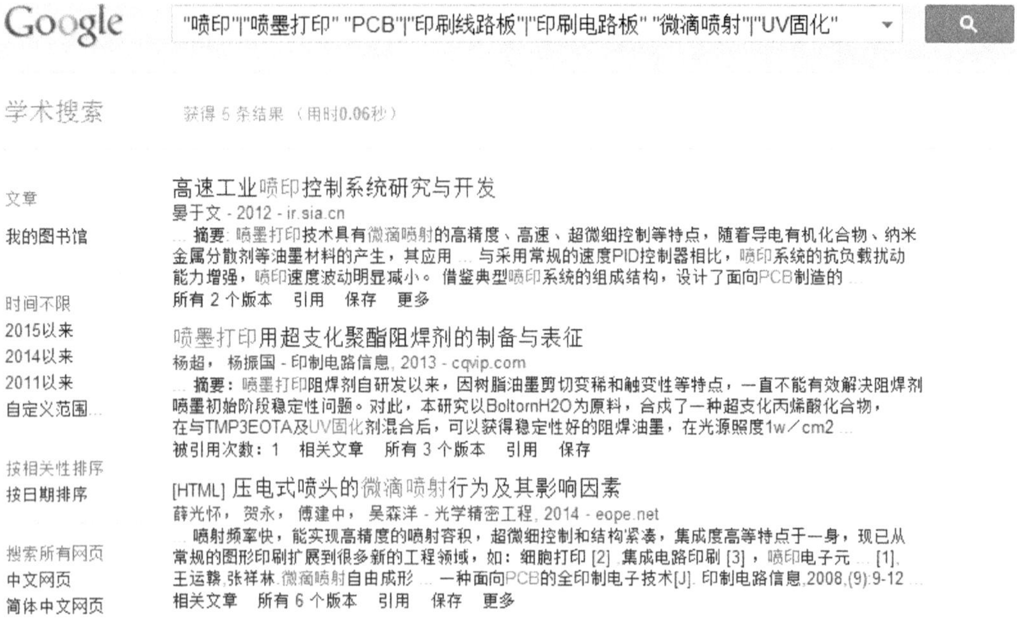

Google

"喷印"|"喷墨打印" "PCB"|"印刷线路板"|"印刷电路板" "微滴喷射"|"UV固化" ▾　　　　🔍

学术搜索　　　获得 5 条结果 （用时0.06秒）

文章　　　　　高速工业喷印控制系统研究与开发
我的图书馆　　昃于文 - 2012 - ir.sia.cn
　　　　　　　摘要：喷墨打印技术具有微滴喷射的高精度、高速、超微细控制等特点，随着导电有机化合物、纳米
时间不限　　　金属分散剂等油墨材料的产生，其应用 … 与采用常规的速度PID控制器相比，喷印系统的抗负载扰动
2015以来　　　能力增强，喷印速度波动明显减小。借鉴典型喷印系统的组成结构，设计了面向PCB制造的 …
2014以来　　　所有 2 个版本　引用　保存　更多
2011以来　　　喷墨打印用超支化聚酯阻焊剂的制备与表征
自定义范围…　　杨超，杨振国 - 印制电路信息，2013 - cqvip.com
　　　　　　　… 摘要：喷墨打印阻焊剂自研发以来，因树脂油墨剪切变稀和触变性等特点，一直不能有效解决阻焊剂
按相关性排序　　喷墨初始阶段稳定性问题。对此，本研究以BoltornH2O为原料，合成了一种超支化丙烯酸化合物，
按日期排序　　　在与TMP3EOTA及UV固化剂混合后，可以获得稳定性好的阻焊油墨，在光源照度1w／cm2 …
　　　　　　　被引用次数：1　相关文章　所有 3 个版本　引用　保存
搜索所有网页　　[HTML] 压电式喷头的微滴喷射行为及其影响因素
中文网页　　　　薛光怀，贺永，傅建中，吴森洋 - 光学精密工程，2014 - eope.net
简体中文网页　　　　喷射频率快，能实现高精度的喷射容积，超微细控制和结构紧凑，集成度高等特点于一身，现已从
　　　　　　　常规的图形印刷扩展到很多新的工程领域，如：细胞打印 [2]，集成电路印刷 [3]，喷印电子元 … [1]．
　　　　　　　王运赣,张祥林.微滴喷射自由成形 … 一种面向PCB的全印制电子技术[J]. 印制电路信息,2008,(9):9-12
　　　　　　　相关文章　所有 6 个版本　引用　保存　更多

**图 6-59　Google 学术搜索关于"PCB 喷墨打印技术"的检索补充界面**

图 6-60 所示为 Google 专利搜索关于"PCB 喷墨打印技术"的检索补充界面。

Google

"喷印"|"喷墨打印" "PCB"|"印刷线路板"|"印刷电路板" "微滴喷射"|"UV固 🎤　　　🔍

Web　　Images　　Videos　　News　　More ▾　　Search tools

About 70 results (0.43 seconds)

一种低黏度uv固化阻焊油墨的制备方法
www.google.com.hk/.../CN102766375B?cl... - Translate this page
Grant - Filed 10 Aug 2012 - Issued 11 Jun 2014 - 杨振国 - 复旦大学
本发明属于印制电子领域，具体为一种低黏度UV固化阻焊油墨的制备方法。
… 就是覆盖在印刷线路板(Printed CircuitsBoard，PCB)外层的保护油墨，
伴随着印制电子的兴起与发展，基于柔性PCB生产工艺的喷墨打印技术日新月
异 …
Overview - Related - Discuss

一种用于显示屏及pcb线路印制的喷墨打印装置
www.google.com.hk/.../CN202847109U?cl... - Translate this page
Grant - Filed 19 Oct 2012 - Issued 3 Apr 2013 - 廖永红 - 东莞凯佳智芯电子
科技有限公司
本喷墨打印装置操作简便，实现高精度工业喷印，以及可用于显示屏 …
[0002] 喷墨打印技术具有微滴喷射的高精度、高速、超微细控制等特点，随
着 …
Overview - Related - Discuss

**图 6-60　Google 专利搜索关于"PCB 喷墨打印技术"的检索补充界面**

# 思考题

（1）请按照老师提供的检索课题，通过课题的分析，撰写出拟检索课题的主要技术要点，并在此基础上凝练检索词。

（2）请在课题分析的基础上，确定课题检索的步骤，并结合课题内容进行详细说明。

（3）请通过日常生活知识及课题研究内容的检索结果，分析百度、Google 的优劣，并结合实例进行详细说明（注：如 Google 不能正常访问，请登录 Google 代理网站 http://www.jwss.com/进行检索）。

# 第7章　科技文献检索评价与优化

本章主要通过科技文献检索评价及优化方面的知识介绍,帮助同学们利用科技文献检索评价及优化工具,评价检索结果的效用性。

随着计算机和网络的推广普及和人们对网上资源的需求日益增长,检索系统或文献数据库的来源越来越多,数据量也越来越大,大量数据的提供已不成问题。在大量数据面前,检索者如何合理利用检索系统(或数据库)获取有用的文献信息资源已成为阻碍科技文献检索发展的瓶颈。检索效果评价就是在检索者根据检索主题获取科技文献的过程中综合检索系统及检索结果,评价检索结果的效用性,帮助检索者提升检索水平及能力。

## 7.1　科技文献检索评价

科技文献检索评价是指根据科技文献检索的结果和检索过程中的相关信息,对检索系统的质量、功能及用户使用检索系统的效率、价值和过程做出判断。它是检索活动中一个不可分割的环节,用户可以借此调整检索思路、修正提问表达式,使检索逐步达到理想状态,以获得满意的检索结果;可以借此深化对检索原理、系统性能的理解和认识,使检索者不断提高其检索技能和水平;可以借此丰富和完善信息检索系统的功能,使科技文献检索系统的建设与人们的科技文献信息需求保持同步发展。科技文献检索的评价一般包括检索系统的评价和检索效果的评价两个方面。

科技文献检索评价的目的是为了准确掌握检索系统的各种性能水平,分析影响检索效果的因素,调整检索系统及检索表达式,优化检索步骤及策略,提高检索效率,满足检索者科技文献检索的需求。常用的评价指标一般包括查全率、查准率、漏检率、误检率四项指标。其中,两个最主要的衡量指标是查全率(recall ratio)和查准率(precision ratio)。

### 7.1.1　检索系统的评价

检索系统评价是指对数据库检索所用的软件进行评测,侧重于测试系统的软件功能是否完善、是否存在错误与缺陷、是否符合预期的设计目标等,可通过测试系统来完成,比较容易实现。检索系统的评价指标主要包括对数据库收录范围、更新频率、权威性的评价等方面。

数据库的收录范围是评价一个检索工具的最基本的指标,在传统的科技文献检索系统中,数据库的覆盖率是影响其检索性能的重要指标,它直接影响系统的文献检索的查全率。尽管由于数据库科技文献不集中、分散、无序,更新和消亡无法预测,覆盖率对系统的查全率的影响可能不是那么明显,但是在用户选择检索工具时,数据库的大小及权威性仍有一定的借鉴作用。毕竟,从统计学的角度来讲,收集的科技文献越多,查到更多结果的可能性也就越大。

数据更新频率是网络信息检索性能评价的另一个重要指标。在不考虑成本的情况下,检索工具数据更新频率当然是越快越好。如果更新频率太慢,跟不上科技文献发表的更新速度,就会出现延后。更新周期指检索工具科技文献信息源的更新频度、时效性。科技文献的发表及出版始终处于不断发展变化之中,一个好的检索工具(或数据库)除了内容丰富、查找迅速外,还应该对数据库中已有内容进行审核、更新,及时删除死链接、坏链接。

数据库的权威性主要体现在出版者、审查制度和收录文献三个方面,主要是指数据库中包含的出版物的学术情况,用于评估数据库的学术性、科学性和可靠性。数据库内容的权威性是一个有争议的指标。

图 7-1 所示为中文三大检索平台徽标。图 7-2 所示为外文文献检索平台徽标。

**图 7-1 中文三大检索平台徽标**  **图 7-2 外文文献检索平台徽标**

### 7.1.2 检索效果的评价

检索效果评价是指从检索者的角度对检索系统的性能进行评价,包括数据库收录的学科范围、信息的新颖程度、时间的跨度、系统响应时间、检索文献的质量和数量等方面。其中,最难评价的是文献的质量和数量。文献的质量是由多方面的因素决定的,较难用客观的指标表述出来;而对检出文献的数量的评判,国内外一般通过查全率(recall ratio)、查准率(precision ratio)、漏检率(omission factor)、误检率(miss factor)及响应时间(search response time)等指标来进行衡量。其中,查全率与查准率是评价检索效果的最重要的两个指标,由美国的 J. W. Perry 和 A. Kent 最先提出,分别用大写字母 R 和 P 标识。为方便表述,我们以某次检索的结果为例来说明(见表 7-1)。

**表 7-1 查准率和查全率指标数据说明**

| 项目 | 相关的文献 | 不相关的文献 | 总计 |
|------|------------|--------------|------|
| 检出的文献 | a(命中文献量) | b(应拒绝文献量) | a+b(检出文献总量) |
| 未检出的文献 | c(未命中文献量) | d(应拒绝文献量) | c+d(未检出文献总量) |
| 总计 | a+c(应命中文献总量) | b+d(应拒绝文献总量) | a+b+c+d(文献总量) |

说明:表 7-1 从两方面来描述某次检索的结果:横向是系统的相关性预测,把文献库中的文献分成检出部分 a+b(即与提问表达式相匹配的部分)和未检出部分 c+d(即与提问表达不相匹配的部分);纵向是用户对信息库中全部信息所做的相关性判断或估计,也分成相

关信息 a＋c 和非相关信息 b＋ d。进而形成查全率、查准率、误检率、漏检率等概念及其数学表达式。

**1. 查全率**

查全率是衡量某一检索系统从文献集合中检出相关文献成功度的一项指标，等于检出的相关文献与全部相关文献的数目比，用于衡量检索系统和检索者检出相关文献的能力和效果。可用下式表达：

查全率 R ＝命中文献量/应命中文献总量×100％＝a/(a＋c)×100％

例如，要利用某个检索系统查某课题。假设在该系统文献库中共有相关文献 40 篇，而只检索出来 30 篇，那么查全率就只有 75％。

**2. 查准率**

查准率是衡量某一检索系统的信号噪声比的一种指标，等于检出的相关文献与检出的全部文献的百分比，即用于衡量检索系统和检索者拒绝非相关文献的能力和效果。可用下式表达：

查准率 P＝命中文献量/检出文献总量×100％＝a/(a＋b)×100％

例如，检出的文献总篇数为 50 篇，经审查确定其中与项目相关的只有 40 篇，另外 10 篇与该课题无关。那么，这次检索的查准率就等于 80％。显然，查准率是用来描述系统拒绝不相关文献的能力，有人也称查准率为"相关率"。

**3. 漏检率**

漏检率是衡量某一检索系统从文献集合中检出相关文献遗漏度的一项指标，等于未检出的相关文献与全部相关文献的数目比，用于衡量检索系统和检索者检出漏检文献的情况。可用下式表达：

漏检率＝未命中文献量/应命中文献总量×100％＝c/(a＋c)×100％

**4. 误检率**

漏检率是衡量某一检索系统从文献集合中检出相关文献失误度的一项指标，它是指系统在进行某一检索时，误检(检出不相关)文献总量的比率，是衡量信息检索系统误检文献和程度的尺度。可用下式表示：

误检率＝应拒绝文限量/检出文献总量×100％＝b/(a＋b)×100％

特别说明：在实际课题检索过程中，查准率和查全率结合起来，描述了系统的检索成功率。查全率和查准率之间存在着相反的相互依赖关系：如果提高查全率，就会降低其查准率；反之亦然。查全率一般为 60％～70％，查准率一般为 40％～50％，当查全率超过 70％时，若想再提高查全率就必然会降低查准率。企图使查全率和查准率都同时提高，是很不容易的；强调一方面而忽视另一方面，也是不妥当的，应当结合具体课题的要求，合理地选择检索方法。

 **知识点一：检索效果及检索系统评价指标说明**

评价检索效果的主要指标是检全率和检准率，即检索系统中的全部相关文献都能被检出，检出的文献全部是相关文献。然而，由于许多因素的影响，在实际检索中，查全率和查准率是不可能达到 100％的，而是存在着一种互逆关系，即在同一检索系统中提高查全率，查准率会降低;反之,查准率提高,查全率则会下降。评价检索系统的主要指标为漏检率和误检率,误差越大,效率越低,检索系统的性能就越低;误差越小,效率越高,检索系统的性能就越高。由此可见,产生漏检和误检的原因是影响检索系统效果的主要因素。

### 7.1.3　检索效果评价的影响因素

查全率与查准率是评价检索效果的两项重要指标,查全率和查准率与文献的存储和信息检索两个方面是直接相关的,也就是说,与系统的收录范围、索引语言、标引工作和检索工作等有着非常密切的关系。

#### 1.影响查全率的因素

从文献存储来看,影响查全率的因素主要有文献库收录文献不全、索引词汇缺乏控制和专指性、词表结构不完整、词间关系模糊或不正确、标引不详、标引前后不一致、标引人员遗漏了原文的重要概念或用词不当等。此外,从文献检索来看,影响查全率的因素主要有检索策略过于简单、选词和进行逻辑组配不当、检索途径和方法太少、检索人员业务不熟练和缺乏耐心、检索系统不具备截词功能和反馈功能、检索时不能全面地描述检索要求等。

#### 2.影响查准率的因素

影响查准率的因素主要如下:索引词不能准确描述文献主题和检索要求;组配规则不严密;选词及词间关系不正确;标引过于详尽;组配错误;检索时所用检索词(或检索式)专指度不够,检索面宽于检索要求;检索系统不具备逻辑"非"功能和反馈功能;检索式中允许容纳的检索词数量有限;截词部位不当,检索式中使用逻辑"或"不当等。

实际上,影响检索效果的因素是非常复杂的。根据国内外有关专家所做的实验表明,查全率与查准率是呈互逆关系的。要想做到文献尽可能查全,势必会逐步放宽检索范围和限制,则会把很多不相关的文献也带进来,影响了文献检索的查准率。企图使查全率和查准率都同时提高,不是很明智的,也是不科学的。强调一方面,势必会忽视另一方面。在实际课题检索过程中,应当根据具体课题的要求,合理调节查全率和查准率,保证检索效果。

### 知识点二:查全率及查准率在课题检索中的作用

查全率和查准率在课题检索过程中,根据检索者对文献使用作用不同,承担不同的重要角色。①当检索者需要对课题的新颖性进行判断或课题研究进展情况进行说明时,需要对课题研究情况进行全局把握,文献的查全率尤为重要,检索者在检索时务必拓宽检索途径及检索策略,务求检索的全面性及客观性;②当检索者需要了解某种技术方案的实施细节或者某种技术领域的实现方法时,需要对具体技术细节或者实现的具体方法进行详细的了解,文献的查准率尤为重要,检索者在检索时务必细化检索表达式,务求检索的精准性和针对性。

## 7.2　扩大检索与缩小检索

### 7.2.1　扩大检索

扩大检索主要针对查全率要求较高的检索课题,检索过程的控制主要从扩检入手:

（1）选用多个检索系统（工具）或同一检索系统中的多个数据库文档，因为不同的检索系统有不同的收录范围和准则，选用多个检索系统，虽然检索结果重复现象增多，但查全率也会相应提高。在检索过程中增加数据库或文档的数量无疑增加了查全率。

（2）降低检索词的专指度，尤其对于采用受控语言检索的系统，可以从系统词表（主题分类表、叙词表等）中或命中文献中选一些上位词检索或者在上位类目中检索。

（3）调节检索提问表达式的网络度，可以删除某个不重要的概念组面。

（4）采用截词检索截词的形式通常有前方一致、后方一致和中间一致。有的检索系统提供了截词检索功能，运用这样的检索系统从事网络信息检索时可以采用系统规定的截词算符将某一单元词可能构成的全部复合词进行检索，这肯定有助于增加命中文献的数量。当然，另一方面，采用截词检索也可能导致大量误检。

（5）利用布尔逻辑运算符"或"，连接同义词、近义词或词的不同拼写形式，即增加用"或"逻辑连接的相关检索词。在人类语言中词的同义关系普遍存在，这些相关的检索词用逻辑"或"运算符连接，将会增加命中文献的数量。

（6）取消某些过严的限制，适当使用关键字或词在标题、文摘，甚至全文中查找。例如中国期刊网，如果使用关键字或词在关键词字段中检索，效果不理想，可以考虑使用同样的关键字或词在篇名、中文摘要，甚至全文中进行检索。

### 7.2.2　缩小检索

缩小检索主要针对查准率要求较高的检索课题，检索过程的控制主要从缩检入手：

（1）提高检索词的专指度，如果说降低检索词的专指度可以增大检全率的话，提高检索词的专指度自然会提高检准率。

（2）提高检索提问表达式的网络度，通常的做法是在检索提问表达式中增加概念组面。增加概念组面数，提高检索提问表达式的网络度，可以满足缩检的要求。

（3）增加概念进行限制，用逻辑"与"连接主题词来限定主题概念的相关检索项；利用"非"限制一些不相关的概念。用"与"连接的两个检索词表示这两个检索词必须同时出现在结果中才满足检索条件。检索式 A and B 所表达的复合概念相当于包含检索词 A 的结果集与包含检索词 B 的结果集的重叠部分。而用 not 连接的两个检索词表示应从第一个概念中排除第二个概念才满足检索条件。检索式 A not B 所表达的复合概念相当于包含检索词 A 的结果集中不包含检索词 B 的结果集的部分。很显然，这样的限定或连接可以缩小检索范围。

（4）利用某些检索系统所提供的限定检索功能。这是计算机情报检索系统广泛采用的一种检索方法，它可以缩小检索范围，减少无关信息的输出，从而实现缩检的目标。例如在"维普数据库"中，我们可以利用扩展检索条件（如时间条件、专业限制、期刊范围等）进行限度检索。

（5）利用某些检索系统提供的二次检索功能。二次检索是指以任意一次检索结果的范围为基础，选用新的检索词进一步缩小检索范围，进行逐次逼近检索。

# 7.3　科技文献检索中常见问题分析

### 7.3.1　中文期刊数据库

为帮助检索者了解科技文献检索过程中经常出现的文献，下面本书举例进行说明。检索平台:中国学术期刊资源总库(中国知网)检索平台;检索范围:学术期刊、会议论文、学位论文、专利、成果等专题数据库;检索课题:超超声波技术在污水处理中的应用;检索时间:2015 年 6 月 1 日。

**1. 遇到检索课题不进行分词,直接全部输入到检索框中进行检索**

初次接触科技文献检索的检索者,因不了解科技文献加工存储及标引检索的具体过程,通常将检索课题名称全部输入到检索框进行检索,结果是漏检率很高,有时甚至查不到相关文献(见表 7-2 中检索策略①)。这是初尝文献检索的检索者最容易犯的错误,也是文献检索中最大的忌讳。实际上,一个课题往往包含很多检索用词,检索时应先分析课题,将课题进行分词,找出检索词,再进行科技文献的检索。通过分析,发现本课题提供了两个检索词:"超声波"和"污水",然后使用布尔逻辑检索等方法进行检索(见表 7-2 中检索策略⑤)。

表 7-2　不同检索字段和不同检索策略查出的文献数

| 序号 | 检索字段<br>检索策略 | 篇名 | 关键词 | 摘要 | 主题 |
|---|---|---|---|---|---|
| ① | 超声波技术在污水处理中的应用 | 3 | 0 | 0 | 3 |
| ② | 超声波技术在废水处理中的应用 | 3 | 0 | 5 | 6 |
| ③ | 超声波 * 污水 * 应用 | 19 | 0 | 232 | 320 |
| ④ | 超声波 * (污水＋废水) * 应用 | 43 | 3 | 501 | 652 |
| ⑤ | 超声波 * 污水 | 128 | 5 | 939 | 1058 |
| ⑥ | 超声波 * 废水 | 227 | 11 | 1307 | 1458 |
| ⑦ | 超声波 * (污水＋废水) | 352 | 16 | 2044 | 2281 |
| ⑧ | 超声波 * 污水 * 应用 * 技术 * 处理 | 4 | 0 | 126 | 180 |

**2. 只根据检索课题的字面抽取检索词**

检索者刚刚接触检索课题时,往往对课题所知甚少,用"望文生义"的方法进行初步的检索,以获取相关文献进一步了解课题知识,但一定要想到仅仅用课题的表述作为检索词来查找的检索策略是不完美的。有些课题的实质性内容往往很难从课题的名称上反映出来,课题所隐含的概念和相关的内容需要从课题所属的专业角度做深入分析,才能提炼出能够确切反映课题内容的检索概念。如本课题中"污水"包含"废水"等隐含概念,如果不加分析地进行检索,便会造成漏检。比较表 7-2 中的检索策略⑤和⑦,就会发现检索策略⑤比⑦的文献量少一些,明显漏掉了部分文献,所以应该分析上述隐含概念,才能保证文献的查全率。

**3. 把检索课题字面上的词全部进行逻辑与组配检索**

若课题有 A、B、C、D、E、F 等主题概念进行逻辑与组配,而建库人员未从原始文献中将"C"词挑选出来作为标引词时,"C"主题词表现为零,则整个检索式等于零。如本课题中若把"超声波""污水""应用""技术""处理"五个概念全部组配起来,则会造成大量文献漏检。对比 7-2 中检索策略⑤和⑧,增加了"应用""技术""处理"等词后,文献量大减,有的检索结果为零("关键词"检索字段),这是因为标引人员一般不把"技术""处理"等词作为"关键词"标引词。在分析主题时,应注意排除课题中那些检索意义不大而且比较空泛的概念词,如"分析""研究""利用""方法""设计""发展""展望""动态""影响"等词。

**4. 很少调整检索字段(检索项)**

检索字段(检索项)就是指检索途径。检索字段选择的合适与否,直接影响检索的结果。

很多检索者在进行课题检索时，直接在数据库的默认字段下，输入检索词进行检索。针对上述课题，笔者分别用了4个检索字段和8种检索策略，从"篇名""关键词""摘要"到"主题"等字段入手，查出的文献量呈增加趋势（见表7-2）。在数据库检索中，一般遵循"宽进严出"的原则，并根据检索结果的多少来调整检索字段。"篇名"和"关键词"是使用最多的检索字段，这两个字段既能保证查出文献的查全率，又能保证查出文献的查准率；如果用"篇名"和"关键词"查出的文献量很少，可以放宽到用"摘要"字段进行检索；一般不用"主题"进行检索，因为查出的文献相关度太低，很多文献都与检索课题无关。

**5. 很少考虑检索词的同义词或近义词**

目前的计算机信息检索系统，还不具备智能思考的能力，还不会对所输入的检索词以及涉及的所有检索词进行自动、全面的检索，因此，必须在概念分析的基础上列出与概念有关的词，从中做出选择。同义词和近义词在检索中占有重要地位，如"计算机""微机""电脑"等，每一个关键词下均能找到文献，但若采用其中一个关键词去检索，往往只能找到其中的一部分文献，导致了漏检、误检。所以，我们必须尽一切可能把同义词和近义词找全。另外，一些词的简称也应该考虑，如"聚氯乙烯"简称为"PVC"等。

### 7.3.2  中文专利数据库

因专利文献的特点是权利换取文献公开，专利文献是唯一可以通过知识产权局官方网站获取全文的科技文献。在中国专利文献检索过程中，我们推荐将中国知识产权局专利检索与服务系统（http://www.pss-system.gov.cn/）或专利之星检索系统（http://www.patentstar.com.cn/）作为中国专利文献获取的途径。下面以专利之星检索系统（其登录界面如图7-3所示）为例（http://www.patentstar.com.cn/）为大家介绍专利检索过程中，存在的一些常见问题。图7-4所示为专利之星字段检索界面。

**图 7-3  专利之星检索系统登录界面**

**图 7-4　专利之星字段检索界面**

### 1. 分不清中国专利文献的各种编号

中国专利文献编号有申请号(专利号)、公开号(公告号)和优先权号等五种,但在实际的专利文献检索过程中,因检索专利是否授权而有所区别,若检索的专利已授权,"申请号"即为"专利号","公开号"即为"公告号"。另外,专利申请号和专利公开号编码格式完全不一样,可以直接从专利编号的撰写格式直接判断其为申请号(专利号),亦或是公开号(公告号)。例如检索要求:检索编号为"CN 03837691U"专利的相关信息时,检索者应该能立即判断出此号为公开号(公告号),然后在相应的检索框中输入相关信息进行检索。图 7-5 所示为专利文献公告号检索示例。

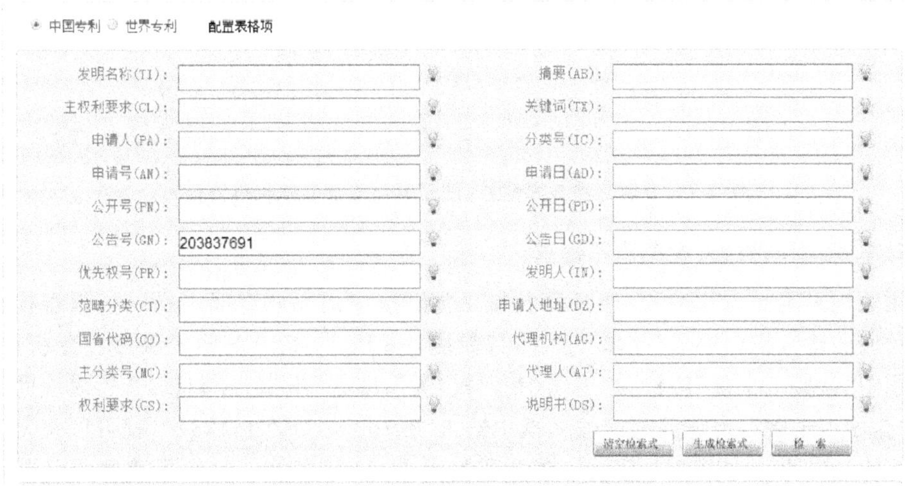

**图 7-5　专利文献公告号检索示例**

**2. 对输入状态的要求不清楚**

如图 7-6 所示，在查找专利编号为"201420248066.8"的有关信息时，检索者应该能立即判断此专利编号为"申请号（专利号）"，在对应的"申请号（专利号）"输入框中输入"201420248066.8"，获取所需的专利文献，如图 7-7 所示。但是在检索过程中输入正确的编号后，还是不能找到相关的文献，这时就应该了解编号书写格式是不是"半角"，也就是"英文"格式，或者专利申请号前是否添加了"CN"。

**图 7-6　专利文献申请（专利）号检索示例**

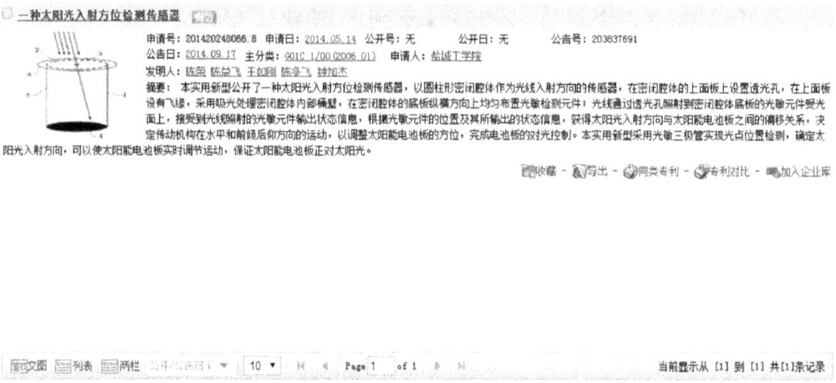

**图 7-7　专利之星专利信息（可获取全文及法律状态信息）**

**3. 对申请（专利权）人的概念不理解**

当面对检索题目为"2010—2014 年盐城工学院申请的专利有多少篇"时，很多检索者在"地址"对应的输入框中输入"盐城工学院"，如图 7-8 所示，结果漏检了很多。分析原因，该检索课题中"盐城工学院"应作为"申请（专利权）人"，即在"申请（专利权）人"对应的输入框中输入"盐城工学院"，申请日对应输入框中输入"20100101＞20141231"，就可以检索到所需要的全部检索结果。如图 7-9 所示。在专利制度中，执行本单位的任务或主要是利用本单位的物质技术条件所完成的发明创造为职务专利，职务专利的申请（专利权）人为单位所有。

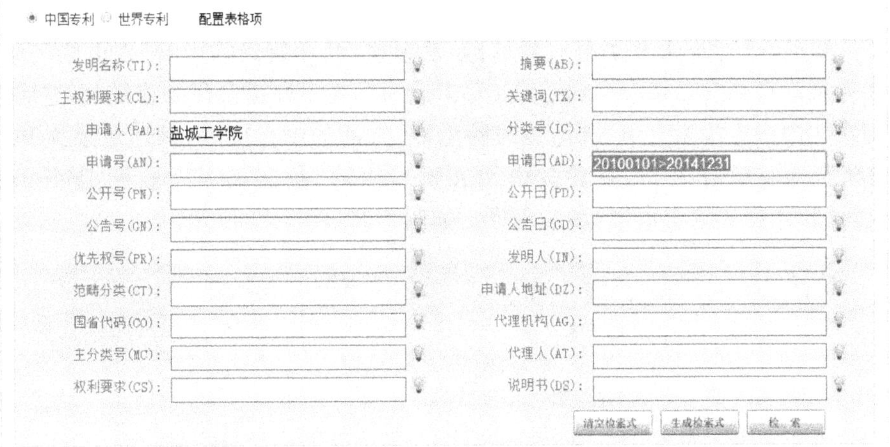

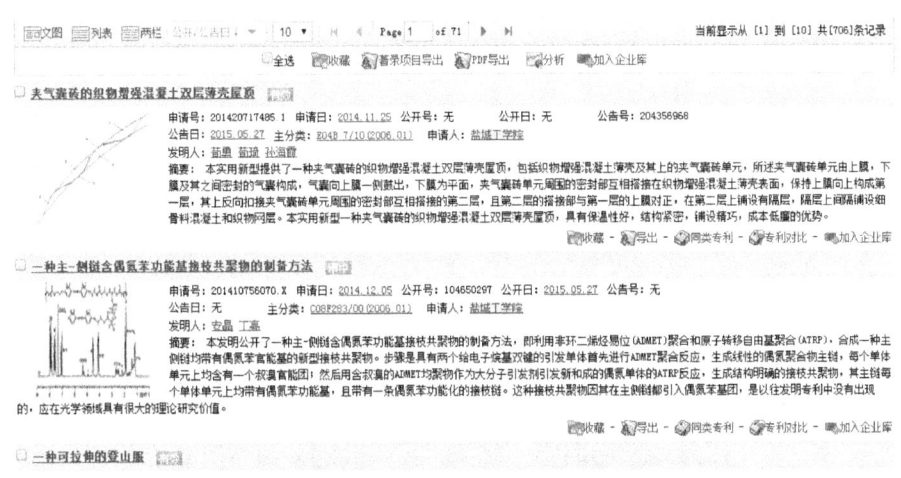

图 7-8　机构在某定义时间区域专利信息检索示例

图 7-9　机构在某定义时间区域专利检索结果展示

## 7.3.3　英文数据库

英文数据库的检索与应用对科技文献检索初学者(特别是本科生)来说,最大的障碍如下:如何查阅专业学术词典掌握专业学术名词的拼写方式,如何应用专业翻译软件协助阅读相关文献内容;如何准确把握英文检索平台检索字段的变化;如何利用截词检索技术,准确检索到与课题相关的科技文献。下面我们就以上问题一一来进行说明。

### 1. 检索词的翻译问题

检索者在翻译关键词时,大部分借助翻译网站或快译通等工具进行翻译,得到的是直译,与专业翻译不一致,用直译的词汇进行检索时,查到的文献量为零。如"光催化剂"直译成"light catalyst",专业翻译应为"photo catalyst";"数字通信"直译成"number communication",专业翻译应为"mobile communication"等,这些直译导致出现检索不到文献的结果。另外,英文数据库的检索也应该找全检索词的同义词和近义词,如有毒(toxic,poisonous)、设备(apparatus,equipment,device)、汽车(car,automobile,vehicle)等。

对于检索词的翻译,检索者可以借助专业学术词典或者中国学术期刊资源总库(中国知网)的"英文篇名"进行查阅及了解。例如:如果想找"脉冲袋式除尘器"方面的英文文献,通过翻译软件翻译得到"Pulse-jet Bag Dust Collector",又不知道翻译是否准确,这时可以通过中国期刊全文数据库检索有关"脉冲袋式除尘器"方面的中文文献,筛选对象为 SCI 来源期刊、EI 来源期刊及核心期刊,查看其中文文献对应的"英文篇名",然后把"Pulse-jet Bag Filter"作为"脉冲袋式除尘器"的参考翻译。如图 7-10、图 7-11 所示。

**图 7-10　英文文献检索过程中检索词获取方式(1)**

### 翼形上进风长袋脉冲袋式除尘器气流特性研究

李珊红 [1,2,3]，唐奇 [1,2]，李彩亭 [1,2]，方鑫 [1,2]，曾光明 [1,2]，宋七棣 [3]，徐天平 [3]，陈安琪 [3]

(1.湖南大学环境科学与工程学院；2.环境生物与控制教育部重点实验室,湖南　长沙　410082；

3. 江苏科林集团有限公司,江苏　苏州　215021)

摘　要　袋式除尘器对超细颗粒物的净化效果较好,增加袋长是提高过滤面积的有效方法,但随滤袋加长,气流均匀性变差,滤袋容易破损,局部积灰严重,滤袋不能得到充分的利用。文章对翼形上进风长袋脉冲袋式除尘器建立几何模型并进行网格划分。基于计算流体动力学(CFD)理论,选取过滤速度为 0.5~1.3 m/min 和压力出口为-350~-2 000 Pa 为边界条件,采用压力-速度耦合的 SIMPLE 算法,模拟包含 φ130 mm 和 φ150 mm,长 10 m 滤袋的翼形上进风长袋脉冲袋式除尘器的气流分布,考察气流在滤袋空间分布的均匀性。结果表明 翼形上进风方式使得长袋脉冲袋式除尘器内气流分布较均匀 通过 φ150 滤袋的气流速度大于 φ130 滤袋,靠近壁面的滤袋的气流速度大于相应中心滤袋的。该研究可为上进风袋式除尘器的优化设计提供指导和依据。

关键词　翼形上进风；脉冲袋式除尘器；数值模拟；气流分布特性

中国分类号 X701.2　文献标志码 A　doi 10.3969/j.issn.1003-6504.2014.08.020　文章编号 1003-6504(2014)08-0108-04

Airflow Distribution Characteristics in Wing-upper-inlet-wind
Long Pulse-jet Bag Filter

**图 7-11　英文文献检索过程中检索词获取方式(2)**

**2. 某些检索字段的变化问题**

英文数据库常用的检索字段很多是一样的,如"title"(篇名)、"author"(作者)、"keywords"(关键词)、"abstracts"(摘要)、"subject"(主题词)等,但也有一些字段在不同数据库中不相同,见表 7-3。同时,检索者必须要注意的是,英文数据库中均提供高级检索(advanced search)界面,检索者在进行多字段组合检索时,应充分利用高级检索(advanced search)的检索功能,帮助检索者准确、快捷地检索到所需文献。

表 7-3　不同数据库中检索字段不相同

| 数　据　库 | 刊　　名 | 作　者　单　位 |
|---|---|---|
| SCI Expanded | publication name | address |
| EI | source title | author affiliation |
| ScienceDirect | source title | affiliation |
| Willey Online Library | publication titles | author affiliation |
| IEL | publication title | author affiliation |
| EBSCO | journal name | geographic terms |

### 3. 不熟悉截词检索技术

截词检索技术是指在检索式中用专门的截词符号,如"?"或"＊"等来表示检索词的某一部分允许有一定的词形变化。截词检索在英文数据库中大量运用,因为一个检索词有单复数、动名词等变化,若只用一个词进行检索,就会造成大量的漏检或误检,检索者在使用截词算符前,先必须确定所需检索数据库的截词算符为"?""＊"或其他,再进行截词算符的组织与使用。如检索有关"平衡"方面的文献时,就有"balance""balancing""balancer""unbalance""unbalanced"及"imbalance"等词可供选择,遇到这样的问题,可以运用截词检索,即用"＊balanc＊"来代替上述所有词进行检索,才能全面检索到所需文献。例如:以 IEL 数据库检索为例,题名(document Title)为"balance",检索结果为 12 329 条;题名(document Title)为"＊balanc＊",检索结果却为 16 865 条。截词检索是英文数据库检索的一种普遍扩检措施,它有助于提高文献的查全率,防止漏检或误检,提高检索效率。图 7-12 所示为英文文献检索过程中截词算符应用比较。

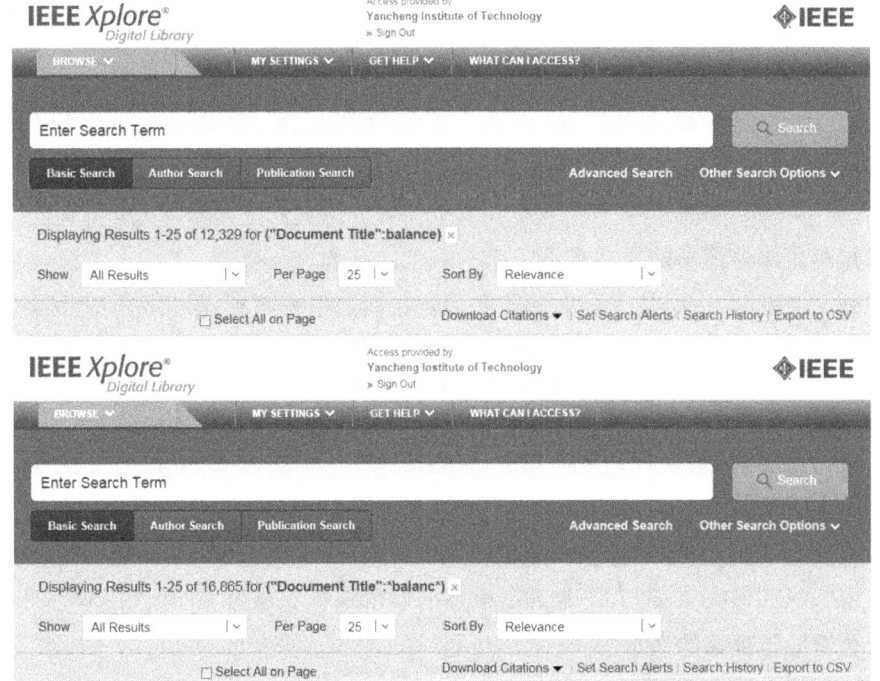

图 7-12　英文文献检索过程中截词算符应用比较

# 7.4 检索词的选取规律

**1. 利用主题词获取隐性主题**

隐性主题是指在课题或项目名称中没有文字直接表达,经分析、推理得到的有检索价值的概念,又称分析主题。如课题"基于水泥窑协同处置工业污泥热解关键技术的研究",其主题似乎只有"水泥窑、工业污泥",它没有直接用文字表达,但实际隐含有"干法处理工业污泥"的隐性主题,因此,在检索中应加上"干法"这样的术语来检索,撰写的检索表达式应为:干法 and 水泥 and 污泥。隐性主题获取的方法如下。

(1)利用字顺表查寻隐性主题。字顺表中的主题款目包括属、分、参等项,其中属分项可用于查寻从属隐性主题,如战斗机属军用飞机分战斗机和轰炸机,参见项可用于查寻相近隐性主题,如光纤通信参见光学纤维、玻璃纤维、纤维光学。

(2)利用词族表查寻隐性主题。词族表按词间等级关系成族展开的特点,可用于查寻隐性主题,如检索课题"高温合金",在族首词"合金"下可查到耐热合金、镍铬耐热合金、超耐热合金、镍耐热合金。

(3)利用范畴表查寻隐性主题。范畴表具有把相同专业主题词集中的特点,可用于查寻隐性主题,如检索课题"飞机舱",在"航空器"类可查得炸弹舱、座舱、增压座舱、可抛座舱、短舱、吊舱、发动机舱。

**2. 运用与选定检索词概念相同或相近的词**

同义词和近义词在检索中占有重要地位。同一事物有不同的名称,在汉语中有,在英语中也有。有的是习惯语,有的是科学用语,还有的是别名等。同义词、近义词等同时并存,影响了检索的效果,如"制备""制造""合成""生产"等,每一个关键词下均能找到文献,但若采用其中一个关键词去检索,往往只能找到其中的一部分文献,导致漏检、误检。所以,我们必须尽一切可能把同义词和近义词找全。如有毒(toxic,poisonous)、设备(apparatus,equipment,device)、汽车(car,automobile,vehicle)、化学分析(chemical analysis,analytical chemistry,chemical determination)等。总之,同义词、近义词查得越全,文献查全率会越高。

**3. 注意选用国外惯用的技术术语**

查阅外文文献时,一些技术概念的英文词若在词表中查不到,最好先阅读国外的有关文献,弄清其含义。如查有关"麦饭石应用"的国外文献,如何译成英文名词? 一种是直译即 wheat rice stone,显然这不是国外的专有名词;另一种是分析实质,考虑"麦饭石"是一种石头或矿物,其功能主要吸收水中有害物质并释放出一定量的人体必须的微量元素,从而改善了水质,所以,应选用"改善""水质""石头或矿石"这几个概念进行检索,结果从 WPI 中检索出相关的专利。德温特公司把麦饭石译为"bakunaseki",这样就查出了麦饭石的英文检索词。又如查找"人造金刚石"的文献,很可能用"man-made(人造) * diamonds(金刚石)"作为检索词",但"人造"的实质是"人工合成",检索词的范围可放宽为 synthetic、artificial 等词。

**4. 上位词或下位词的选取**

上位词、下位词的检索方法有两种,一种是直接采用"扩展检索",这种方法是考虑主题概念的上位概念词。课题"加氢裂化防污垢的开发与应用研究",将"加氢裂化"与"防污垢"

组配,结果等于零。概念向上位"石油加工与石油炼制"的概念扩大,再与"防垢剂"组配,完成了课题的要求。另一种是将其上位词、下位词并用。如检索"血细胞"的有关文献。血细胞是红细胞、白细胞及血小板的上位词,反过来红细胞、白细胞及血小板是血细胞的下位词。而白细胞的下位词有粒细胞、单核细胞和淋巴细胞。同时应用"血细胞"的上下位词,扩展检索篇数明显大于用"血细胞"检索的篇数。

### 5. 异称词的选取

电磁活门(electromagnetic valve),也称螺线管活门(solenoid valve),也称线圈(coil),异称即不同地区、不同时代、不同场合下对同一东西的不同的称呼,异称的常见类型有如下几种。

(1)学名与俗名。如大豆与黄豆、马铃与土豆、乙酰水杨酸与阿斯匹林、氢氧化铵与氨水。有商品名或俗名,最好将化学物质名称与它们联合起来使用。例如检索"二溴羟基苯基荧光酮"的文献,由于该物质商品名叫"新洁尔灭",所以在检索时也要将这个名称考虑进去,用物质名称与商品名组配检索。

(2)意译与音译。如电动机与马达、逻辑代数与布尔代数、形势几何学与拓扑学、激光器与莱塞和镭射。

(3)新称与旧称。如狗与犬、杜鹃与子规和杜宇、索引与通检、硅与矽、气功与导引和按绕以及吐纳、记者与访员。

(4)异地称。如撰稿与文案、助产妇与稳婆、官员与官位、小偷与三只手或瘪三。

(5)不同领域或行业的异称。如智囊在政界多称幕僚、军界称参谋。

(6)小时称与大时称。如小马称驹、小牛称犊、小人称孩。

### 6. 简称及全称的选取

值得提醒的是,当检索的全称词里含有简称词时,则只用简称;当简称里不含全称时,检索时必须两者均用。如"肾综合征性出血热"和"出血热",只查"出血热"即可;而"艾滋病"和"获得性免疫缺陷综合征",则采用"艾滋病 or 获得性免疫缺陷综合征"。

### 7. 从信息反馈中获得

有的课题因检索效果不理想,需要二次、三次检索,从第一次检索结果得到的信息反馈到第二次检索中去,可获得良好的检索效果。如"液压油污染测量模板",用液压油(hydraulic oil)检索,没有查到对口文献,但是发现了隐性主题——液压液体(hydraulic liquid),用液压液体检索,查得英国专利"液压液体污染等级测量仪",该专利技术内容与检索课题很相似,满足了用户申报专利对对比文献的需要。因此检索者应尽可能仔细阅读检索获取的相关文献,再进行第二次、第三次检索。

### 8. 变体分析

变体分析即找出词或词组的各种变化形式,常见的有以下几种。

(1)拼写变体,如 center ＋ centre,meter ＋ metre。

(2)单数加复数,如 silicon carbide ＋ silicon carbides。

(3)分离形式加连体形式,如 book case ＋ bookcase,data base ＋ database。

### 9. 少用或不用对课题检索意义不大的词

检索时避免使用不重要、参考价值不大、频率较低或专指性太高的词,一般不选用动词

和形容词;不使用禁用词;尽量少用或不用不能表达课题实质的高频词。如"分析""研究""应用""利用""方法""设计""发展""展望""趋势""现状""动态""影响""效率"等词。必须用时,应与能表达主要检索特征的词一起组配,或者增加一些限制条件再用。

**10. 相关词的选取**

相关词是指选择与检索主题相关的主题词。合适的检索主题的相关词要根据检索的需要,利用与检索主题彼此在概念上处于相互关联、交错、矛盾、对立以及作为主题的工具、材料、原因、结果和用途等关系进行选词。例如,"热效率"主题概念与"热损失"概念相矛盾,如果需要检索与"热效率"相关的主题文献时,应选"热效率"和"热损失"作为检索词进行检索。如果某一物质确实非常复杂,检索时无法准确把握,这时可以考虑根据用途检索进行补充。例如:需要检索和"N-月桂酰-L-丙氨酸"主题相关的文献,在文献检索过程中,发现该物质主要用途是作为"生物表面活性剂",那么,在检索过程中,可以选用"生物表面活性剂"作为关键词进行补充检索。

## 思考题

(1)请根据老师指定的课题,制定本课题的检索效果及检索系统评价指标,并在分析检索结果的基础上,说明拟达到的检索效果。

(2)分别说明查全率与查准率的定义,并结合课题检索结果,说明查全率及查准率在课题检索不同阶段的作用。

(3)根据本章7.3节的内容,结合老师指定课题的分析,说明课题检索过程中应该重点注意的问题有哪些?

# 第8章　科技论文写作与文献分析

　　本章主要通过科技论文的写作格式、科技论文撰写过程中文献资源的利用、文献综述的注意事项等,帮助同学们掌握科技文献检索的基础知识。

　　科技论文是情报学意义上的一次文献(又称为原始文献),是科学技术人员或其他研究人员在科学实验(或试验)的基础上,对自然科学、工程技术科学以及人文艺术研究领域的某些问题创造性的科学实验和理论分析,运用概念、判断、推理、证明或反驳等逻辑思维手段来分析、揭示其客观规律和本质的一种论述性文章,并按照各个科技期刊、学术会议及学位论文格式的要求进行电子和书面的表达。科技论文的主要分类如图 8-1 所示。

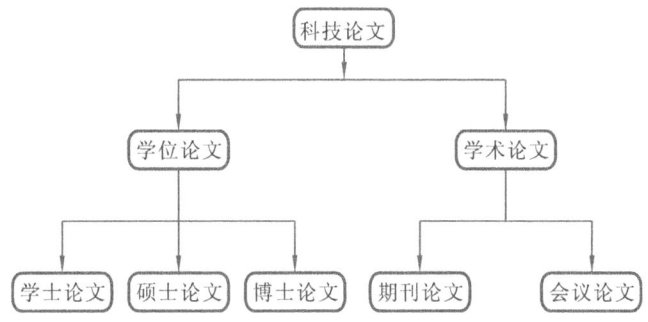

**图 8-1　科技论文分类结构体系说明**

 **知识点一:学位论文及学术论文的概念和分类**

　　学位论文是学位申请者为申请学位而提交的论文,它是学位申请者从事科学研究取得创造性的结果或有了新的见解,并以此为内容撰写而成的。学位论文根据申请学位的层次不同,主要分为学士论文、硕士论文和博士论文。

　　学术论文是科技工作者在学术刊物上发表,在学术会议上宣读、交流或讨论,或为其他用途而撰写的论文。学术论文根据论文发表或交流的途径不同,主要分为期刊论文和会议论文。

　　科技论文在科研工作者的整个科学研究活动中占有极其重要的作用。可以说,掌握科技论文的写作与利用的基本方法是科研工作者进行科学研究活动的基础。科研工作者拟研究的科研课题或者科研项目确定后,围绕科研课题或者科研项目的科学假设,按照拟定的研究方案或可行性研究报告制订具体的研究计划,在计划实施的过程中,运用文献检索方法、情报分析方法、实验观察方法、调查研究方法等收集大量的研究素材,经加工整理后形成的可以直接利用的综合资料,这些资料为科技成果的形成奠定了坚实的基础。从这个角度来

看,科技论文的写作与利用是延续科研课题或科研项目研究的立项阶段、研究阶段、实验阶段和总结阶段的整个过程,是科研课题或科研项目得以形成科研成果的重要支撑。可见,学习和掌握科技论文的基础知识、写作方法、写作格式,了解科技论文收集、整理与分析等有关问题是极其必要的。

# 8.1 科技论文的基础知识

## 8.1.1 科技论文的主要特征

科技论文的主要功能是记录、总结科研成果及促进科研工作完成,是科技人员交流学术思想和科研成果的主要途径。因此,科技论文必须具备学术性、科学性、理论性及创造性等四个主要特征。

**1. 学术性**

科技论文是科研工作者以学术成果为表述对象,以学术见解为阐述核心,在科学实验(或试验)的前提下,逻辑性表述学术成果和学术见解,揭示事物发展、变化的客观规律,探索科技领域中的客观真理,推动科学技术的发展的论文。可以说,学术性是科技论文的本质。

**2. 规范性**

科技论文主要起到记录、总结、传播、交流学术信息的作用,是科研工作者进行学术交流的主要途径。科技论文的性质、内容、特点、功用决定了其体式有着固有的规定性和规范性。可以说,规范性是科技论文的基础。

**3. 科学性**

科技论文的内容必须客观、真实,定性和定量准确,不允许丝毫虚假,要经得起他人的重复和实践检验;论文的表达形式也要具有科学性,论述应清楚明白,不能模棱两可,语言准确、规范。可以说,科学性是科技论文的灵魂。

**4. 创造性**

科技论文必须是作者本人研究的,并在科学理论、方法或实践上获得新的进展或突破,应体现与前人不同的新思维、新方法、新成果,以提高国内外学术同行的关注和认可。可以说,创造性是科技论文的生命。

 **知识点二:科技论文相关国家标准**

为规范科技论文写作规范,便于科技论文的收集、存储、处理、加工、检索、利用、交流、传播,国际标准化组织(ISO)于 1983 年制定了国际通用的科技论文写作规范《文献工作——科学技术报告编写格式》(ISO5966)。国家标准化委员会为进一步规范我国科技论文的写作要求,自 1986 年起分别发布了《文摘编写规则》(GB6447—1986)、《科学技术报告、学位论文和学术论文的编写格式》(GB7713—1987)、《文后参考文献著录规则》(GB 7714—2005)等国家标准,如图 8-2 所示。

图 8-2　科技论文撰写相关国家标准展示

## 8.1.2　科技论文的选题方法

科技论文选题是科技论文写作最重要、最关键的步骤。好的选题,是科技论文写作成功的良好开端。科技论文选题过程中需要注意以下几点:要体现专业性,符合本专业的要求和规范;题目大小适中,一般选择本学科某一重要问题的一个侧面或一个难点;要具备问题意识,才能使论文具有针对性,有的放矢;要有学术意识,要分析学术界对这个问题的研究到了什么程度,在他人研究的基础上想办法找到一个新的突破点,才会有学术意义。科技论文选题的方法主要有以下几种(见图 8-3)。

### 1.“热点”提取法

“热点”问题一般在某个时期具有较强的现实意义,其文献资料也比较丰富。“热点”问题有大有小,要选择自己可以驾驭的论文选题。例如 2015 年 3 月 5 日,李克强总理在政府工作报告中提出“互联网＋”行动计划,“互联网＋”相关课题的选择;2015 年 6 月,“中东呼吸综合症(MERS)”自韩国传播到中国,“中东呼吸综合症”防治对策研究等相关课题的选择等。

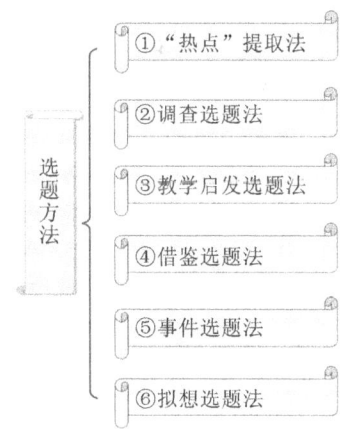

图 8-3　科技论文的选题方法

### 2.调查选题法

调查选题法是从社会需要出发,通过实践调查,搜集资料,发现问题,对问题进行分析、提升,最终确定论文选题的方法。通过调查确定的论文选题具有较高的实际应用价值且针对性强。例如区域食品检验检疫的协作和互通、企业集群共性技术联合攻关及示范应用等。

### 3.教学启发选题法

专家在授课和报告中,往往会提出许多问题,有些就是实践亟待解决的问题。这些问题就是科研工作者选题的焦点。例如专家作《“石墨烯”在制造业中的应用前景》的报告时,会

就"石墨烯"的应用现状和瓶颈进行说明,与会者可以通过专家的分析,确定课题的研究方向。

### 4. 借鉴选题法

借鉴选题法就是利用一种方法、制度等在某国、某地、某企业获得成功的经验或导致失败的教训,探讨如何解决自己关心的问题,或如何进一步完善现行的方法、措施、对策等。例如"蚁群算法"解决了"PID 控制器"参数优化设计问题,科研工作者借鉴"蚁群算法"在"PID 控制器"路径选择的成功经验,研究"基于蚁群算法的互联网最短路径搜索方法"。

### 5. 事件选题法

这里的事件是指国家的一些重大活动、重大政策出台、重大的方针政策调整等,这些重要事件为论文选题提供了明确的领域或方向。例如:于 2015 年 1 月 1 日实施的《中华人民共和国环境保护法》,2015 年 5 月 19 日国务院公布的《中国制造 2025》发展规划,2015 年 6 月 1 日实施的《食品安全法》等相关的选题。

### 6. 拟想选题法

科研工作者根据专业知识的把握和行业发展情况的了解,选择需要解决的技术问题或者需要攻克的技术难关,确定拟选题的初步解决方案,然后通过阅读大量资料了解此领域已有的研究成果,不断地修正和补充,最后正式确定论文选题。例如环境工程专业相关人员提出"工业污泥的治理方案"的解决方案,化学工程专业相关人员研究"挥发性有机物(VOCs)关键技术及装备",机械工程及自动化控制专业探讨"六自由度机械臂路径规划的分析与设计"等。

 知识点三:拟想选题法

拟想选题法是一种先有某种拟想,而后再阅读相关资料加以验证来确定论文选题的方法。这种选题方法要求研究者先有一定的想法,初步确定选题范围,然后通过阅读大量资料,了解此领域已有的研究成果,最后正式确定论文选题。拟想选题法是科研工作者进行科学研究、技术攻关及科技创新过程中使用最多的一种选题方法,是科研工作者展示自我科研开发能力的最好选题途径,采用此选题方法的人员必须具备雄厚的专业技术背景和熟练的科技文献检索能力。

## 8.1.3 科技论文的研究步骤

科技论文的研究分为制订研究计划、查阅资料或现场调查、制定实验方案、开展实验研究、实验结果的整理和提炼五个步骤。

### 1. 制订研究计划

制订研究计划包括研究的进度、实验的安排和实验所需的原料、材料、经费、设备、仪器等的筹集以及最后完成的时间,均应有所考虑,都应切实可行、留有余地。若属多人共同研究,还应明确各人的职责。

### 2. 查阅资料或现场调查

查阅资料和现场调查是为了解他人已做过的工作,掌握所要研究的问题的全部发展过程,以及了解已经进行或正要进行的有关研究工作。查阅资料是纵向调研,现场调查是横向调研。既有纵向调研又有横向调研,才能使调研的结果比较全面且切合实际。

**3. 制定实验方案**

制定实验方案就是根据研究课题,设计证实本课题结论的实验,以便得到可靠、完整的实验结果。实验工作要根据具体情况而定,有的需要进行模拟实验,有的则要求进行硬件实验,有的还需要进行现场实验等。

**4. 开展实验研究**

在实验过程中,要进行实验操作、观察、记录等工作,最重要的是观察。观察中的偶然发现,一定不能错过,因为它往往预示着大的科学发展。

**5. 实验结果的整理和提炼**

归纳、整理实验记录要选取能突出论点、反映事物本质的材料。此外,还需进行初步推理,为科技论文的写作提供坚实的科学技术和理论依据。

## 8.1.4　科技论文的基本格式

科技论文由前置部分、主体部分和后置部分三个部分组成。前置部分主要包括标题、作者及其工作单位、摘要及关键词,主体部分主要包括引言、正文、结论,后置部分主要包括致谢、参考文献、附录。科技论文基本格式说明如图 8-4 所示。

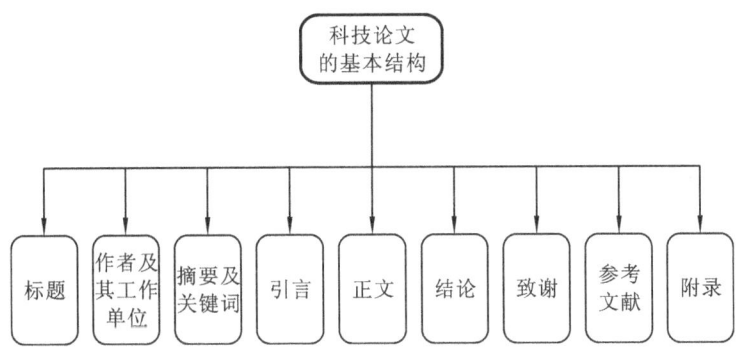

**图 8-4　科技论文基本格式说明**

**1. 标题**

标题是用最恰当、最简明的词语反映科技论文中最重要的特定内容的逻辑组合。好的科技论文标题能给读者留下鲜明的印象,透过它可以窥见文章的全貌,俗话说"画龙点睛",确切的科技论文标题能起到传神的作用。一篇较好的科技论文,必须有相应的题名来匹配。因此,论文的题名一般要求做到准确得体、精简、醒目。例如《大规模光伏发电对电力系统影响综述》《柔性直流输电工程技术研究、应用及发展》《基于储能的微网并网和孤岛运行模式平滑切换综合控制策略》等。

**2. 作者及其工作单位**

科技论文的作者可以是个人作者、合作作者或团体作者,科技论文的作者不仅仅是了解科学研究过程中作者贡献大小的主要依据,同时也是科技论文著作权和科研成果所有权的

最好展示。工作单位不仅仅是了解科技论文作者工作单位及其通信方式的重要信息，同时也是科研单位展示科研实力的重要信息之一。例如《大规模光伏发电对电力系统影响综述》的作者及工作单位的标注。如图8-5所示，为科技论文题名、作者及机构撰写格式示例。

# 大规模光伏发电对电力系统影响综述

丁明[1]，王伟胜[2]，王秀丽[3]，宋云亭[2]，陈得治[2]，孙鸣[1]

(1. 教育部光伏系统工程研究中心(合肥工业大学)，安徽省 合肥市 230009；
2. 中国电力科学研究院，北京市 海淀区 100192；3. 西安交通大学，陕西省 西安市 710049)

**图 8-5　科技论文题名、作者及机构撰写格式示例**

### 3. 摘要及关键词

摘要又称内容提要，是全文内容的缩影。内容提要以极简练的文字，勾画出全文的整体面目；提出主要论点，揭示论文的研究成果；简要叙述全文的框架结构。关键词是为了便于读者检索，特别是适应计算机自动检索的需要，未经规范化处理的主题词。科技论文中必须标注关键词，关键词是论文信息的高度概括，是科技论文主题的集中反映。科技论文摘要部分的撰写格式示例如图8-6所示。

# 拖拉机自动转向系统设计及仿真

谢 明，马 蓉，任 玲，石 翔，张长龙

(石河子大学 机械电气工程学院，新疆 石河子　832000)

摘　要：以 TN654 拖拉机为平台，基于原车液压转向系统，设计一套比例方向电磁阀组和电控单元(ECU)，构建了能响应程序控制的自动转向系统。通过建立阀控缸动力系统数学模型，利用 MatLab 对该系统 PD 控制性能进行仿真分析。仿真结果显示：系统最大迟滞 0.24~1.8 s 内均能达到平衡点，表明系统具有良好的控制精度和响应性，符合拖拉机自动驾驶作业需求。
关键词：拖拉机；自动转向；电液控制；仿真

**图 8-6　科技论文摘要部分的撰写格式示例**

### 4. 引言

引言又称序言、前言、绪论，写在正文之前。引言是一篇科技论文的开场白，由它引出正文，起着铺垫、过渡、引导的作用，同时也是科技论文的窗口，通过引言，读者可大致了解论文研究的背景、目的、重点、范围及过程等。例如《嫁接苗盘自动叠放装置研究与设计》一文，引言内容如图8-7所示。

自20世纪80年代蔬菜嫁接栽培技术在日本、韩国、中国及欧美等国普及以来，为解决手工嫁接效率低、劳动强度大、嫁接苗成活率低等问题，国际上出现了集机械、自动控制与园艺技术于一体的高新技术—嫁接机器人技术。

进入21世纪，嫁接机器人技术主要在日本、韩国、中国等国家有了一定的发展。国内外针对不同科属、不同栽培方式的蔬菜苗开发的蔬菜嫁接机器人层出不穷。

纵观国内外蔬菜嫁接机器人技术的发展状况，目前以"自动嫁接技术"为核心的具有"供苗—上苗—嫁接—排苗—收纳整理—愈合管理"为一体的"蔬菜自动嫁接生产流水线"并不完善，多数还只停留于"嫁接"阶段的自动化水平。另外，随着现代化农业的重要组成部分—工厂化育苗的不断发展，要求自动嫁接技术不断完善，其机械化、自动化的水平也需要进一步提高。

为此，着眼于"蔬菜自动嫁接生产流水线"中嫁接苗"自动收纳整理"这一环节的自动化，采用虚拟样本技术和PLC控制技术，研究设计了嫁接苗盘自动叠放装置。

**图 8-7　科技论文引言部分撰写格式示例**

**5. 正文**

正文是科技论文的主体,占全文的主要篇幅。如果说前言是提出问题,正文则是分析问题和解决问题。这部分内容是作者研究成果学术性和创造性的集中表现,它决定着论文写作的成败和学术、技术水平的高低。正文的写作必须做到实事求是、客观真切、准确完备、合乎逻辑、层次分明、简练可读。正文的写作主要分为以下四个部分:国内外研究进展;研究方案的可行性分析(期刊论文及会议论文因其篇幅的限制不作具体要求);实验方法及研究步骤;实验结果的分析及归纳。

**6. 结论**

结论是将实验、观测得到的数据、结果,经过判断、推理、归纳等逻辑分析过程而得到的总观点、总论断。结论的主要内容包括:本研究结果说明了什么问题、得出了什么规律、解决了什么实际问题或理论问题;本研究对前人的研究成果做了哪些检验、修改、补充、发展或否定;本研究还有哪些尚待解决的问题以及解决这些问题的思路和关键。

## 知识点四:科技论文主体部分的层次结构

根据中华人民共和国国家标准《科学技术报告、学位论文和学术论文的编写格式》(GB7713—1987)的规定,科技论文主体部分的层次结构应在形式、段落、开头、结尾、过渡和前后照应等方面体现出结构的严密、思路的清晰;就其内容考虑,应有引言、正文和结论三个部分,体现出体系的完整性。科技论文主体部分的撰写应注意立论与谋篇:所谓立论就是确立总论点(即主题)和分论点;所谓谋篇就是安排好层次结构,组织好实验材料及实验数据,合理运用逻辑方法通过论据来论证分论点和总论点,最后得出客观的结论。科技论文主体部分的结构编排如图 8-8 所示。

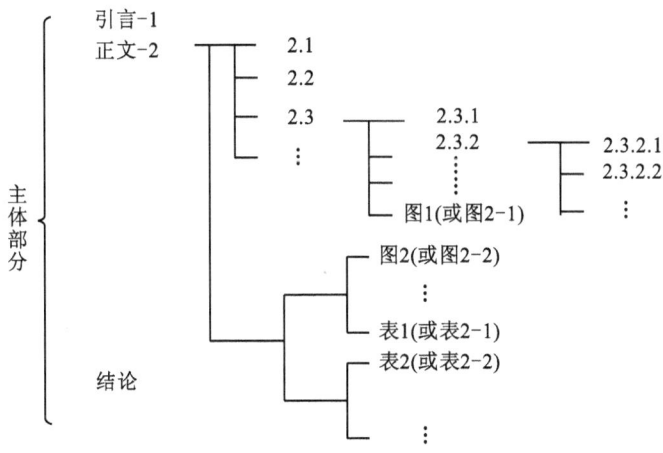

**图 8-8　科技论文主体部分的结构编排说明**

**7. 致谢**

致谢主要应用于学位论文及科技报告的撰写格式中,学术论文不作具体要求。依据中华人民共和国国家标准《学位论文编写规则》(GB/T 7713.1—2006)的规定,致谢放置在摘要页前,致谢的对象包括国家科学基金,资助研究工作的奖学金基金,合同单位,资助或支持

的企业、组织或个人；协助完成研究工作和提供便利条件的组织或个人；在研究工作中提出建议和提供帮助的人；给予转载和引用权的资料、图片、文献、研究思想和设想的所有者以及其他应感谢的组织和个人。

**8.参考文献**

在科技论文主体部分写作完成后，必须列出该论文撰写过程中应用到的参考文献。著录参考文献主要有以下五个方面的作用：可以反映论文作者的科学态度和论文具有真实性、广泛性的科学依据，也可以反映该论文的起点和深度；能方便地把论文作者的成果与前人的成果区别开来；能起索引作用，通过论文作者著录的参考文献，可方便地检索和查找有关图书资料，以对该论文中的引文有更详尽的了解；有利于节省论文篇幅，论文中需要表述的某些内容，凡已有文献所载者不必详述，只在相应之处注明见何文献即可；有助于科技情报人员进行情报研究和文摘计量学研究。

 **知识点五：文后参考文献的著录原则**

文后参考文献的著录原则：只著录最必要、最新的文献，著录的文献要精选，仅限于著录作者亲自阅读过并在论文中直接引用的文献，而且无特殊需要不必罗列众所周知的教科书或某些陈旧史料；只著录公开发表的文献，公开发表是指在国内外公开发行的报刊或正式出版的图书上发表，在供内部交流的刊物上发表的文章和内部使用的资料，尤其是不宜公开的资料，均不能作为参考文献引用；引用论点必须准确无误，不能断章取义；采用规范化的著录格式，关于文后参考文献的著录已有国际标准和国家标准、论文作者和期刊编者都应熟练掌握，严格执行；参考文献的著录方法，根据中华人民共和国国家标准《文后参考文献著录规则》(GB/T 7714—2005)中规定，采用顺序编码制和著者出版年制，其中，顺序编码制为我国科技期刊所普遍采用。文后参考文献常见著录格式如图8-9所示。

---

◆ 期刊著录格式为：［序号］作者(3人以上须列满3人，加逗号，再加"等"；罗马字姓名一律姓前名后，名缩写，但不加缩写点，留空格).题名［J］.刊名(外文尽可能按原刊名形式缩写)，年份，卷号(期号)：起止页码.例：**[1]**马焕成，罗致斌，陈义群，等.多功能保水剂对作物抗旱效应的初步研究**[J]**.安徽农业大学学报，**2004，21（4）：404-407**.

◆ 专著（图书）：序号]作者.书名［M］.版次(第1版不写).出版地：出版单位，出版年.起止页码.例：**[2]**黄昌勇，石伟勇.新世纪现代农业与土壤肥料**[M]**.北京：中国环境科学出版社，**2002：100-145**.

◆ 论文集中析出的文献：［序号］作者.题名［C］//编者.文集名.出版地：出版者，出版年.起止页码.例：**[9] ZHANG Wen-li, WANG Lin-ze, XIE Jiang-hua, et al. Hopf bifurcation of impact damper [C]// Proceedings of the 3rd International Conference on Nonlinear Mechanics. Shanghai: Shanghai University Press, 1998: 437-440.**

◆ 学位论文：［序号］作者.题名［D］.保存地点：保存单位，年份.例：**[4]**汪佑宏.马尾松速生材热压干燥及表面强化**[D]**.南京林业大学，**2003：91-92**.

---

**图8-9 科技论文文后参考文献撰写格式说明及示例**

注：参考文献顺序编码制是指将作者在论文中所引用的文献，按它们在文中出现的先后顺序，用阿拉伯数字加方括号连续编码，视具体情况把序号作为上角标或作为语句的组成部

分进行标注，并在文后参考文献表中，将各条文献按在论文中出现的文献序号顺序依次排列。科技论文参考文献标注方式如图 8-10 所示。

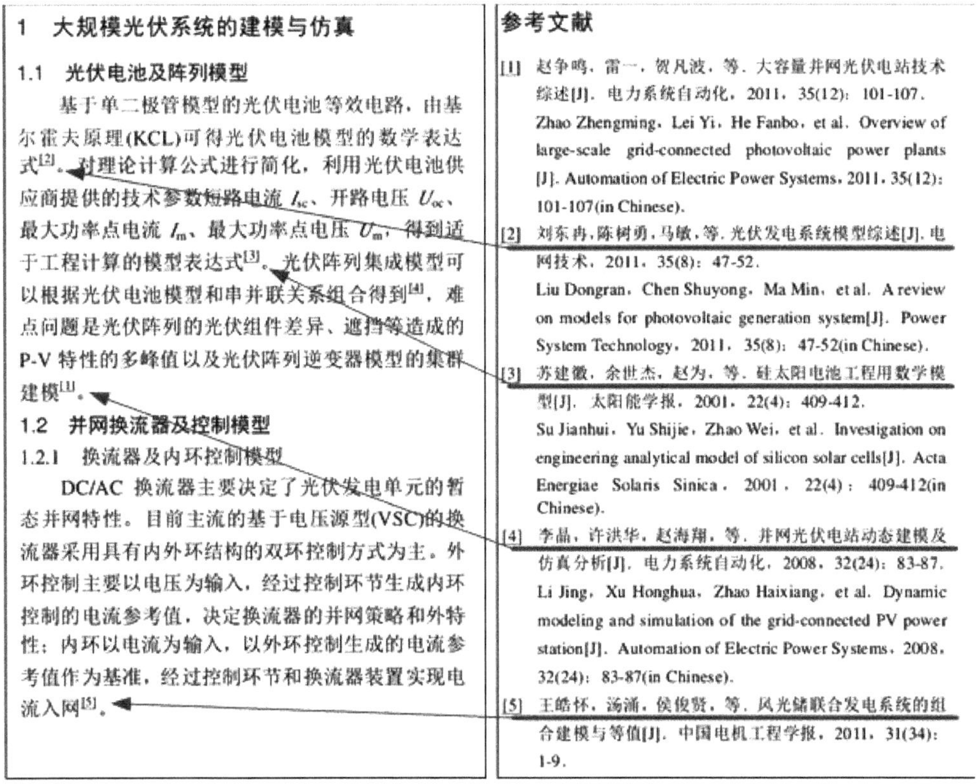

1　大规模光伏系统的建模与仿真

1.1　光伏电池及阵列模型

基于单二极管模型的光伏电池等效电路，由基尔霍夫原理(KCL)可得光伏电池模型的数学表达式[2]。对理论计算公式进行简化，利用光伏电池供应商提供的技术参数短路电流 $I_{sc}$、开路电压 $U_{oc}$、最大功率点电流 $I_m$、最大功率点电压 $U_m$，得到适于工程计算的模型表达式[3]。光伏阵列集成模型可以根据光伏电池模型和串并联关系组合得到[4]，难点问题是光伏阵列的光伏组件差异、遮挡等造成的 P-V 特性的多峰值以及光伏阵列逆变器模型的集群建模[1]。

1.2　并网换流器及控制模型

1.2.1　换流器及内环控制模型

DC/AC 换流器主要决定了光伏发电单元的暂态并网特性。目前主流的基于电压源型(VSC)的换流器采用具有内外环结构的双环控制方式为主。外环控制主要以电压为输入，经过控制环节生成内环控制的电流参考值，决定换流器的并网策略和外特性；内环以电流为输入，以外环控制生成的电流参考值作为基准，经过控制环节和换流器装置实现电流入网[5]。

参考文献

[1] 赵争鸣，雷一，贺凡波，等．大容量并网光伏电站技术综述[J]．电力系统自动化，2011，35(12)：101-107．
Zhao Zhengming，Lei Yi，He Fanbo，et al．Overview of large-scale grid-connected photovoltaic power plants [J]．Automation of Electric Power Systems，2011，35(12)：101-107(in Chinese)．

[2] 刘东冉，陈树勇，马敏，等．光伏发电系统模型综述[J]．电网技术，2011，35(8)：47-52．
Liu Dongran，Chen Shuyong，Ma Min，et al．A review on models for photovoltaic generation system[J]．Power System Technology，2011，35(8)：47-52(in Chinese)．

[3] 苏建徽，余世杰，赵为，等．硅太阳电池工程用数学模型[J]．太阳能学报，2001，22(4)：409-412．
Su Jianhui，Yu Shijie，Zhao Wei，et al．Investigation on engineering analytical model of silicon solar cells[J]．Acta Energiae Solaris Sinica，2001，22(4)：409-412(in Chinese)．

[4] 李晶，许洪华，赵海翔，等．并网光伏电站动态建模及仿真分析[J]．电力系统自动化，2008，32(24)：83-87．
Li Jing，Xu Honghua，Zhao Haixiang，et al．Dynamic modeling and simulation of the grid-connected PV power station[J]．Automation of Electric Power Systems，2008，32(24)：83-87(in Chinese)．

[5] 王皓怀，汤涌，侯俊贤，等．风光储联合发电系统的组合建模与等值[J]．中国电机工程学报，2011，31(34)：1-9．

正文部分　　　　参考文献部分

图 8-10　科技论文参考文献标注方式示例

**9. 附录**

有些材料编入正文会有损于编排的条理性和逻辑性，但对正文内容又是非常重要的补充。科技论文常将这些材料作为附录编排于参考文献之后。例如重要的原始数据、数学推导、计算程序、注释、框图、统计表、打印机输出样片、结构图等。附录的型号用附录 A、附录 B 等表示。

## 8.2　科技文献的收集、整理和分析

据美国科学基金会统计，一个科学研究人员花费在查找和消化学术资料上的时间需占全部科研时间的 51%，花费在计划思考上的时间占全部科研时间的 8%，花费在实验研究上的时间占全部科研时间的 32%，花费在书面总结上的时间占全部科研时间的 9%。

在科学研究和论文写作过程中，科技文献的利用是一项基础性工作，而科技文献利用的前提是通过检索等手段收集科技文献，然后将收集到的科技文献经过整理和分析，为科研课题的研究和科技论文的写作服务。

### 8.2.1　科技文献的收集

科技文献的收集是每个科技工作者从事教学、科研、生产与管理活动必不可少的基础性工作。任何科研课题,从选题直至课题结束时的成果水平鉴定,每一个环节都要求科技工作者系统地收集与课题相关的科技文献。因此,全面、准确、高效地收集科技文献对科研课题的顺利完成具有十分重要的作用。

**1. 科研课题研究的四个阶段**

一般来说,科研课题的研究过程可以划分为前期阶段、初始阶段、中间阶段和总结阶段四个阶段。

1)前期阶段

科研课题研究的前期阶段主要是选题和课题论证阶段。选题要考虑到科学性、学术性、创造性、应用市场发展前景及前人研究成果的调研等,同时需要有足够的科学依据对科研课题进行可行性论证。因此,需要查阅和收集大量国内外相关科技文献信息。

2)初始阶段

科研课题研究的初始阶段主要是制订课题研究计划和选择科研课题研究方法的阶段。科研课题研究计划的制订必须遵循事物发展的客观规律,有组织、有计划、有步骤地按时完成科研课题的研究工作;科研课题的研究方法关系到科研课题研究的成败,为使科研课题能按计划顺利完成,必须设计和选择适合科研课题的研究方法和技术方案,而这些研究方法和技术方案的形成同样要依赖有关的科技文献信息。

3)中间阶段

科研课题研究的中间阶段主要是科研课题的研究计划和科研课题的研究方法实施的过程。在整理、总结和综合分析科研课题进展情况的基础上,应参考和借鉴前人的经验,及时调整科研课题的研究方法和技术方案,以保证科研课题研究的创新和水平。因此,深入收集科技文献信息就变得尤为重要。

4)总结阶段

科研课题研究的总结阶段主要是科研课题研究成果的总结、鉴定和科研课题论文的撰写阶段。科研课题研究成果是科研课题中间阶段的产物,对其要进行结果的讨论与分析,在前人研究的基础上提出独到的见解、结论及存在问题,并接受有关主管部门的鉴定与验收;科技论文的撰写实际上就是对科研课题研究成果的总结归纳,按照科技论文的撰写方法,撰写出科研课题的研究论文。只有参考大量的科技文献资源,才能完成深入的总结、比较与评价。

总而言之,科研课题的每一个研究环节都离不开科技文献的检索、收集和利用。因此,科技文献是一种永不枯竭的资源,科技工作者应充分利用这种资源,不断地收集、积累和利用本专业各种最新的科技文献信息,随时掌握本专业国内外研究现状和发展趋势,避免科研的重复,以减少人力、物力和财力的浪费;有利于选择新的科研起点和科研方向,站在本专业发展的最前沿,实现科技创新。科技文献综合利用的八个环节如图 8-11 所示。

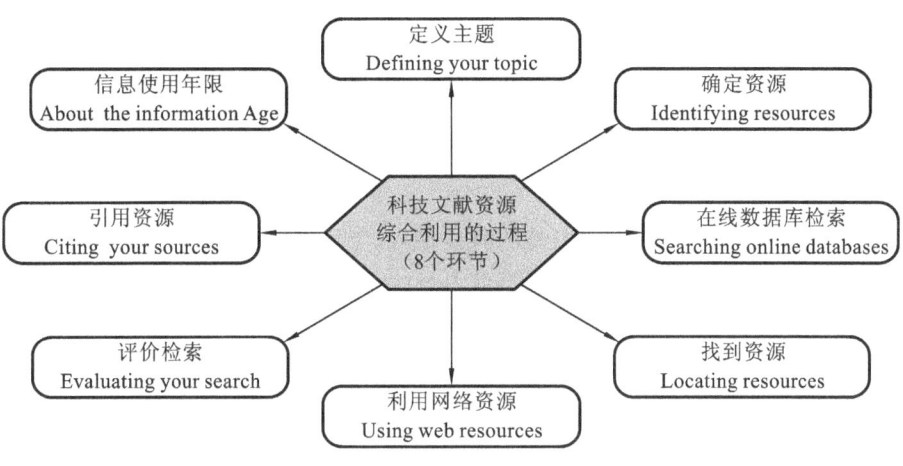

**图 8-11　科技文献综合利用的八个环节**

**2. 科技文献收集的途径**

在现有科技文献保障体系下,科技工作者收集科技文献资源的主要途径有以下三个方面(见图 8-12)。

(1)公共网络资源、主题网站及搜索引擎。通过 Google 学术搜索、Google 专利搜索、Baidu 学术搜索等公共网络搜索引擎检索到相关科技文献。但由于搜索引擎主题标注过于宽泛,不能真正揭示科技文献的系统性和脉络性,通过公共网络搜索引擎,检索到的科技文献显得分散、杂乱。

(2)信息所(情报中心)。通过国家、省及市县区情报研究所提供的公共服务平台,检索及获取相关科技文献,因各级科技情报研究所主要服务对象为公众,科技文献的专一性和专指性比较弱,通过各级情报研究所提供的公共服务平台,检索到的科技文献显得宽泛、片面。

(3)高校及科研院所。通过高校及科研院所购置的专业数据库检索及获取科技文献,因高校及科研院所承担着我国大部分科研项目的研制与开发,高校及科研院所会根据各自学科建设及研究领域的要求,购置国内外权威学术资源数据库,通过高校及科研院所提供的科技文献检索平台,检索到的文献往往比较系统、全面。

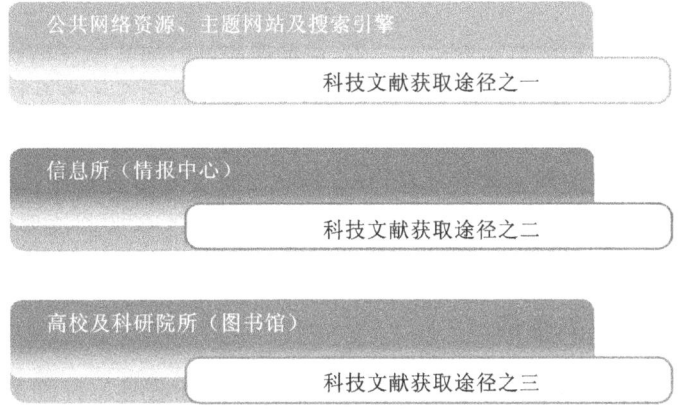

**图 8-12　科技文献获取的主要三个途径**

### 3.科技文献的收集方法

科技文献的收集流程一般分为科研课题要求、检索线索汇集、三次文献（综述性文献）了解、二次文献（检索系统）检索、一次文献（原始文献）获取等几个步骤。但根据课题研究性质的不同，又表现出不同的检索要求。

1）带技术攻关性质的课题

科技文献收集的重点通常是国内外的科技报告、专利、会议文献和期刊论文等。一般分成两步：使用相应的专门检索工具、数据库或 Internet 搜索引擎查找一批相关的科技文献资源；根据所查到的科技文献资源，找出核心的分类号、主题词、作者姓名、研究机构、主要学术期刊及国内外学术会议等信息，通过这些线索再使用专业数据库、专业期刊、会议录等复查，以找全主要的参考文献信息。

2）带仿制性质的课题

科技文献收集的重点通常是同类的产品说明书、专利说明书和标准资料、科技报告、科技期刊等。收集的步骤一般也分两步：通过各种手册、指南了解有关单位的名称和情况，进而利用检索工具、数据库或 Internet 搜索引擎普查相关的专利和标准，掌握专利占有和标准公布情况，摸清主要的相关单位有哪些；通过各国的专利局网站免费获取专利说明书，通过国家技术监督总局获取相关国际国内标准，通过公共网络资源及科技情报所获取产品样本、产品说明书等。

3）带综述性质的课题

科技文献收集的重点通常是近期发表的各种一次和三次文献，包括以期刊论文、会议文献、专著丛书、年鉴手册和科技报告等形式出版的综述、述评、进展报告、现状动态、专题论文等。收集的方法以使用专业数据库或检索工具为主，辅以直接查阅有关期刊、图书和手册等工具书。另外还要注意最新发表的一次文献，以补充已有三次文献的不足。

4）带成果水平鉴定性质的课题

科技文献收集的重点通常是专利文献，也包括相关的科技成果公报类期刊、专业期刊和会议文献等。收集的步骤一般分为：手工检索和计算机检索两部分。手工检索部分用以摸清基本情况，计算机检索部分利用手工检索所得线索予以扩展和完善，以增加可靠性，这类课题对相关文献的查全率和查准率都有较高的要求，收集时应特别注意检索策略的优化和原文的获取与分析比较。

此外，科技文献的收集还要注意以下三点：根据课题的时间范围和地域范围确定收集文献信息的时间上下限以及地区范围；在文种选择上，一般先查阅中文文献检索工具和中文专业期刊，这样不仅可以了解和掌握国内相关科技文献信息资源，还可以了解到国外相关科技文献信息资源，此后再查阅外文检索工具、外文期刊或外文专业数据库，以提高相关文献信息的查全率和查准率；对于已收集到的科技文献信息资源，不仅要阅读理解文献的内容，而且还要注意文章后的参考文献，以便从中补充课题所需的有关文献信息。

## 8.2.2 科技文献的整理

在科研课题分析的基础上，通过检索工具或数据库全面收集与科研课题相关或为科研课题服务的科技文献，然后将收集到的所有科技文献进行整理与应用。科技文献整理的方法主要包括科技文献的阅读与理解、科技文献的鉴别与剔除、科技文献的分类与排序、科技文献的分析与标准等。

**1. 科技文献的阅读与理解**

科技文献的阅读与理解的一般顺序如下。

(1)对于主题相同的中外文科技文献,先阅读中文文献后阅读外文文献,这样既有助于理解科技文献的内容,又能加快科技文献的阅读速度。

(2)对于同一篇既有文摘又有原文的科技文献,则应先阅读文摘后阅读原文,根据文摘提供的信息,决定是否索取原文,以节省精力和时间。

(3)对于同一类文献,当既有综述性文献又有专题性文献时,则应先阅读综述性文献后阅读专题性文献,这样有助于在全面了解课题的基础上选择专题性文献。

(4)对于在发表时间上有先后的同一主题文献,则先阅读近期发表的文献,后阅读早期发表的文献,这样有助于了解和掌捏最新水平和发展前景。

科技文献阅读和理解一般步骤为:粗读—通读—精读—记录。

(1)粗读用以确定科技文献和科研课题的相关度。粗读时,短文可全读,长文可只读摘要、引言和结论,以求其梗概。在粗读过程中,注意对科技文献述及的内容进行初步分类。

(2)通读用以了解科技文献研究的主要内容。通读时,先选择综述和述评文献,后选择针对性文献。在通读过程中,注意及时补充专业知识,对科技文献中提及的研究方法、工艺流程、重要论点、核心数据等内容应能清晰认识。

(3)精读用以理解重点科技文献的具体研究方法及工艺流程。精读时,先选择中文文献后选择外文文献,先选择内容摘要后选择相关章节。在精读过程中,注意对科技文献中述及的研究方法、工艺流程及主要论断进行专业性分析。

(4)记录用以掌握科技文献的主要论点或论断。记录时,记录的内容除了文章著者的观点、结果以外,还应就科技文献研究的内容加注自己的评论,并对相关度比较高的科技文献进行分析比较。

例如,如果是一本书,应先阅读内容提要、前言,再浏览目次表,若发现其中确有需要仔细阅读的章节,再进一步精选;如果是一篇论文,应先读标题、目录、文摘、前言和总结,浏览图表,若发现有价值的章节,再仔细阅读;如果是外文文献信息,则须摘译或全译,以求准确理解。

**2. 科技文献的鉴别与剔除**

在科技文献精读的基础上,对准备应用于课题研究的科技文献,还应进行鉴别。鉴别的主要方法有来源鉴别、著者鉴别、研究内容鉴别等。

1)来源鉴别

对所收集的文献信息,应作来源国、学术机构、研究机构的对比鉴定。看是否出自发达国家的著名学术机构或研究机构、是否刊登在同领域的著名核心期刊上,看文献被引用频次多寡、来源是否准确、是公开发表还是内部交流。对那些故弄玄虚、东拼西凑、伪造数据和无实际价值的文献信息,应予以剔除。

2)著者鉴别

对所收集的科技文献的著者应作必要的考证,主要考证内容包括著者是否为本领域的知名专家或者权威学者、著者是否是课题研究关注研究机构或学术机构的科研人员、著者是否是课题研究领域具有真才实学的学者。

3)研究内容鉴别

对所收集的科技文献的研究内容进行鉴定,主要对科技文献中提出的假设、论据、方法、实验和结论进行鉴别。研究内容鉴定过程中,应首先审定假定的依据、论据的可信程度;研究方法及实验的可行性,实验数据、调查数据是否真实、可靠,研究结论是否是推理的必然结果。对那些立论荒谬、依据虚构、方法混淆、逻辑杂乱、结论错误的科技文献应及时剔除。

**3. 科技文献的分类与排序**

当所有的科技文献鉴别完成后,则可按类或主题为标识进行排序,以方便利用。对于涉及课题研究不同阶段的科技文献,应按科技文献涉及的研究内容分别建档、排序;对分类完成后的科技文献,还需要按照文献的质量和权威程度进行再次筛选,剔除或淘汰科技文献研究内容重复或参考价值较小的相关文献;最后根据研究课题的需要,进行进一步排序,以便课题研究的利用。

即时贴因其可揭可贴,已成为文献标注过程中非常普遍的使用工具。

图8-13　即时贴的应用

**4. 科技文献的分析与标注**

在收集文献信息的过程中,必须学会使用卡片或者即时贴(见图8-13)标注科技文献涉及的课题研究相关内容或科技文献拟应用于课题研究的具体范围及阶段,以便课题研究过程中有效利用。科技文献分析与标注的方法主要有以下几种。

(1)题录式标注,指在卡片或者即时贴上著录文献篇名、著者、文献出处、日期、卷期号码,用于一般文献的笔录。

(2)文摘式标注,凡通过检索工具或者数据库查得的文摘,可照抄到卡片或者即时贴上。如果为原文做文摘,则应通读原文,分析出文章内容的要点,在卡片或者即时贴上著录文献篇名、著者、著者单位、书刊名称、卷期页码、出版时间以及内容提要。

(3)提纲式标注,在卡片或者即时贴上记录文献的篇名和章节标题,用以了解著者的逻辑思维和文章的基本内容。

(4)原文语句式标注,适用于在研究过程中进行参照或者对比,或者在科技论文写作过程中准备作为参考文献,在卡片或者即时贴上应按照参考文献的具体格式要求进行著录,并在其后附上原文中精华的、重要的语句及段落。

## 8.2.3　科技文献的分析

科技文献的分析是指对获取的科技文献进行分析与综合的过程。它是根据特定的需要对科技文献进行定向选择和科学抽象的一种活动。科技文献分析的目的是从相关的文献信息中提取共性的、方向性的或特征性的内容,为进一步的研究或决策提供佐证和依据。经过科技文献分析,由检索、收集和整理而得的科技文献形成了某一个专题的精华文献,因此,科技文献的分析过程是一个由粗到精、由低级到高级的文献信息提炼过程。

科技文献分析一般包括以下六个步骤:选择研究课题;收集与研究课题相关的科技文献;鉴别和筛选所得科技文献的可靠性、先进性和适用性,并剔除不可靠或不需要的科技文献;分类整理,对筛选后的科技文献进行形式和内容上的整理;分析与标注,利用各种科技文献分析方法对获取的科技文献进行全面的分析、综合及标注;成果表达,即根据课题要求和研究深度,撰写综述、述评报告等。

科技文献分析的方法很多,归纳起来主要有定性分析方法和定量分析方法两类。

**1. 科技文献定性分析方法**

科技文献的定性分析方法是指运用分析与综合、相关与比较、归纳与演绎等逻辑学手段进行科技文献研究的方法。常用的科技文献分析方法有比较法、相关关系法、综合法等。

1)比较法

比较法可以分为纵向比较法和横向比较法两种方法。

纵向比较法是通过对同一事物在不同时期的状况(如数量、质量、性能、参数、速度、效益等特征)进行对比,认识事物的过去和现在,从而分析其发展趋势。由于这是同一事物在时间上的对比,所以又称为动态对比。

横向比较法是对不同区域(如不同国家、地区或部门)的同类事物进行对比,又称静态对比,属于同类事物在空间上的对比。横向对比可以提出区域间、部门间或同类事物间的差距,判明优劣。通过比较方法获得的科技文献分析结果可以使用数字、表格、图形或文字予以表达。

2)相关关系法

事物之间或者事物内部各个组成部分之间经常存在某种关系(例如现象与本质、原因与结果、目标与途径、事物与条件等关系),这些关系可以称为相关关系。通过分析这些关系,可以从一种或几种已知的事物来判断或推知未知的事物,这就是相关关系法。

3)综合法

综合法把与研究对象有关的情况、数据、素材进行归纳与综合,把事物的各个部分、各个方面和各种因素联系起来考虑,从错综复杂的现象中,探索它们之间的相互关系,以达到从整体的角度通观事物发展的全貌和全过程,以获得新认识、新方法、新理论的目的。例如,把某一课题当前的发展情况(包括理论、方法、技术及优缺点)集中起来,加以归纳整理,就构成了一份不同学派、不同技术的综合材料。

下面是运用定性分析方法分析科技文献的三个实例。

**【实例一】运用比较法分析弹性轴承和普通轴承的技术经济性能**

经收集和整理有关文献信息并归纳后认为,弹性轴承(一种用橡胶和金属交替垒组成的部件)与普通轴承相比,具有如下优点:

(1)降低维修成本:弹性轴承无需润滑,维修时不用拆卸,故维修成本低廉;

(2)防止突然失效:轴承具有弹性,装置不会突然失灵;

(3)消除摩擦凹痕:弹性轴承由于没有滑动和滚动运动,因而不会产生凹痕;

(4)有利于保护环境:弹性轴承的弹性具有润滑作用,故无需磨料,也不会产生臭氧,此外弹性轴承减少了振动、撞击和噪声,这些都有利于保护环境;

(5)减少了零件数量:由于不需要润滑,因而无需复杂的密封设备或护垫,简化了结构;

(6)延长了使用寿命:弹性轴承的使用寿命是普通轴承的5~10倍。

通过以上利用文献信息定性分析的比较法,对弹性轴承与普通轴承技术经济性能的比较,可见,弹性轴承的优点远远多于普通轴承的。因此,为课题研究的可行性和必要性提供了佐证和依据。

**【实例二】运用相关关系法分析专利文献发表数量,预测技术的发展前景**

在科技文献各种类型中,专利文献是显示科学技术发展的最敏感的指标。如果对有关某项技术的专利文献进行全面的调查统计,并按照时间顺序画出专利文献的变化曲线,这条曲线一般能够相当准确地反映出该项技术的兴起、发展、全盛和衰落,而且曲线的变化比实际的变化在时间上要早 8~10 年。

**【实例三】运用综合法分析红外技术的应用现状**

红外技术可以应用于矿山、电力、化工厂的安全控制;铸件内部的缺陷与集成电路焊接的无损检测;半导体部件的焊接;矿山、油田的勘探;农业的土壤调查、作物估产、病虫害和林火的探测;癌症的诊断以及大量民用电器的遥控等各个不同的领域。全面收集红外技术在各个领域应用现状、特点、前景、有待改进的问题,并加以归纳整理,就可以形成一份关于红外技术应用的全面、完整的综合情报分析报告。

**2. 科技文献的定量分析方法**

科技文献的定量分析方法是指运用数学方法对研究对象的本质、特征进行量化描述与分析的方法。因为量化描述主要是通过数学模型来实现的,所以定量分析方法也可以说是利用数学模型进行科技文献分析的方法。

定量分析方法的核心技术是数学模型的建立与求解以及模型解的评价判定。数学模型的建立过程包括明确建模目标、确定模型变量、建立数学模型的近似理论公式、确定参数和模型求解,最后是评价模型的性能。

概率统计法是一种常用的科技文献定量分析方法。概率统计法也称拟合模型法。这种方法的实质是利用已有的数据情报拟合推演出数学模型,其关键是采集加工出的数据情报要能够反映出研究对象的特性和运动的机制,数据分析要准确,拟合方法要合理。这种方法适用于非突变性随机问题。

下面是运用定量分析方法分析科技文献的两个实例。

**【实例一】利用定量分析方法研究我国安防行业数字存储需求的发展趋势**

根据科技文献的检索,特别是统计报告、行业分析报告及年鉴等的文献的检索,收集我国安防行业数字存储需求情况及安防行业用数字存储在国内数字存储中的比重情况,绘制我国安防行业数字存储需求及设备需求占总需求比重的线性相关图。由图 8-14 可看出:我国安防行业数字存储需求金额随年代的变化呈逐年上升;由图 8-15 可看出,安防行业数字存储需求在总数字存储需求中的市场份额比例亦呈逐年上升趋势。

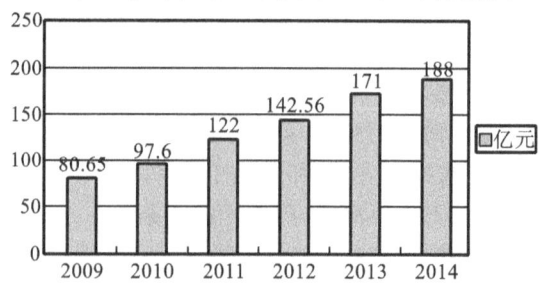

**图 8-14　2009—2014 年市场需求金额**

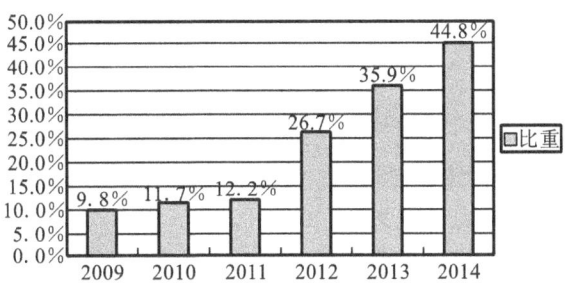

图 8-15　2009—2014 年市场份额比例

**【实例二】** 利用最小二乘法分析我国"石墨烯"文献的发表数量

以中国知网及万方数据中期刊论文、会议论文及学位论文为检索对象,检索字段为"题名"字段,统计 2009—2014 年我国研究人员发表的关于"石墨烯"文章数量,如表 8-1 所示。

表 8-1　2009—2014 年我国研究人员关于"石墨烯"发表的文数量

| 年份/年 | 2009 | 2010 | 2011 | 2012 | 2013 | 2014 |
|---|---|---|---|---|---|---|
| 编号数 $X$ | 1 | 2 | 3 | 4 | 5 | 6 |
| 文献数量/篇 | 71 | 239 | 720 | 1138 | 1788 | 2313 |

根据上表,用最小二乘法可求得: $X = 115.5, C = -134.0$,则 $Y = 115.5 \sim 134.0$,由此可预测,2015—2018 年的石墨烯文献数分别为 2718 篇、3102 篇、3425 篇、3867 篇。这表明我国的石墨烯领域在未来四年中将有较大发展空间。

 **知识点六:文献分析在科研课题研究中的应用**

文献分析在科研课题研究过程中,可以通过定性或者定量的分析,展示科研课题研究的重要理论意义和现实意义,是一个科研课题之所以获得立项,或者具有研究价值的最主要的依据。科研工作者利用好文献分析工具,不仅可以为课题研究的重要性和必要性提供数据支撑,而且可以为科研课题攻关确定研究方向及研究途径,减少科研工作者不必要的时间浪费。

# 8.3　文献综述的撰写

文献综述简称综述,是大量收集某一领域、某一专业或某一方面的课题、问题或研究专题的相关资料,通过分析、阅读、整理、提炼当前课题、问题或研究专题的最新进展及学术见解或建议,做出综合性介绍和阐述的一种学术论文。

文献综述的撰写是科研工作者从事科研必须要掌握的一项技能,一名出色的科研工作者,必然是一名出色的文献综述撰写的高手。

当某一科研工作者准备就研究主题进行深入研究时,首先必须面对的三个主要问题是:该主题研究的历史背景及传承;该主题最新的研究成果及进展;该课题主要的研究方法及措施。以上问题也是撰写文献综述的宗旨和目标。

文献综述的撰写不仅可以帮助科研工作者提高科技论文的撰写水平及提升科技文献分

析整理能力,更重要的是可以帮助科研工作者在文献综述的撰写过程中,和权威、大家进行亲密的接触,帮助科研工作者迸发创新的灵感。

 **知识点七:文献综述在课题研究中解决什么样问题?**

清楚地了解研究课题的背景和意义:①阐述该专题的历史渊源?②研究课题的理论基础、历史沿革、产生的影响、研究的意义?

调查研究课题的历史和现状,了解本课题的当前水平:①近几年已经做了哪些工作?现在正在做着什么?②哪些问题已经解决了?怎样解决的?还有什么问题?③这些没有解决的问题的症结在哪里?关键是什么?④已经得出了哪些结论?这些结论可靠吗?

需要展开的内容和执行的研究理论支撑及参照:①已有的研究工作有什么经验和教训?②别人用了什么样的研究手段、设备、方法和技术路线?做了什么样的实验?需要哪些仪器、设备、装置、样品?③在已知问题中,哪些属于现象性的,或者是方法不合理和设备不准确所致?哪些是事物的本质所决定的?④已有的实验揭示了什么新的事实和现象?对现象的解释合理不合理?

## 8.3.1 文献综述的四个作用

### 1. 提供综合信息

文献综述是在大量的原始文献基础上凝聚成的情报性文献,提供综合信息,指导科学研究。读者阅读文献综述可以花较少的时间获取最新的科技综合信息,了解学科(专业、课题)新进展存在的问题、努力方向,在把握学科动态的基础上及时指导自己的科研工作,为确定自己的科研课题提供参照。

### 2. 报道专题文献

文献综述需要对所引用的文献进行标注,并列举相关的参考文献目录,报道专题文献,便于回溯检索。尤其在缺乏专门检索工具的情况下,可将文献综述作为检索工具来使用,从而省时省力地获取所需原始文献的线索。

### 3. 反映现状趋势

不少文献综述是由有关领域的专家学者所撰写,并为某项科研提供决策依据。文中既有关于成就、数据、纵横对比的客观叙述,也有专家自己的评论、预测、建议等,这就使得综述成为科研管理部门了解科学发展脉络的重要窗口,能为其决策提供借鉴与参考。

### 4. 培养文献信息研究能力

撰写文献综述需要查阅大量原始文献,并对其进行整理和研究,这是科研人员获取一手情报信息、把握自己所从事的专业研究状况的重要手段。因而,撰写综述文章通常是选报课题、撰写学位论文的前期准备工作。同时,在撰写文献综述的过程中,科研人员的文献检索能力、快速阅读能力、分析整理能力、综合归纳能力和写作能力等都能得到很好的锻炼。

## 8.3.2 文献综述的四个文体特征

### 1. 综合性

文献综述是对某一时期同一课题的所有主要研究成果的综合概括。因此,要尽可能把所有重要研究成果搜集到手,并认真地加工、整理和分析,使各种流派的观点清楚明晰,不要遗漏重要的派别和观点。

**2. 描述性**

文献综述在对各派别的观点作介绍时,应该保持这些观点的"原味",这就要求对被介绍的观点做客观性的描述。因此,撰写文献综述,首先要站在客观的立场上转述各派的重要观点;同时,在归纳各种观点时要抓住要点,表述时应简明扼要。

**3. 评价性**

文献综述不能局限于介绍研究成果、传递学术信息,还要对各种研究成果进行恰当而中肯的评价,并表明作者自己的观点和主张。文献综述重点在于"述",要点在于"评"。由于评价的倾向性,通过文献综述,就会引导出对课题今后发展动向或趋势的说明。

**4. 先进性**

文献综述不是写学科发展的历史,而是要搜集最新资料、获取最新内容,将最新的科技研究动向及时传递给读者。因此,文献综述的选题必须具有先进性,选用的文献必须具有新颖性。在文献综述撰写的过程中,选题的先进性和新颖性往往以引用参考文献的新旧及权威性作为判断标准。

## 8.3.3　文献综述的四个内容特点

**1. 内容的综合**

综合是文献综述最基本的内容特点,主要包含以下两个方面的含义:一方面,文献综述表现出对大量文献的综合描述,各种类型的综述,其基础都是综合叙述,"必须将每一篇需综述的原始文献置于上下文里,并用某一方面的知识对其进行分析和综合";另一方面,它综述广泛时空范围内的发展和情况,既有纵向描述,又有横向覆盖。

**2. 语言的概括**

文献综述对原始文献中的各类理论、观点、方法的叙述不是简单地照抄或摘录,而是在理解原文的基础上,用简洁、精练的语言将其概括出来。因此文献综述不同于文摘,不是将原文献的中心内容摘录出来;也不同于节录,不必完全按照原文节选下来;而是将文献中有用的理论、观点和方法用最精练的语言概括性地描述,提炼出数据,同时舍弃原始文献中的论证、计算、推导过程等细节。

**3. 信息的浓缩**

文献综述集中反映一定时期内一批文献的内容,浓缩大量信息。一篇综述可以反映几十至上百篇的原始文献,信息密度大。关于"一篇综述需要有多少参考文献"这一疑问,国内外的学者们都做过不少研究,有一些不同的意见。评价综述文献的压缩程度可用综述文献正文每页所引用的参考书目平均数或者是被综述的原始文献页数与综述文献页数之比来考察。各学科综述的浓缩度是不同的,要以是否集中足够的原始文献,以全面反映综述主题为依据来确定。

**4. 评述的客观**

综述性文献的客观性有两方面。一方面,叙述和列举各种理论、观点、方法、技术及数据

要客观,必须如实地反映原文献的内容,不得随意歪曲,或是断章取义,不顾上下文,同时还要避免因理解不同而出现的误解;另一方面,在分析、比较、评论各种理论、观点、方法时要有一种客观的态度,应基于客观进行分析、评价,不能出于个人的喜好、倾向进行评论,更不能出于个人的感情有意偏袒或攻击。另外,在做出预测时,要以事实、数据为依据,以科学的推导方法为手段,力求客观,而不是凭空想象,出于主观愿望盲目提出。

### 8.3.4 文献综述的四种类型

**1. 动态型综述**

动态型综述是按照年代和学科发展的历史阶段对某一专题研究,由远及近地综合叙述,反映研究工作的进展情况。动态型综述的特点是以专题研究内容的时间先后为顺序,重视该学科发展中突破性进展及其形成的阶段性;在每一阶段要将其代表性人物的学术观点和代表性的文献加以综述;全面反映某一特定阶段内的重要成就。这种综述的时间性很强,学科发展的阶段很明显。这类综述,文题往往命名为"……研究进展",如"石墨烯去除水中重金属和抗生素的研究进展 "。

**2. 成就型综述**

成就型综述是专门介绍科研领域内某一学科或某一课题的新成就、新技术、新进展。它一般不考虑研究时间的先后顺序,而是开门见山,直接叙述新成就,按照内容的逻辑顺序组织文献资料。对有重大成就的学者的实验结果、工作方法以及相关文献进行认真地分析综述,做到不遗漏;对于一般性的论文不必求全,可以从略;为了突出成就,不分散篇幅,对该课题的内容可不做系统地历史性回顾;在时间顺序上,也不要求连贯。这种综述实用性强,对科研工作有很大的指导意义,这类综述的文题往往命名为"……的研究现状",如"搅拌摩擦点焊技术及其研究现状"。

**3. 展望型综述**

展望型综述主要是对某一学科或某一课题今后的发展趋势作一综述。对于其历史成就可以简略的叙述,从现在的成就出发,着重介绍对未来的预测和对策,也包括对一些不同预测意见地反应。例如《碳科学技术的研究现状与发展趋势——2014 年世界炭会议介绍 》。

**4. 争鸣型综述**

争鸣型综述就是对在科研领域内长期存在争议的一些问题,选择几种不同的有代表性的意见进行分析和归纳。撰写时引用原文要特别地严格,所述的内容都要以原文事实为依据。原文的观点与作者的观点要严格分开,不许夹杂在一起,也不许作者做过多的概括和分析,更不能断章取义、歪曲原意,应把事实摆出来,让读者去识别真伪优劣。如《2001—2014 年世界经济热点问题探索与争鸣》。

### 8.3.5 文献综述的写作

在《怎样做文献综述——六步走向成功》中,Lawrence Machi 和 Brenda Mcevo 提出了文献综述写作的六步模型,将文献综述写作的过程分为六步,即选择主题、文献搜索、展开论证、文献研究、文献批评和综述撰写。

本文结合文献综述撰写的过程,将文献综述从"立题—检索—撰写—整理"等过程整合成文献的检索与获取、文献筛选与论证、文献批评与综述撰写、格式规范与文献标注四部分，下面就文献综述撰写的四部分一一说明。

**图 8-16　怎样做文献综述**

**1. 文献的检索与获取（以"基于分布式电源接入的直流微电网"为主例，进行文献检索与获取过程的说明）**

1）了解"分布式电源"与"直流微电网"两个概念

由主题"基于分布式电源接入的直流微电网"可知，该文献综述涉及主要技术名词或者课题方向为"分布式电源"与"直流微电网"。因此，作者在文献综述撰写或课题研究之前，先要通过科技词典类文献或"百度百科""维基百科"初步认识相关概念，然后通过阅读专业数据库的相关文献，对主题进行精确把握。

文献的检索与获取如图 8-17 至图 8-20 所示。

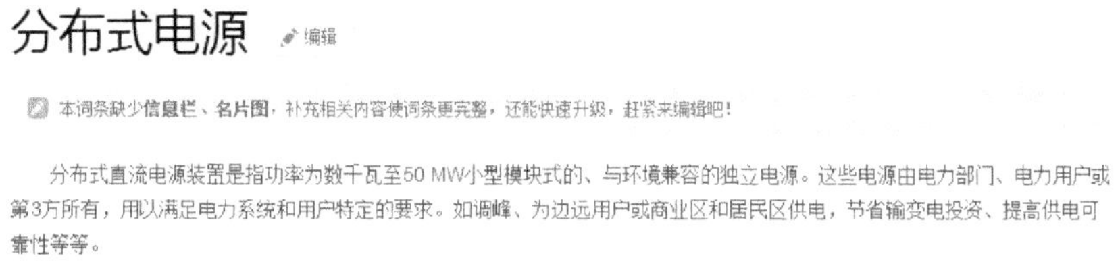

## 分布式电源　✎编辑

🔲 本词条缺少信息栏、名片图，补充相关内容使词条更完整，还能快速升级，赶紧来编辑吧！

分布式直流电源装置是指功率为数千瓦至 50 MW 小型模块式的、与环境兼容的独立电源。这些电源由电力部门、电力用户或第 3 方所有，用以满足电力系统和用户特定的要求。如调峰、为边远用户或商业区和居民区供电，节省输变电投资、提高供电可靠性等等。

**图 8-17　百度百科关于"分布式电源"知识点检索与学习**

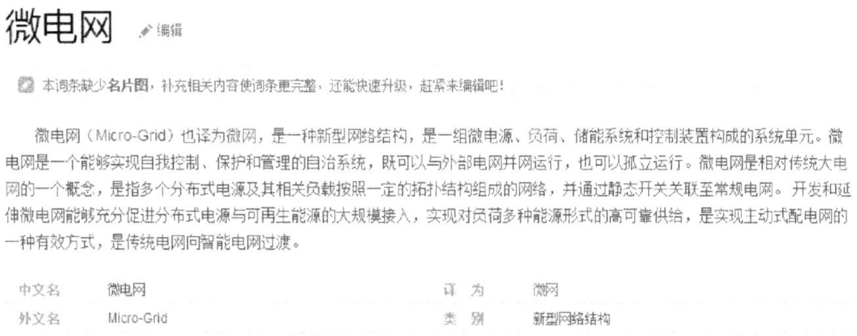

## 微电网　✎编辑

🔲 本词条缺少名片图，补充相关内容使词条更完整，还能快速升级，赶紧来编辑吧！

微电网（Micro-Grid）也译为微网，是一种新型网络结构，是一组微电源、负荷、储能系统和控制装置构成的系统单元。微电网是一个能够实现自我控制、保护和管理的自治系统，既可以与外部电网并网运行，也可以孤立运行。微电网是相对传统大电网的一个概念，是指多个分布式电源及其相关负载按照一定的拓扑结构组成的网络，并通过静态开关关联至常规电网。开发和延伸微电网能够充分促进分布式电源与可再生能源的大规模接入，实现对负荷多种能源形式的高可靠供给，是实现主动式配电网的一种有效方式，是传统电网向智能电网过渡。

| 中文名 | 微电网 | 译　为 | 微网 |
|---|---|---|---|
| 外文名 | Micro-Grid | 类　别 | 新型网络结构 |

**图 8-18　百度百科关于"微电网"知识点检索与学习**

### 2.6.3　按交直流类型分类

按交直流类型划分，微电网分为直流微电网、交流微电网和交直流混合微电网。

#### 一、直流微电网

直流微电网是指采用直流母线构成的微电网，如图2-11所示。DG、储能装置、直流负荷通过变流装置接至直流母线，直流母线通过逆变装置接至交流负荷，直流微电网向直流负荷、交流负荷供电。

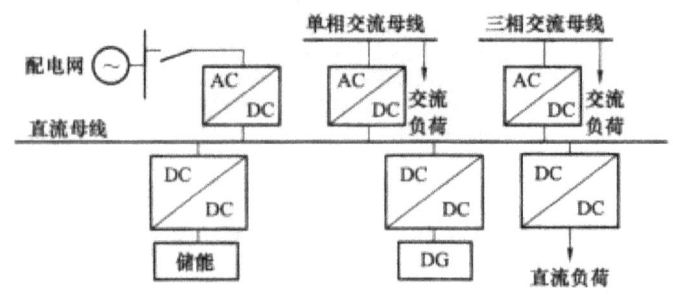

图2-11　直流微电网结构

图8-19　图书类数据平台关于"微电网技术"相关原理性图书获取与阅读

2014年第6期(总第42卷　第280期)　　　建筑节能　　　　■新能源及其应用

doi:10.3969/j.issn.1673-7237.2014.06.004

# 绿色能源与民用直流微电网应用技术探讨

李玉劲

(华东建筑设计研究院有限公司 现代都市建筑设计院，上海　200070)

图8-20　科技类数据平台关于"微电网技术"相关综述性文献获取与阅读

2)基于课题研究内容的文献检索与获取

通过百度百科、读秀中文学术搜索(图书)、中国学术资源总库(期刊)中获取相关文献的阅读，了解"直流微电网"是"分布式电源"接入的最主要途径，"直流微电网"技术已成为风力发电、太阳能发电等直流电源融入与应用的关键技术，"分布式电源接入直流微电网"的研究具有良好的发展前景和研究空间。通过上述文献的阅读，帮助作者初步确定了关键词及专业数据库。

拟选检索词：直流微电网、分布式电源、distributed power、DC micro-grid。

拟检数据库：中国学术资源总库、万方数据资源服务平台、ScienceDirect、IEEE Xplore Digital Library(IEL)。

基于课题研究内容的文献检索与获取如图 8-21 至图 8-24 所示。

图 8-21　万方数据关于"微电网技术"相关研究性文献获取与阅读

图 8-22　中国知网关于"微电网技术"相关研究性文献获取与阅读

特别说明：

(1)在专业数据库的检索过程中,文献检索的结果总量尽可能不要突破 150 篇,如果文献检索结果过多,要善于把握相关主题,通过检索词的进一步限制,压缩文献的检索结果。

(2)文献综述对文献的查全率要求不是很高,但对文献的权威性和典型性有严格的要求,作者在选择相关文献必须遵循以下原则:权威＞普通,团队＞个人,基金＞一般,时效＞年代。

(3)针对专业数据库的检索结果,在获取文献的过程中,要注意文献综述整个过程中文献利用的首尾兼顾,如未准确把握文献,必要时要善于利用文献摘要初步筛选文献。

**图 8-23　IEEE Xplore Digital Library 关于"微电网技术"相关研究性文献获取与阅读**

**图 8-24　ScienceDirect 关于"微电网技术"相关研究性文献获取与阅读**

### 2. 文献筛选与论证

1）文献的标引及分类

在大量阅读的基础上,对所获取的文献进行标引,标引内容主要分为:文献研究的主要内容,拟应用于文献综述的历史与背景、国内外研究现状、或研究方法及技术路线,文献的段落组成及论文布局。

在文献标引的基础上,对所标引的文献按照历史与背景、国内外研究现状、研究方法及技术线路进行一级分类,在研究方法及技术线路中,根据研究对象或者研究方法的不同进行二级分类。

2）文献的筛选与论证

综述不是众多文献资料的堆积,而是作者在阅读了一定量的资料的基础上,根据资料的重要程度进行细读,抓住其主要观点和结论,分析、综合掌握的资料,先列出提纲并写出各级大小标题,然后将观点相同的资料分别归入有关标题,并排好顺序。综述要如实反映原作者的观点,不能任意改动,但对引用的资料也要加以选择,不可能把搜集和阅读过的所有资料都写进去,应有所取舍。

### 3. 文献批评与综述撰写

1）文献的批评与评估

文献综述是否有价值,不仅要看其中的新信息与知识的多少,还要看作者对文献著者及编辑者的观点与看法如何。阅读文献时,要避免外界的影响甚至干扰,客观地叙述和比较国内外各相关学术流派的观点、方法、特点和取得的成效,评价其优点与不足。要根据研究的需求来批判,注意不要给人以吹毛求疵之感。

一篇具有批判性的评论,必须要有精确性、自我解释性和告知性,分析出文章的中心概念与所提出的论据,写出摘要,并做出简要评估。

2)文献综述的撰写

文献综述的撰写应根据写作提纲,将内容逐项展开,并注意观点与内容的一致。在写作过程中,可根据需要调整结构和补充内容。论述观点时,作者可有倾向性,但不同观点也应列出。初稿写出后,要反复修改和补充(包括内容增减、结构统一、数据核对和文字润色);综述发表前,最好请有关专家和同行审阅,力求做到主题明确、层次清楚、数据可靠、文字精练、表达准确。

### 4. 格式规范与文献标注

1)文献综述的格式规范

文献综述的格式与一般研究性论文的格式有所不同。这是因为研究性的论文注重研究的方法和结果,而文献综述介绍与主题有关的详细资料、动态、进展、展望以及对以上方面的评述,因此,文献综述的格式相对多样。但总的来说,一般都包含四部分,即前言、主题、总结和参考文献。撰写文献综述时可按这四部分拟写提纲,再根据提纲进行撰写工作。

2)文献综述的文献标注

参考文献是综述的重要组成部分。参考文献的多少一般可体现作者阅读文献的广度和深度。不同杂志对综述类论文参考文献的数量有不同的要求,一般以 30 条以内为宜,以最近 3～5 年内的最新文献为主。

特别说明:

(1)撰写文献综述时,同学们应系统地查阅与自己研究方向有关的国内外文献。通常在文献综述中应用的参考文献不少于 20 篇,且文献搜集要客观全面。

(2)在文献综述中,同学们应说明自己研究方向的发展历史,前人的主要研究成果、存在的问题及发展趋势等。

## 思考题

(1)请说明科技论文的主要结构,并结合写作格式及内容要求进行简要说明。

(2)请说明科技论文的具体分类,并详细进行说明。

(3)请对文献综述的历史背景、国内外发展现状、研究方法及研究内容的分析与对比、结论与展望的文献收集要求及对策四个部分,进行详细说明。

# 附录 A 世界著名图书馆掠影

(1)爱尔兰特里尼提学院图书馆(见图 A-1、图 A-2)。

图 A-1 爱尔兰特里尼提学院图书馆(一)

图 A-2 爱尔兰特里尼提学院图书馆(二)

（2）葡萄牙国立宫殿图书馆（见图 A-3、图 A-4）。

图 A-3　葡萄牙国立宫殿图书馆（一）

图 A-4　葡萄牙国立宫殿图书馆（二）

（3）意大利安吉图书馆（见图 A-5）。

图 A-5　意大利安吉图书馆

（4）德国维布林根修道院图书馆（见图 A-6）。

图 A-6　德国维布林根修道院图书馆

（5）捷克斯特拉霍夫修道院神学图书馆（见图 A-7）。

图 A-7  捷克斯特拉霍夫修道院神学图书馆

（6）奥地利阿德蒙特本笃修道院图书馆（见图 A-8）。

图 A-8  奥地利阿德蒙特本笃修道院图书馆

（7）英国伯明翰中央图书馆（见图 A-9）。

图 A-9　英国伯明翰中央图书馆

（8）奥地利默克修道院图书馆（见图 A-10）。

图 A-10　奥地利默克修道院图书馆

（9）西班牙康普顿斯大学图书馆（见图 A-11）。

**图 A-11　西班牙康普顿斯大学图书馆**

（10）法国上院图书馆（见图 A-12）。

**图 A-12　法国上院图书馆**

（11）荷兰马斯特里赫特教堂书店（见图 A-13）。

**图 A-13　荷兰马斯特里赫特教堂书店**

（12）阿姆斯特丹美国图书中心（见图 A-14）。

**图 A-14　阿姆斯特丹美国图书中心**

（13）柏林洪堡大学图书馆（见图 A-15）。

**图 A-15　柏林洪堡大学图书馆**

（14）西雅图图书馆（见图 A-16）。

**图 A-16　西雅图图书馆**

（15）美国加州大学图书馆（见图 A-17）。

**图 A-17　美国加州大学图书馆**

（16）中央美术学院美术馆（见图 A-18）。

**图 A-18　中央美术学院美术馆**

(17)法国国立图书馆(见图 A-19)。

**图 A-19　法国国立图书馆**

(18)日本东京 Tama 艺术大学图书馆(见图 A-20)。

**图 A-20　日本东京 Tama 艺术大学图书馆**

（19）德国斯图加特市立图书馆（见图 A-21）。

图 A-21　德国斯图加特市立图书馆

（20）荷兰戴夫特图书馆（见图 A-22）。

图 A-22　荷兰戴夫特图书馆

（21）瑞士圣高修道士图书馆（见图 A-23）。

图 A-23　瑞士圣高修道士图书馆

（22）中国国家图书馆（见图 A-24）。

图 A-24　中国国家图书馆

# 附录B 论文写作常见问题分析

　　学生在大学阶段学习论文写作时,主要学习一些论文写作的基本知识、基本理论和基本技能。因此,学生在写作毕业学位论文的过程中,尽管经过自身的刻苦努力和教师的指导,但论文中肯定还会有这样或那样的问题,只不过是问题的程度不同、方面不一样而已。毕业学位论文的成绩是具有相对性的,即使是优秀的毕业学位论文也是能够找出许多问题的。本节剖析和列举了学位论文中常见的一些问题,同学们在学位论文写作过程中应引以为鉴,尽量避免犯类似的错误。

## 一、选题与观念方面的问题

### 1. 选题方面的问题

选题是否得当会直接影响学位论文质量,常见的选题方面的问题有以下三种。

1)选题过大

学位论文的选题应选取有科学价值或实用价值、有现实可能性、大小适中的题目。选题太大,难以把握问题的切入角度。此外,题目太大,难以深入细致地剖析问题,容易泛泛而论。

2)选题过难

学生因受时间、精力的限制以及材料方面的局限,选题时应注意难度不要过大,也不要超出自己所学的专业领域。例如,有人想在短时间内探讨"中国3G通信技术发展方向与策略",这个问题是应该探讨,但需要多个部门的人员共同努力,进行比较深入的调查研究才能完成。虽然毕业论文的选题不能过大过难,但也不能太小太简单,否则毕业论文的工作量不够、质量也不会高。

3)选题陈旧

选题不要太陈旧,如果查阅文献时发现有太多类似文章,则说明该选题缺乏新鲜感,最好换一个选题。切忌照搬别人的材料和结论,应该在前人的基础上,敢于提出前人没有提出或尚未完全解决的问题,最好多选一些与现实生活、当代经济和科学技术发展密切相关的课题,注重研究现实生活中出现的新问题。

### 2. 标题方面的问题

标题一定要准确地概括学位论文内容,文字要简练,便于分类,能反映出研究范围、方向和深度。这样的标题不仅可以让人从题目上判断出研究的学科范畴,而且能看到研究课题的特点。所以说,标题不仅是学位论文的"眼睛"和"窗口",还起着"指引内容、吸引读者"的作用。一个好的标题能起到对学位论文画龙点睛的效果。常见的标题方面的问题有以下四种。

1)标题"悬"

对于一些过于模糊、笼统或抽象的学位论文标题,读者看完标题后不知道论文主要写些什么内容,抓不住中心和要领。例如,一篇题为"党的喉舌"的论文,从题目来看,可能是与报纸、电视或广播有关的内容,但作者写的却是农村宣传网。像这种含义不明确的标题必须要修改,使其含义明确。

2)标题"大"

有的学位论文标题太大,涉及面过宽、过深,也比较复杂,超出了大学生的能力水平,短时间内很难完成。例如,"世界通信技术发展""论中国的电商技术"等题目不宜作为学位论文来写,可以由相关领域的专家写成专著。

3)标题"老"

前人已写过多次且有非常明了定性的题目,如果没有新认识、新角度和新材料,再写就很难写出新意。例如,"论脱硫脱硝工艺的必要性""因特网技术的发展起源"等题目,撰写这类学位论文时,其内容会与前人已写过的同题材论文大同小异,不会有什么新意。

4)标题"长"

标题的长度一般在 20 个字以内,有的毕业论文标题过长,甚至超过 30 个字,这样读起来费力,也不便于理解和记忆。

**3. 观点方面的问题**

观点是文章的灵魂,确立一个明确的观点是学位论文写作的关键。观点要力求正确、有新意、有理有据,这是写好毕业论文的基本前提。常见的观点方面的问题有以下四种。

1)基本观点错误或有偏颇

基本观点是指统率全篇学位论文的基本论点或总结论。如果基本观点错误,其他一切论点、论据都不能成立,整篇论文也就站不住脚。

2)观点主观、片面

要避免学位论文的观点走极端,妄下定论;也要防止观点顾一头,缺少唯物辩证法所要求的全面性。例如,有一篇论文为了说明企业分配制度改革,提出用"三铁"打破工人的"铁饭碗",这"三铁"是"铁心肠、铁手腕、铁面孔",这就在批判"铁饭碗"时走了极端,把工人放在被改革的一面。又如,有的论文捕风捉影、主观臆断、任意夸大或缩小,然后轻易匆忙地谈看法、下结论,这样的论文缺乏准确性和真实性,所以就缺乏科学性。

3)观点不鲜明,重点不突出

毛泽东同志多次强调,文章写作时要力戒"概括不明""判断不恰当"。而有些学位论文的中心论点没有把问题的实质想清楚,抽象概括也不准确,形成的观点含糊不清、似是而非、似有若无。

有的学位论文过多地叙述工作过程,或选材不严,众多的材料缺乏认真的整理、消化,中心论点不明显,重点不突出,这些情况在毕业论文中比较多见。还有的学位论文似乎成了一份工作总结或汇报,或是对某一项工作所做的调查报告,没有自己的见解。

4)缺乏新颖性和创新性

科学研究就是要不断开拓新的领域、新的途径,有所发现,有所创新,从而推动科学文化的不断发展。因此,作为反映科研成果的毕业论文,也必须有新颖性和创造性,提出新的思想、新的理论、新的见解。而在毕业论文中,有些文章重复别人已经谈过的东西,人云亦云,

亦步亦趋,没有个人创见,没有新角度、新材料。造成这种情况的原因是,作者不注意阅读文献资料,研究信息掌握不足,研究的问题是别人已研究或已解决的,或者是由于作者对某问题缺乏钻研精神,没有提出独特的见解。

## 二、结构和格式方面的问题

学位论文不仅应有正确的立意,还要求结构合理、格式规范。

### 1. 结构方面的问题

学位论文不仅要做到"言之有理""言之有物",还要做到"言之有序"。学位论文的结构也有规律性,这就是论证所遵循的"序"。遵循了"序",在布局谋篇上才会更完整,逻辑才会更严密。学位论文的结构要在中心论点的统率和支配下,把各个论证部分严谨周密地组织起来,分清主次轻重,做到层次分明,详略疏密有致。常见的结构方面的问题有以下五种。

1)结构不完整、不平衡

学位论文要浑然一体,布局完整。但有的学位论文开头没有说明课题的来源或研究的目的、意义,也不交代研究的方法和调查的手段,一开始就列举大量事实和数据,让人觉得"没头没脑";有的学位论文结论部分没有个人的观点和见解,缺乏必要的分析和评论;有的学位论文该详细的不详细、该简略的却过于冗长,对中心论点论证不充分,反而对其他分论点夸夸其谈。诸如以上问题的出现,使学位论文的结构显得不完整、不平衡。

2)结论松散,缺乏条理

学位论文要有层次、有条理。自然界或社会上的事物之间有各种不同的关系,反映这种关系的材料之间也有各种不同的关系,例如平行关系、递进关系、接续关系、对立关系等。总之,理清了事物之间的相互关系,并在结构中体现出来,文章的眉目就会清楚明了。但有的学位论文内容东拼西凑,层次既不遵循各部分内在的逻辑顺序也不符合作者和读者的认识规律;有的学位论文缺乏总体布局观念,写作时任笔端自由驰骋,可能就会出现前后不衔接,甚至前后重复、前后矛盾,或颠三倒四、东拉西扯、上下两段明显地割裂开来、缺少自然的过渡等问题,论文语句生硬、意思不连贯;有的学位论文段落篇幅太长,甚至一连几页也不分段,显得层次不明,看起来费力。

3)论证不得力,缺少逻辑性

这种结构性的问题主要有两种情况:第一种是只有理论分析,从理论到理论,缺少必要的、充分的事例和数字的依据;第二种是材料很多,但在选择材料和组织材料上欠佳,缺少周密严谨的逻辑性。第二种问题在许多毕业论文中容易出现,一般表现在以下九个方面:

(1)忽视"新颖性"的选材要求,材料陈旧,用一些人们熟知的老例子,缺乏新鲜感和吸引力;

(2)不能有选择地利用典型、精练的材料形成作者自己的观点,例子滥而散,没有从中整理出作者自己的立论角度和起笔由头;

(3)论据缺乏典型性和必要性,仅凭在特定环境中极少发生的某些事实,就得出与该环境中大量发生的事实所不同的结论,因而论证缺乏说服力;

(4)提出论点、罗列论据之后,不做深入分析,甚至不做任何分析,使用"由此可见""大量事实证明"等语句,转而扣合所提出的论点;

(5)以偏概全,以点代面,以小论据支撑大论点,论据不足,犯了"推不出"的毛病;

　　(6)主次不分明,重点不突出,或论点与论据之间没有必要的联系,两者或互相脱节,或互相矛盾,犯了"引论失据"的毛病,其原因是对概念和事实并没有真正理解;

　　(7)分析问题时不是从实际出发、从对事实的分析中得出结论,而是用观点去套例子,用事实去印证观点;

　　(8)前后论点有矛盾,中心论点与分论点有矛盾,或回避论题、不客观、不进行必要和充分的论证;

　　(9)结构单一,缺乏层次性,几千字的长内容不标序、不分段,或是首尾脱节,缺乏完整性。

　　4)摘要、绪论和结论相混淆

　　部分学生不同程度地存在着不明白摘要、绪论和结论的作用以及它们之间关系,致使出现三者内容相混的情况。在一些学位论文中,摘要、绪论和结论的写作不当是一个较为突出的问题。

　　摘要也叫内容提要或内容摘要,相对而言,是学位论文写作中最容易出现问题的地方。例如,摘要过于简单,信息量不足,不能确切地表达论文的主要内容;不够简练,篇幅超出规定的字数;关键词数量过多或过少,用词不当;出现了图表、公式,或是对学位论文内容的评论以及自我评价;需要有外文摘要时,外文摘要翻译不准确。

　　有些学位论文的绪论夸夸其谈、长篇大论,但许多内容跟主要研究内容关系不大,没有很好地起到导引本论的作用;有的绪论整段抄录教科书的有关内容,不厌其烦地叙述一些人所共知的一般知识,却不提及自己的研究任务和课题的意义,内容空泛,文不对题。

　　很多学位论文的结论也不符合写作要求。例如,有的学位论文在写完研究过程和所能获得的数据材料之后,后面没有归纳和总结,也没有评价与建议,不能完整、准确地表达自己的研究成果或结果。这样的学位论文反映不出工作的最终成果,看不出研究或设计任务是否完成和完成的质量。还有些学位论文在结尾处写上几点老生常谈的体会,这种肤浅的认识和感受,是不能代替论文结论的。

　　摘要是全文内容的缩影,绪论部分主要是导出学位论文的中心论点,结论是通过大量理论和事实依据进行分析论证后的归结点。如果说摘要是贯穿于全文始终的一根"线",则绪论和结论分别是一个"点","点""线"不能混淆。摘要既不能和开头部分等同,也不能与结尾部分等同,三者不能混为一谈。

　　5)论证方法单调

　　有的学位论文在论证主题过程中,方法比较单调,显得平铺直叙,没有波澜起伏。例如,有的文章从头至尾采用一种例证法,围绕大论点,提出小论点,用一个事例说明,由此得出一个大结论,使得论证缺乏科学性和说服力;有的文章格式单调,往往是现状、存在问题及原因,然后提出几点对策,再加上陈旧的观点和数据,使得文章没有论证的力度和说服力;有的文章结构刻板,缺乏创造性,结构千篇一律,总是"三部曲"(现状—原因—对策)或"四部曲"(成绩—问题—成因—对策),缺乏新鲜感和吸引力。要克服这些问题,就要在文中反复使用各种论证方法,除了例证法以外,还要学会用喻证法——运用比喻的方法把道理引出来,说明论点的论证方法;类比法——根据两种事物在某些特征上的相似处,得出它们在其他特征上也可能相似的结论;对比法——把两种事物加以对照、比较,从而推导出它们的差异点;反驳法——通过否定对方的观点和看法,来阐明自己的观点;归谬法——反驳对方论点,首先

假设对方的论点是正确的,然后加以引申、推论,从而得出荒谬的结论来。

**2. 格式方面的问题**

学位论文格式上的一些问题是普遍存在的共性问题,虽然这看似是一些小问题,但会影响学位论文的质量和成绩评定,所以千万不能忽视。有些学位论文评阅教师或答辩教师评审首先从格式开始,连标点符号都不放过,他们认为做科学技术研究首先要从严谨、准确、细心开始,如果一些小问题都不注意,那大问题就更不必说了。由于每个学校对学位论文的规定不一样,因此,在进行学位论文写作时,一定要严格执行本校制订的撰写规范。容易出现格式方面的问题主要有以下几种。

1)图表部分

(1)一些学位论文中图表设计不合理,反映的事物不够准确完整,图表里面的字体大小不一。一般要求图表中的字号要比正文小一号,图表的名字也要比正文小一号。

(2)有的图表没有图表名,或有了图表名但名字不确切、序号不统一。例如,有的用"图1-1",有的用"图2.1",有的用中文命名,有的用英文命名等。

(3)图表名位置错误,一般要求图名在图的下方,表名在表的上方。

2)文字标点

学位论文一般以打印版的形式上交到学校,工整性无可挑剔。但一些毕业论文的错别字比较多,出现漏字、笔误等问题也比较常见,这点应引起充分注意。标点符号使用不准确的现象也时有发生,这里仅对引号、分号和冒号等比较容易出错的地方进行说明。

(1)引号。在毕业论文写作中引号出错主要有以下三种情况:一是"忘半个",一般来说,引号是把所引用的话或含有特殊意义的词句前后引起来,如果只用引号的前半部分("),缺了后半部分("),就不对了;二是双层引号混淆,引号里面又要加引号时,为了有所区别,外面的一层用双引号(""),里面的一层用单引号(''),这是一个容易被忽视的地方;三是后引号与句号或逗号的位置处理不当,即一句话末尾,句号或逗号该置于引号内还是置于引号外较难判断,有的报纸或杂志上也常出现这样的错误。

(2)分号。分号在学位论文写作中显得很重要,所以用得也比较多。这是由于分号可以把一段话中的几层意思清晰地分开,以减少分段的次数,使读者便于清楚地看出一句话与另一句话之间,或者一段话之间的层次关系。初学写作者不善于使用分号,经常用逗号或句号代替,因而影响了学位论文的表达效果。

(3)冒号。一般来说,在学位论文中冒号宜少不宜多,特别要注意避免连用。例如,"启发式教学方法强调不要代替学生作答或下结论,如:以一次数学课教学为例:……"。这里,"如"字后加了冒号,"例"字后又加了冒号是不妥的,可把"如"字后面的冒号去掉,这样表述就更顺畅得体了。

3)符号标识

有些学位论文中经常出现该上标、小标、斜体的地方没有正确标识;单位标识不一致或错误,如把"$\mu m$"写成"um"、数据传输速率有些地方用"bps"有些地方用"b/s";表达方式不科学,例如,一篇学位论文中出现"研究了1min、3min、5min、10min不同时间……",应该是"研究了1、3、5、10min不同时间……",但要注意百分号"%"不能省略。

4)英文及数字

学位论文中英文及数字的字体一般都采用新罗马字体(Times New Roman),切忌学位论文中的英文或阿拉伯数字有的是宋体、有的是新罗马字体，前后不一致。此外，凡计量的数字和序数字应尽可能用阿拉伯数字，如表示时间、百分数、大约数、序数、次数等。下面就比较容易出现的问题进行说明。

(1)表示时间时，年份必须写全，如 2009 年；在书写年代时，为避免年代概念混淆，应尽可能与世纪同写，如上世纪的 90 年代应写成 20 世纪 90 年代。

(2)表示范围的百分数，两数字后均应写百分号，如 30％～50％。

(3)书写大约数时应避免概念重复或矛盾。如"约 80 kg 左右"，在这里"约"和"左右"都是大概的意思，两者用在同一个数字，其概念是重复的。又如"约 0.9％～12％"或"0.9％～12％左右"，在这里"约"和"左右"与范围号"～"既重复又矛盾，因为在两个明确的范围数字之间，范围号"～"就是"约"的概念，从逻辑上讲，既然范围框定，就无法"左右"；

(4)作为章节序号的数字通常可以根据习惯和需要，用阿拉伯数字或汉字数字，其他序数应用阿拉伯数字。如"第 1 天""第 1 周""第 1 个月"等。但是，有些已成专用名词术语的序数词，如"第二次世界大战""第二信使"等，究竟用阿拉伯数字还是用汉字数字尚存争议，多数主张作为专用名词，使用汉字数字。

(5)次数的表示。两个相邻的整数表示次数时，数值之间宜用"或"字，不应用范围号"～"，如每天服药 3 或 4 次，不应写作 3～4 次，因为范围号表示其间还有数字，而在这里，不存在 3.1 次、3.2 次、3.3 次……。

5)参考文献

参考文献在格式的编排上比较麻烦，但总体的原则是按照中华人民共和国国家标准《文后参考文献著录规则》(GB7714—2005)的要求进行统一著录。例如，[J]、[M]等标识的设置要统一，不要有些地方有标识，有些地方没有标识；英文参考文献中的作者名要么统一名在前、要么统一姓在前，要么统一缩写，要么统一不缩写。还应注意学位论文的参考文献数量不足的问题，如只罗列了一些教材和其他有关书籍，而选用的近几年内发表的期刊和杂志较少。

此外，还应仔细查看一下学位论文的页眉页脚、标题、目录和公式等的设置是否规范，排版、打印和装订是否符合要求。

## 三、材料和语言方面的问题

学位论文写作不仅要收集丰富的材料，还要组织好材料，语言表达要准确、流畅。

### 1. 材料方面的问题

学位论文材料是分析提炼主题的基础，是要用来说明或论证意图及观点的。材料的选择和使用一定要恰到好处。常见的材料方面的问题有以下四种。

1)材料和观点不统一

学位论文不能只有空洞的意图或观点，而没有材料；也不能只有材料而没有意图或观点，所以，材料和观点要统一。

(1)材料与观点不相干。学生应紧紧围绕观点选择材料，不能出现材料与观点相脱节的情况。个别学生在因特网、图书馆或资料室经过七拼八凑凑够了毕业论文的字数，但仔细一看，所用的材料与观点根本不相干。例如，一篇题为"浅谈修改婚姻法条款的必要性"的毕业论文，所用的材料是婚姻法的起源、发展、本质和作用，以上材料主要谈了四个方面的问题，

虽然很多,但明显可以看出,通篇没有谈到婚姻法条款有"什么必要"修改。这四部分材料所要表明的观点应是"浅谈婚姻法",而非"浅谈修改婚姻法条款的必要性"。

(2)材料说明观点的力度不够。有些材料虽然也能够说明观点,但不够充分。如有个同学在写有关住房销售方面的论文时,所用的材料仅是银行贷款加息和上浮致使购房消费者逐渐减少,从而得出今后住房价格必然随之下降的结论。其实,不论住房价格上涨或者是下降,都是由多种原因造成的。贷款加息和上浮,仅仅是国家宏观调控的一个手段,仅是住房价格有可能上涨缓慢或下降的一个因素,不能充分说明住房价格一定上涨缓慢或下降,是住房价格有可能上涨缓慢或下降的必要条件,而非充分条件,因此,论据不充分。

(3)材料与观点相矛盾。要避免使用的材料与要说明或论证的观点不相吻合的问题,避免出现只有观点没有材料或观点与材料相矛盾的情况。

2)选择材料不够典型

所谓典型材料,是指那些最有特征、最有代表性,能有力地揭示事物的本质,能集中地表现毕业论文主题的材料。围绕主题选择材料,但没有必要、也不可能把与主题有关的材料都写进去,必须精选典型材料。魏巍在写《谁是最可爱的人》之前,曾写了一篇《自豪吧,祖国》的通讯,里边用了 20 多个生动的例子。后来写《谁是最可爱的人》,只从中选择了五个事例,后来又删掉了两个事例,只精选了三个事例,分别表现中国人民志愿军对待敌人、对待朝鲜人民和对待自己的不同态度,从而揭示了"最可爱的人"的本质特征。所以魏巍认为:用最能代表一般的典型例子,来说明本质的东西,给人的印象是会清楚明白的,也会是突出的。写学位论文也是同样的道理。

3)选择的材料不够真实

所谓真实,是指材料确实是客观存在的,能反映客观事物的本来面貌。学位论文所运用的材料真实,论点才站得住、才有说服力。而有些学生的毕业论文选材不准,没有鉴别真伪,引用的历史人物、事件、时间、地点、数字、引文等没有进行认真核对,出现误差。造成材料不真实的主要原因是由于观察不细和调查不实,或者是搞所谓的"合理推理",给材料添枝加叶造成的。例如,有一个学生在写一篇关于农村赌博风气方面的文章时,没有具体的统计数字,就推理出"在农村,干部赌群众赌、男人赌女人赌、白天赌晚上赌、老人赌小孩赌,可以说无处不赌、无人不赌"这种结论显然是夸大其词,很难让人信服。

4)选择材料不新颖

选择新颖的材料,能增强论文的现实性,使人耳目一新。这就要求学生注意发现新生事物,写别人没有写过或很少写到的人和事;要从不同的角度选材,给人新鲜的感觉;要注意选择新出现的、有特色的材料。有的学位论文,选材不新颖,用一些过时的陈旧事例,看上去是老面孔、老腔调,摆出的材料是"陈年烂谷子",没有新鲜感和现实性,也没有说服力。例如,有一篇关于农村改革的文章,写作时间是 2010 年,文中运用的数字事例却都是 2004年的。

**2. 语言方面的问题**

作为学位论文形式方面的构成要素之一的语言,是学位论文赖以探讨或解决本学科某一基本问题的工具。正如马克思所说的,"语言是思想的直接现实"。学位论文写作尽管需要具备选题、取材、构思、技巧等多方面的能力,但这一切都必须也只能通过语言来体现。因此,学位论文表达的语言要准确、流畅。常见的语言方面的问题有以下四种。

1）表述非学术语言化

学位论文是学术论文的一种,所谓非学术语言化是指不能用学术语言来表达自己的学术观点。

2）用词不准确

例如,"这是对社会主义建设的一种最可怕的、难以弥补的破坏和损失",这是定语和中心词语搭配不当,应改为"这是对社会主义建设的一种最可怕的破坏,造成了难以弥补的损失"。又如:"我们于第一学期就着手选题",这里实际是指在即将毕业的那一个学年的上学期开始着手选题,用"第一学期"就很容易让人理解为刚入学的那个学期,属于语言含糊不清。

在汉语词汇中,除了很大一部分"中性词"以外,还有一些词语是能通过其特定的含义表现出鲜明、精妙的感情色彩的。例如:"他死了,享年十二","享年"是敬辞,通常用于晚辈对长辈,这个词用在这里使人感到别扭。

要区别词语的感情色彩。首先,要区别词的褒贬色彩,例如,"坚定""顽强"是褒义词,"固执""顽固"是贬义词;其次,要分清语意的轻重,例如,"责备""责怪""指责""斥责"这几个词的语意一个比一个重,使用的时候要注意区分。

3）语意空泛难懂

有人喜欢自造一些别人不懂的语言。例如,"在写作过程中,'内孕飞跃'的结果是文章的内言语形态,'外化飞跃'的结果是文章的外言语形态"。句中"内孕飞跃""外化飞跃"是自造的空泛之词,使人捉摸不透,不知其真实含义。

4）用词不符合规范

例如,"级"和"届"分不清,两个概念混淆。其实,两字的含义十分明确,"级"是指入学的年份,如"九九级",即 1999 年入学的年级;"届"是指毕业的年份,如"九九届"即 1999 年毕业的年级。如果搞混了,则会出现很大的差错。

当然,汉语词汇极其丰富,要想从浩瀚的词汇海洋中,选取唯一的、合适的词语来准确地叙事、言物、表情、达意,是一项十分艰难的劳动。在写作学位论文的过程中,在没有搞清词义之前,不能轻易落笔,力求做到对每一个词都推敲一番,以保证贴切地表达自己的思想,准确地再现事物的原貌。

有的毕业学位论文语病并不是很多,但读起来显得干干巴巴、死气沉沉,这除了是论文内容方面的原因之外,还与论文作者不注意学习语言有关。

# 附录 C 《科技文献检索与分析》自测题

## 一、单项选择题

1.高等学校研究生、本科生为评定学位而撰写的论文称之为（　　）。

A.期刊论文　　　　　B.论著　　　　　　C.学位论文　　　　D.会议文献

2.在特定的时间内为了特定的目的而传递的有使用价值的信息可称之为（　　）。

A.信息　　　　　　　B.文献　　　　　　C.知识　　　　　　D.情报

3.人类从改造世界的实践中所获得的认识和经验总结可称为（　　）。

A.信息　　　　　　　B.文献　　　　　　C.知识　　　　　　D.情报

4.记录有知识的一切载体就是（　　）。

A.信息　　　　　　　B.文献　　　　　　C.知识　　　　　　D.情报

5.如果要查找一本纸质的书被收藏在什么地方,不应选择的检索工具是（　　）。

A.馆藏目录　　　　　　　　　　　　　　B.超星数字图书馆

C.图书馆书目检索系统　　　　　　　　　D.读秀知识库之图书搜索

6. ISSN 代表什么？（　　）

A.国际统一刊号　　B.国际标准书号　　C.国内邮发代号

7.中国国家标准的代码是（　　）。

A. GB　　　　　　　B. CB　　　　　　C. ZG　　　　　　　D. ISO

8.使用逻辑"或"是为了（　　）。

A.提高查全率　　　B.提高查准率　　　C.缩小检索范围　　D.提高利用率

9.使用逻辑"与"是为了（　　）。

A.提高查全率　　　B.提高查准率　　　C.提高利用率

10.发现检索结果很多,应该考虑（　　）。

A.扩大检索范围（即扩检）　　　　　　　B.缩小检索范围（即缩检）

11.发现检索结果很少甚至为零,应（　　）。

A.扩大检索范围（即扩检）　　　　　　　B.缩小检索范围（即缩检）

12. GB/T 50269—1997 是哪类标准？（　　）

A.中国国家强制性标准　　　B.中国国家推荐性标准　　　C.国家指导性文件

13.下列哪个是国际标准化组织的标准代码？（　　）

A. ISO　　　　　　B. ANSI　　　　　C. JIS　　　　　　D. BS

14.研究人员获取最新信息常用（　　）。

A.图书　　　　　　B.期刊

15.若查询会议文献,应选用的数据库是（　　）。

A. CNKI 中国重要会议论文全文数据库

B. CNKI 中国期刊全数据库

C. CNKI 中国重要报纸全文数据库

16. 以最快速度报道最新发生的事情的文献是（　　）。

　　A. 图书　　　　　　　B. 期刊　　　　　　　C. 报纸　　　　　　　D. 专利

17. 如果要对某些问题获得较全面、系统的了解，或对不熟悉的领域有初步、基本的了解，阅读下列哪类文献是较好的办法？（　　）

　　A. 期刊论文　　　　　B. 图书　　　　　　　C. 专利说明书　　　　D. 会议论文

18. 下列哪项属二次文献，亦即检索工具（　　）。

　　A. 馆藏书目　　　　　B. 专利说明书　　　　C. 科技报告　　　　　D. 会议论文

19. 题录"李人厚. 智能控制理论和方法[M]. 西安：西安电子科技大学出版社，1999." 反映的是什么类型的文献？（　　）

　　A. 科技报告　　　　　B. 学位论文　　　　　C. 技术标准　　　　　D. 图书

20. 题录"Rubaai A，Kotaru R，Kankam M D. A continually online-trained neural network controller for brushless DC motor drives[J]. Industry Applications, IEEE Transactions on,2000,36(2):475-483." 反映的是什么类型的文献？（　　）

　　A. 期刊论文　　　　　B. 会议论文　　　　　C. 学位论文　　　　　D. 科技报告

21. 题录"A Sallam，M Khafaga. Fuzzy expert system using load shedding for voltage instability control[C]. 2002 Large Engineering Systems Conference on Power Engineering, LESCOPE02,2002:125-132." 反映的是什么类型的文献？（　　）

　　A. 科技报告　　　　　B. 会议论文　　　　　C. 学位论文　　　　　D. 专利文献

22. 题录"李玉榕，乔斌. 一种集成遗传算法与模糊推理的粗糙集数据分析算法[J]. 计算机工程与应用,2002,18:199-209." 反映的是什么类型的文献？（　　）

　　A. 期刊论文　　　　　B. 会议论文　　　　　C. 学位论文　　　　　D. 图书

23. 下列哪项是由政府机构制作出版或由政府机构编辑并授权指定出版商出版的文献？（　　）

　　A. 期刊论文　　　　　B. 图书　　　　　　　C. 专利说明书　　　　D. 政府出版物

24. 进行数据库检索时，一旦发现检索结果命中记录过多，此时就应该考虑缩检。缩检的方法有（　　）。

　　A. 增加限制条件、提高主题词专指度等　　B. 减少限制条件

　　C. 增加同义词　　　　　　　　　　　　　D. 增加上位词和相关词

25. 题录"陈桐生. 中国史官文化与《史记》[D]. 西安：陕西师范大学文学研究所,1992." 反映的是什么类型的文献？（　　）

　　A. 期刊论文　　　　　B. 学位论文　　　　　C. 专利说明书　　　　D. 标准文献

26. 下列哪个数据库可检索国外学位论文？（　　）

　　A. EBSCO　　　　　　　　　　　　B. Science Direct

　　C. PQDD（或称 PQDT）　　　　　　　D. SCI

27. 下列哪项不是英文搜索引擎？（　　）

　　A. Google　　　　　　B. Altavista　　　　　C. Excite　　　　　　D. CNKI

28. Acrobat Reader 是阅读下列哪项格式文件的浏览器?(  )

  A. DOC            B. PDF            C. CAJ            D. HTML

29. 题录"Salomans O W,Jonge Poerink H J,van Slooten F,et al. A tolerancing tool based on kinematic analogies[C]//Proceedings of the 4th CIRP Design Seminar,University of Tokyo,Tokyo,Japan. 1995:5-6."反映的是什么类型的文献?(  )

  A. 期刊论文       B.图书            C.专利文献        D. 会议论文

30. 题录"盛伯浩,唐华.数控机床误差的综合动态补偿技术[J].制造技术与机床,1997(6):19-21."反映的是什么类型的文献?(  )

  A. 期刊论文       B. 图书           C.专利文献        D. 会议论文

31. 题录"王启平.机床夹具设计[M].哈尔滨:哈尔滨工业大学出版社,2002."反映的是什么类型的文献?(  )

  A. 期刊论文       B. 图书           C.专利文献        D. 会议论文

32. 题录"Yuan H,Tao Y,Lilan L,et al. A QoS-based task decomposing middleware research for Manufacturing Grid[C]//Semantics,Knowledge and Grid,2005. SKG05. First International Conference on. IEEE,2005:50-52."反映是什么类型文献?(  )

  A. 期刊论文       B. 图书           C.专利文献        D. 会议论文

33. 题录"Holland J H. Adaption in natural and artificial system[M]. Michigan:Michigan University Press,1975."反映的是什么类型的文献?(  )

  A. 期刊论文       B. 图书           C.专利文献        D. 会议论文

34.下列哪项是按规定程序制定、经公认的权威机构批准的一整套在特定范围内执行的规则、规则、技术要求等规范性文献?(  )

  A. 专利说明书     B. 科技报告       C. 标准文献       D. 图书

35. PQDD 是检索下列哪种文献类型的数据库?(  )

  A. 期刊论文       B. 学位论文       C. 专利文献       D. 会议论文

36.下面哪种方法是用截断的词的一个局部进行检索,并认为凡满足这个词局部中的所有字符(串)的文献,都为命中的文献?(  )

  A. 位置运算方法       B.布尔逻辑运算方法       C. 截词检索方法

37.(  )是人们利用信息系统获取所需信息的内在动因,具体表现为对信息的敏感性、选择能力、消化吸收能力以及对信息的持久的注意力。

  A. 信息意识       B. 信息能力       C.信息道德

38.(  )是指在整个信息活动中,调节信息创造者、信息服务者、信息使用者之间关系的行为规范的总和。

  A. 信息意识       B. 信息能力       C.信息道德

39.(  )是反映该单位各种文献入藏情况的书目数据库,通过它可以查询某一文献在该单位是否有收藏、索取号是什么?

  A. 馆藏目录查询系统       B. 期刊数据库       C.学位论文数据库

40.对一次文献进行再加工,通过整理、提炼和压缩,并按其外部特征(题名、作者、文献物理特征)和内容特征序化,形成的另一种新的文献形式(如目录、文摘、索引、题录)叫作(  )。

A. 零次文献　　　　B. 一次文献　　　　C. 二次文献　　　　D. 三次文献

41. 表示其前后连接的检索词必须同时出现在检索结果中的逻辑运算符是(　　　)。

A. 逻辑"或"　　　　B. 逻辑"与"　　　　C. 逻辑"非"　　　　D. 截词符

42. 表示其前后连接的检索词至少其中之一出现在检索结果中的逻辑运算符是(　　　)。

A. 逻辑"或"　　　　B. 逻辑"与"　　　　C. 逻辑"非"　　　　D. 截词符

43. 表示其前连接的检索词必须出现在检索结果中,但其后连接的检索词不能出现在检索结果中的逻辑运算符是(　　　)。

A. 逻辑"或"　　　　B. 逻辑"与"　　　　C. 逻辑"非"　　　　D. 截词符

44. 若想让 produce、product、production、productivity 出现在检索结果中,应使用的逻辑运算符是(　　　)。

A. 逻辑"或"　　　　B. 逻辑"与"　　　　C. 逻辑"非"　　　　D. 截词符

45. 若想 climate change 和 air pollution 同时出现在检索结果中且相隔不超过 n 个字,应使用的逻辑运算符是(　　　)。

A. 逻辑"或"　　　　B. 逻辑"与"　　　　C. 逻辑"非"　　　　D. 位置算符

46. 在大多数外文数据库中,若想检索结果中出现的 information search behavior 与检索式中的一模一样,应该使用的逻辑运算符是(　　　)。

A. 截词符　　　　B. 双引号　　　　C. 通配符　　　　D. 位置算符

47. 在 CNKI 中国期刊全文数据库中,检索式"TI＝(老子＋孔子)＊教育＊思想"中,加号(＋)表示的是(　　　)。

A. 逻辑"与"　　　　B. 逻辑"或"　　　　C. 逻辑"非"　　　　D. 位置算符

48. 具有文献传递功能的数据库是(　　　)。

A. CNKI 中国知网　　　　　　　　　B. 方正 Apabi 数字图书馆

C. 读秀知识库　　　　　　　　　　　D. 书生之家数字图书馆

49. 题录"陈晓春,张存达. 低碳发展的失灵现象与对策研究[J]. 西南民族大学学报:人文社会科学版,2011(4):160-164"中的[J]表示的是(　　　)。

A. 图书　　　　B. 专利　　　　C. 标准　　　　D. 期刊

50. 题录"傅璇琮,谢灼华. 中国藏书通史[M]. 宁波:宁波出版社,2001."中的[M]表示的是(　　　)。

A. 图书　　　　B. 专利　　　　C. 标准　　　　D. 期刊

51. 题录"江苏大学,江苏大学机电总厂有限公司. 一种柴油机飞锤配对电子称重装置:中国,CN200810234309.1[P]. 2009-04-15"中的[P]表示的是什么文献?(　　　)

A. 图书　　　　B. 专利　　　　C. 标准　　　　D. 期刊

52. 题录"中国力学学会. 第 3 届全国实验流体力学学术会议论文集[C]. 天津:天津大学出版社,1990."中的[C]表示的是什么文献?(　　　)

A. 图书　　　　B. 专利　　　　C. 标准　　　　D. 会议文献

53. 题录"国务院新闻办公室. 中国的粮食问题[N]. 人民日报,1996-10-25(2)."中的[N]表示的是什么文献?(　　　)

A. 图书　　　　B. 专利　　　　C. 报纸　　　　D. 会议文献

54. 题录"吴婧. 上市公司负债融资治理效应研究[D]. 镇江:江苏大学,2007."中的[D]

表示的是什么文献？（　　　）

    A. 图书               B. 学位论文          C. 报纸          D. 会议文献

55. 题录"国家质检总局. GB/T 9553—1993 井冈霉素水剂[S]. 北京:中国标准出版社,1993."中的[S]表示的是什么文献？（　　　）

    A. 图书               B. 学位论文          C. 标准          D. 会议文献

56. 题录"蔡三军. 结直肠肛管癌[M]. 北京:北京大学医学出版社,2006."中的[M]表示的是什么文献？（　　　）

    A. 图书               B. 学位论文          C. 标准          D. 会议文献

57. 题录"明志兵,丁文彬,袁瑞凡. 人造动静脉内瘘血栓后介入治疗的疗效分析[J]. 中国医学影像学杂志,2011,19(2):118-120."中的[J]表示的是什么文献？（　　　）

    A. 图书               B. 学位论文          C. 标准          D. 期刊

58. 题录"金文法. 耳用植物蜡烛及制备方法:中国,CN02116006.6 [P]. 2003-01-01.",其中[P]是什么文献类型代码？（　　　）

    A. 图书               B. 学位论文          C. 专利          D. 期刊

59. 在 CNKI 中国期刊全文数据库中,检索式"TI＝(老子＋孔子) ＊ 教育 ＊ 思想"中,星号 ＊ 表示的是（　　　）。

    A. 逻辑"与"(表示并且)               B. 截词检索

    C. 逻辑"非"                     D. 位置算符

60. 在 CNKI 中国期刊全文数据库中,检索式"TI＝新会计准则 ＊ (企业＋公司) ＊ 影响 －(利润＋盈利)"中,减号－表示的是（　　　）。

    A. 逻辑与(表示并且)              B. 截词检索

    C. 逻辑非(表排除)              D. 位置算符

61. 在 Google 或百度中精确检索关于"虚拟技术在内燃机中的应用"方面的 PDF 格式的文件,最宜使用下列哪一检索式？（　　　）

    A. file type:pdf 虚拟技术在内燃机中的应用

    B. file type:jpg "虚拟技术在内燃机中的应用"

    C. file type:ppt 虚拟技术在内燃机中的应用

    D. file type:pdf? "虚拟技术在内燃机中的应用"

62. 你打开了一个外文网站,但看不懂,通过哪种途径你能够最快速地读懂该网页呢？（　　　）

    A. Google 语言工具中的"翻译网页"功能

    B. 金山词霸的屏幕取词功能

63. 若要检索"2011 年亚太青年通信学术会议"上的论文,应选择哪个数据库（　　　）。

    A. 中国重要会议全文数据库

    B. CNKI 中国期刊全文数据库

    C. 中国学位论文数据库

64. 能检索到标准文献的信息源是（　　　）。

    A. 中国标准服务网(CSSN)

    B. 中华人民共和国知识产权局网站

C.重庆维普数据库

65.下列哪种工具书最适宜用来查找唐代宰相马周的相关事迹（　　）。

A.《二十五史人名大词典》　　　　　　B.《事物异名分类词典》

C.《中国山水文化大观》　　　　　　　D.《中国丝绸之路辞典》

66.下列哪项标准最具法律强制性执行效力（　　）。

A. GB/T 2821—2003,齿轮几何要素代号

B. GB 748—2005,抗硫酸盐硅酸盐水泥

C. GB/Z 6829—2008,剩余电流动作保护电器的一般要求

67.中国图书馆分类法是（　　）。

A.学科分类法　　　　B.功能分类法　　　　C.主题分类法

68.手稿、私人笔记等属于（　　）。

A.零次文献　　　　B.一次文献　　　　C.二次文献　　　　D.三次文献

69.辞典、手册等属于（　　）。

A.零次文献　　　　B.一次文献　　　　C.二次文献　　　　D.三次文献

70.下列属于一次文献的是（　　）。

A.题录　　　　　　B.辞典　　　　　　C.文摘　　　　　　D.期刊论文

71."沈征.注册会计师审计[M].上海:格致出版社,2008:35-37."该题录反映的是什么类型的文献？（　　）

A.期刊论文　　　　B.图书　　　　　　C.学位论文　　　　D.专利文献

72."孔玉生,陶明.我国资本市场机构投资者参与公司治理研究[J].会计之友,2008(33):107-108."该题录反映的是什么类型的文献？（　　）

A.期刊论文　　　　B.图书　　　　　　C.学位论文　　　　D.专利文献

73.通过（　　）可以准确确定图书在书架上的位置。

A.索书号　　　　　B.分类号　　　　　C.IPC 号　　　　　D. ISBN 号

E. ISSN 号

74. CNKI 中国期刊全文数据库在（　　）范围内可以使用。

A.互联网　　　　B.只有在校园网 IP 地址范围内才行

75.中华人民共和国知识产权局专利数据库在（　　）范围就内可以使用。

A.互联网　　　　B.只有在校园网 IP 地址范围内才行

76.中国标准服务网(CSSN)在（　　）范围内就可以使用。

A.互联网　　　　B.只有在校园网 IP 地址范围内才行

77.重庆维普数据库在（　　）范围内可以使用。

A.互联网　　　　B.只有在校园网 IP 地址范围内才行

78.美国专利数据库 USPTO 在（　　）范围内可以使用。

A.互联网　　　　　B.只有在校园网 IP 地址范围内才行

79.欧洲专利数据库在（　　）范围内可以使用。

A.互联网　　　　　B.只有在校园网 IP 地址范围内才行

80.中国博(硕)士学位论文数据库在（　　）范围内可以使用。

A.互联网　　　　　B.只有在校园网 IP 地址范围内才行

81. PQDD 学位论文文摘库在( )范围内可以使用。

A. 互联网　　　　　B. 只有在校园网 IP 地址范围内才行

82. "Abbey R, Richards M. A practical approach to commerical conveyancing & property[M]. Oxford University Press,2003."该题录反映的是什么类型的文献？( )

A. 期刊论文　　　B. 图书　　　　　C. 会议文献　　　D. 专利文献

E. 科技报告

83. 就整体而言,网上信息资源的特点之一是( )。

A. 学术性高　　　B. 可靠性高　　　C. 较具权威性　　　D. 良莠不齐

84. URL 的机构性质域名中属于政府机构的有( )。

A. com　　　　　B. gov　　　　　C. org　　　　　D. edu

85. URL 的机构性质域名中属于教育机构的有( )。

A. com　　　　　B. gov　　　　　C. org　　　　　D. edu

86. URL 的机构性质域名中属于工商企业的有( )。

A. com　　　　　B. gov　　　　　C. org　　　　　D. edu

87. URL 的国家或地区代码域名中表示中国的有( )。

A. cn　　　　　　B. uk　　　　　C. de　　　　　　D. jp

88. URL 的国家或地区代码域名中表示日本的有( )。

A. cn　　　　　　B. uk　　　　　C. de　　　　　　D. jp

89. URL 的国家或地区代码域名中表示中国台湾的有( )。

A. cn　　　　　　B. uk　　　　　C. tw　　　　　　D. jp

90. URL 的国家或地区代码域名中表示中国香港的有( )。

A. cn　　　　　　B. uk　　　　　C. tw　　　　　　D. hk

91. URL 的国家或地区代码域名中表示美国的有( )。

A. cn　　　　　　B. us　　　　　C. tw　　　　　　D. hk

92. URL 的国家或地区代码域名中表示英国的有( )。

A. uk　　　　　　B. us　　　　　C. tw　　　　　　D. hk

93. http://www.materialsone.com,其主办者属于( )。

A. 网络信息服务商　B. 公司企业　　　C. 教育部门　　　D. 行业协会

94. 使用百度搜索引擎查找某一课题,希望在同一网页中同时出现某两个检索词,这两个词之间应使用算符( )。

A. 加号＋　　　　　B. 星号 *　　　　　C. 减号－

95. 使用百度搜索引擎查找某一课题,希望在同一网页中只出现 A 词而不出现 B 词,A、B 这两个词之间应使用算符( )。

A. 加号＋　　　　　B. 星号 *　　　　　C. 减号－

96. 在 CNKI 中国期刊全文数据库专业检索中,题名字段中检索明代科举制度方面的论文,检出结果最全的是( )。

A. TI＝(明代＋明朝)*科举 * 制度

B. TI＝(明代＋明朝＋明王朝)*科举 *(制度＋体制)

C. TI＝(明代＋明初＋明末＋明王朝＋明朝＋明中期＋明)*科举 *(制度＋体制)

97. 在 CNKI 中国期刊全文数据库专业检索中,题名字段中检索我国武术起源方面的论文,检出结果最多的是(　　　)。

A. TI＝中国＊武术＊起源

B. TI＝(中国＋我国＋中华)＊(武术＋武艺)＊(起源＋源头)

C. TI＝(中国＋中华)＊武术＊(起源＋源头)

98. 在重庆维普科技期刊数据库中,题名字段中检索大学生网络游戏成瘾方面的论文,检出结果最多的是(　　　)。

A. 题名＝(网络游戏＋网游)＊(大学生＋高校生)＊(成瘾＋上瘾＋着迷＋痴迷＋迷恋)

B. 题名＝(网络游戏＋网游)＊(大学生＋大学学生)＊(成瘾＋上瘾)

C. 题名＝网络游戏＊(大学生＋本科生)＊(成瘾＋上瘾＋着迷＋痴迷＋迷恋)

D. 题名＝(网络游戏＋网游)＊(大学生＋本科生＋大学学生＋高校学生＋高校生)＊(成瘾＋上瘾＋着迷＋痴迷＋迷恋)

99. 在 CNKI 中国期刊全文数据库专业检索中,题名字段中检索管仲改革方面的论文,检出结果最多的是(　　　)。

A. TI＝(管仲＋管子)＊(改革＋变革＋革新＋变法)

B. TI＝管仲＊(改革＋变革＋革新)

C. TI＝(管仲＋管子)＊改革

100. 在 CNKI 中国期刊全文数据库专业检索中,题名字段中检索汉武帝秋风辞方面的论文,检全率最高的是(　　　)。

A. TI＝汉武帝＊秋风辞

B. TI＝(汉武帝＋刘彻)＊秋风辞

C. TI＝刘彻＊秋风辞

101. 在 CNKI 中国期刊全文数据库中,题名字段中查找压力机方面的综述性论文但要排除多工位压力机方面的,检全率最高的是(　　　)。

A. TI＝压力机＊(综述＋述评＋评述＋概况＋概述＋评论)－多工位

B. TI＝压力机＊(综述＋述评＋评述＋概况＋概述＋评论＋现状＋趋势＋发展)－多工位

C. TI＝压力机＊(综述＋述评＋评述)－多工位

102. 在中国知识产权局专利信息服务平台中,专利名称字段中检索笔记本电脑方面的专利,检全率最高的是(　　　)。

A. TI＝(笔记本 or 手提 or 掌上 or 便携式)and 电脑

B. TI＝(笔记本 or 手提 or 掌上 or 便携式)and(电脑 or 计算机)

C. TI＝(笔记本 or 手提)and(电脑 or 计算机)

103. 由于校名历经更迭,在这种情况下,若要查找江苏省某高校张永康教授所发的论文,下列哪一检索式查全率最高(　　　)。

A. 地址＝Jiangsu university and 作者＝zhang yk

B. 地址＝Jiangsu university ＊ and 作者＝zhang yk

C. (地址＝Jiangsu University of Science and Technology)and 作者＝zhang yk

104. "GB 20071—2006,汽车侧面碰撞的乘员保护"这一标准是哪年颁布的?（　　）

A. 2007 年　　　　B. 2006 年

105. 在 CNKI 中国学术期刊网络出版总库的专业检索中,要检索盐城工学院王勾老师所发表的论文,检全率更高的是（　　）。

A. AU＝王勾 and AF＝盐城工学院＋盐城工业专科学校

B. AU＝王勾 and AF＝盐城工学院 ＊ 盐城工业专科学校

## 二、判断题

106. 分类法语言从检索功能上来说侧重于族性检索。（　　）

107. CNKI 中国学术期刊全文数据库可用于检索整本图书的内容。（　　）

108. 中文检索界面的外文数据库中,也可以输入中文进行检索。（　　）

109. "GB/T 16977—1997,工业机器人坐标系和运动命名原则"是我国一项推荐性的国家标准。（　　）

110. 文献是记录知识的载体,因此各种光盘数据库、网络数据库也属于文献的范畴。（　　）

111. 二次文献是利用、选择有关的一次文献,再加以分析、综合而编写出来的专题报告、综述、进展以及手册、百科全书、年鉴等工具书。（　　）

112. 如果要对某些问题获得较全面、系统的了解,或对不熟悉的领域有个初步、基本的了解,阅读期刊论文是个较好的办法。（　　）

113. 情报是信息,但信息不一定是情报。（　　）

114. 知识是信息,但信息不一定是知识。（　　）

115. 文献是知识,但知识不一定是文献。（　　）

116. 情报可能是知识,可能是文献,但文献、知识不一定是情报。（　　）

117. 期刊是连续刊印的出版物,不出意外将永远出版下去。（　　）

118. 零次文献是指未经出版发行的或未以公开形式进入社会交流的最原始的文献。（　　）

119. 截词检索是指在检索式中用专门的符号（截词符号）表示检索词的某一部分,允许有一定的词形变化。（　　）

120. 主要的布尔逻辑关系符有三种:逻辑"与"、逻辑"或"、逻辑"非"。（　　）

121. 参考工具书是指根据人们的需要,把某一范围的知识或资料加以分析、综合或浓缩,并按一定的排检方法编排,以备查阅、参考,用以解决有关事实和数据方面的疑难问题的图书。（　　）

122. 年鉴是系统汇集一年内的主要时事文献、学科进展情况、研究成果及有关统计资料,提供详尽的事实、数据和统计数字,反映近期政治、经济发展的动向及科学文化进步的年度出版物。（　　）

123. 百科全书是荟萃人类一切知识门类或某一学科知识的完备的工具书。（　　）

124. 词典是汇集语言里的词语,主要解释词语的概念、意义及其用法,并按照一定的方法编排,以便查阅的工具书。（　　）

125. 文献综述是一种文献信息调研报告,又是学术论文的一种形式。它是通过全面系统的搜集某一特定研究领域的全部或大部分相关文献资料,并在阅读、理解、分析、比较、归纳的基础上,对该课题的发展过程、发展趋势及存在的问题等,进行全面介绍、综合分析和评论而形成的一种不同于一般论文的文体。(    )

126.图书一般分为阅读型图书和工具型图书。(    )

127.对于特定的课题,使用相同的检索策略在不同的数据库中检索,其结果可能有较大的区别。(    )

128.位置算符与截词符的检索功能一样,都可以限制检索词之间的位置关系,提高检准率。(    )

129.互联网上的任何用户都可以检索某校的图书馆书目检索系统。(    )

## 三、不定项选择题

130.按文献载体的物理形态划分,文献可以分为(    )。
A.印刷型　　　　　B.缩微型　　　　　C.电子型　　　　　D.声像-视听型

131.信息表现形式有(    )。
A.知识　　　　　B.情报　　　　　C.文献

132.期刊的特点有哪些?(    )
A.出版周期短　　B.内容新　　　　C.连续性强　　　D.紧跟时代研究步伐

133.书的"身份证"代码是什么?(    )
A.国际统一刊号　B.国际标准书号　C.ISBN 号　　　D.国内邮发代号

134.下列属于文献外部特征的有(    )。
A.分类号　　　　B.关键词　　　　C.作者　　　　　D.出版机构

135.以下哪种文献属于特种文献(    )。
A.专利文献　　　B.标准文献　　　C.图书　　　　　D.期刊

136.以下哪种文献不属于特种文献(    )。
A.图书　　　　　B.期刊　　　　　C.政府出版物　　D.档案文献

137.图书的特点是(    )。
A.为连续出版物　　　　　　　　B.出版速度非常快
C.内容比较成熟、定型　　　　　D.出版周期比较长

138.检索工具包括(    )。
A.目录　　　　　B.文摘　　　　　C.索引　　　　　D.题录

139.参考工具主要包括(    )。
A.百科全书　　　B.手册　　　　　C.年鉴　　　　　D.字典

140.按截断的位置来分,截词可分为(    )。
A.后截断　　　　B.前截断　　　　C.中间截断

141.下列哪些属于信息道德的范畴(    )。
A.不侵犯他人的知识产权　　　　B.不侵犯他人的隐私权
C.不非法进入未经允许的系统　　D.不制作、不传播、不消费不良信息

142.在 Google 或百度中,要检索高等数学方面的课件,应使用的检索式是(    )。
A.file type:PDF 高等数学　　　　B.file type:ppt 高等数学

C. 高等数学 file type:ppt　　　　　　　　D. file type:高等数学

143. 在 Google 或百度中,要检索 PDF 格式的《文后参考文献著录规则》这一文档,应使用的检索式是(　　　)。

A. file type:PDF 文后参考文献著录规则　B. 文后参考文献著录规则 file type:PDF

C. 文后参考文献著录规则 file type:ppt　　D. file type:ppt 文后参考文献著录规则

144. 用"＊computer"去检索,结果中可能有(　　　)。

A. computer　　　　B. microcomputer　　C. supercomputer　　D. computerization

145. 用"col＊r"去检索,结果中可能有(　　　)。

A. color　　　　　　B. colour　　　　　　C. cola　　　　　　D. cold

146. 在重庆维普科技期刊数据库中,检索式"关键词＝(唐代＋唐朝＋大唐)＊女＊教育"中,检索词"女"在检索结果中可能以下列哪些词出现(　　　)。

A. 男女　　　　　　B. 女子　　　　　　C. 女性　　　　　　D. 妇女

E. 女孩　　　　　　F. 女童　　　　　　G. 女医

147. 检索式"AU＝zhang yk or zhang y. k. or zhang yongkang or zhang yong kang or zhang yong-kang or yongkang zhang"是什么意思?(　　　)

A. 检索作者字段中含有"张永康"的文献

B. 检索作者字段中含有"章永康"的文献

C. 检索作者字段中含有"张涌康"的文献

D. 检索作者字段中含有"章涌康"的文献

148. 下列属于国家强制性标准的是(　　　)。

A. GB/T 2821—2003,齿轮几何要素代号

B. GB 748—2005,抗硫酸盐硅酸盐水泥

C. GB 9690—2009,食品容器、包装材料用三聚氰胺-甲醛成型品卫生标准

D. GB/Z 6829—2008,剩余电流动作保护电器的一般要求

149. 下列属于国家推荐性标准的(　　　)。

A. GB/T 2821—2003,齿轮几何要素代号

B. GB 748—2005,抗硫酸盐硅酸盐水泥

C. GB/T 7714—2005,文后参考文献著录规则

D. GB/Z 6829—2008,剩余电流动作保护电器的一般要求

150. 检索客车底盘或货车底盘或三轮车底盘或摩托车底盘的相关文献,宜使用下列哪一检索式?(　　　)

A. (客车＊货车＊三轮车＊摩托车)＋底盘

B. (客车＋货车＋三轮车＋摩托车)＊底盘

C. (客车＊货车＊三轮车＊摩托车)＊底盘

D. 客车＊底盘＋货车＊底盘＋三轮车＊底盘＋摩托车＊底盘

151. 从古至今充当过文献载体的是(　　　)。

A. 竹简　　　　　　B. 木椟　　　　　　C. 羊皮纸　　　　　D. 绢帛

E. 纸张　　　　　　F. 磁盘　　　　　　G. 光盘

152. 你想要的文献在数据库和图书馆各阅览室和书库中都没有收藏,网上书店也没有,

通过网络搜索引擎也没找到,那你或许可以通过以下哪种途径获取该文献(　　　)。

　　A.到图书馆联系原文传递工作的馆员获取

　　B.通过读秀学术搜索的文献传递功能获取

153.在 CNKI 中国期刊全文数据库中,若要检索以"中国国家自然科学基金"名义发表的论文,在基金字段中应选用哪些检索词(　　　)。

　　A.国家自然科学基金　　　　　　　　B.国家自科基金

　　C.国家自然基金　　　　　　　　　　D.国家社会科学基金

154.若想查找你所学专业有哪些中文核心期刊,可以通过哪些途径查找?(　　　)

　　A.馆藏纸本的中文核心期刊要目总览

　　B.CNKI 中国知网的期刊大全

　　C.利用搜索引擎上网查找中文核心期刊要目总览

155.(　　　)不属于公开出版物?

　　A.档案文献　　　　B.手稿　　　　C.私人笔记　　　　D.会议文献

　　D.期刊论文　　　　E.图书

156.(　　　)属于连续出版物。

　　A.图书　　　　　　B.期刊　　　　C.报纸　　　　　　D.会议文献

　　E.专利文献　　　　F.标准文献

157.下列属于外文数据库的是(　　　)。

　　A.CNKI　　　　　　B.EBSCO　　　C.Science Direct　　D.重庆维普

158.使用(　　　)算符,可以增加检出的结果。

　　A.截词符　　　　　B.位置算符　　C.逻辑"与"　　　　D.逻辑"或"

159.对于检索结果过多的情况,其原因可能是(　　　)。

　　A.使用了过多的截词方法　　　　　　B.应用逻辑"与"的时候误用了逻辑"或"

　　C.应用逻辑"或"的时候误用了逻辑"与"　D.使用了太多的位置算符

160.对于检索结果过少的情况,原因可能是(　　　)。

　　A.使用截词符　　　　　　　　　　　B.使用了位置算符

　　C.应用逻辑"或"的时候误用了逻辑"与"　D.应用逻辑"与"的时候误用了逻辑"或"

161.正确著录文后参考文献的重要性是(　　　)。

　　A.体现学术研究的承前启后

　　B.反映作者的学术道德

　　C.反映作者的学术态度

162.在 CNKI 中国期刊全文数据库专业检索中,题名字段中检索司法体制改革方面的论文,检全率最高的是(　　　)。

　　A.TI＝司法＊(体制＋体系＋制度)＊(改革＋变革＋革新)＋司法＊改制

　　B.TI＝司法＊(体制＋体系＋制度)＊(改革＋变革＋革新)

　　C.TI＝司法＊改制

　　D.TI＝司法＊((体制＋体系＋制度)＊(改革＋变革＋革新)＋改制)

163.信息意识的表现形式有(　　　)。

　　A.信息价值意识　　　　B.信息吸收意识　　　　C.信息保密意识

D. 信息成果意识　　　　　　E. 信息污染防治意识　　　　F. 信息更新意识

164. 信息能力可以体现在哪些方面（　　　）。

　　A. 信息组织能力　　　　　　B. 信息检索能力　　　　　C. 信息获取能力

　　D. 信息传递能力　　　　　　E. 信息分析能力

165. 在文后参考文献著录作者姓名时,应注意（　　　）。

　　A. 作者姓名超过三个的,只著录前三个,第三个作者后,应添加",等",或者",et al."

　　B. 西文作者的姓名,应注意写成"姓"前"名"后

　　C. 作者与作者之间,应使用",",而不应使用";"

166. 中国专利法所指专利包括（　　　）。

　　A. 外观　　　　　B. 实用新型　　　　C. 植物专利　　　　D. 发明

167. 专利法中所称的发明人或设计人是指（　　　）。

　　A. 对发明创造做出实质性贡献的人　　B. 负责组织工作的领导

　　C. 为物质条件提供便利的人　　　　　D. 其他辅助性工作的人

168. 专利法所称外观设计,是指对产品（　　　）所作出的富有美感并适于工业应用的新设计。

　　A. 形状　　　　　B. 图案　　　　C. 形状、图案的结合 D. 色彩

169. 发明及实用新型说明书应当包括下列内容（　　　）。

　　A. 技术领域、背景技术、发明内容、附图说明、具体实施方式

　　B. 技术领域、背景技术、发明内容

　　C. 背景技术、发明内容、附图说明、具体实施方式

　　D. 背景技术、发明内容、附图说明

170. 发明专利权的期限（　　　）。

　　A. 二十年　　　　　B. 十年　　　　　C. 十五年　　　　　D. 五年

171. 实用新型和外观设计专利权的期限（　　　）。

　　A. 二十年　　　　　B. 十年　　　　　C. 十五年　　　　　D. 五年

172. 根据专利法,授予专利权发明或实用新型,应当具有（　　　）。

　　A. 新颖性　　　　　B. 创造性　　　　　C. 实用性　　　　　D. 实施性

173. 下列哪个号码是进入中国国家阶段的 PCT（《专利合作条约》）发明专利申请的申请号？（　　　）

　　A. 200710077832.3　B. 200930143483.0　C. 200480002090.2　D. 200490000001.3

174. 要检索"通用电气公司"在中国申请的有关"医用核磁共振成像"的技术主题,该技术主题对应的 IPC 类号为 A61B5/055,应该（　　　）。

　　A. 在"分类号"中输入:A61B5/055,同时在"申请(专利权)人"中输入:通用电气

　　B. 在"优先权"中输入:医用 and 核磁 and 共振成像,同时在"申请(专利权)人"中输入:通用电气

　　C. 在"主分类号"中输入:A61B5/055,同时在"申请(专利权)人"中输入:通用电气

　　D. 在"摘要"或"名称"中输入:医用 and 核磁 and 共振成像,同时在"申请(专利权)人"中输入:通用电气

175. 要检索有关稀土荧光材料的国外专利信息,可通过以下哪些途径进行？（　　　）

A. 查找"稀土荧光材料"对应的英文主题词,用英文词在"espacenet"数据库中进行检索

B. 用"稀土荧光材料"的中文主题词查出一些中国专利文献,然后找出所对应的 IPC 分类号;用分类号在"espacenet"数据库中进行检索

C. 查找国外有关公司的名称,用公司的名称在"espacenet"数据库中进行检索

D. 查找"稀土荧光材料"对应的英文主题词,通过查阅科技文献

176. 专利授权公告号:CN 100560928Y,其中字母 Y 代表(    )。

A. 实用新型专利权部分无效宣告的公告    B. 发明专利授权公告

C. 发明专利权部分无效宣告的公告    D. 发明专利申请公布

177. 专利申请号:200820000517.9,其中数字 2 的意思是(    )。

A. 发明专利    B. 实用新型    C. 外观设计

178. 我国某项专利授权公告号为 CN1015763A,其中 A 代表的是(    )。

A. 实用新型专利权部分无效宣告的公告    B. 发明专利授权公告

C. 发明专利权部分无效宣告的公告    D. 发明专利申请公布

179. 美国的四大科技报告是(    )。

A. PB 报告    B. AD 报告    C. NASA 报告    D. DOE 报告

180. 关于图书馆,下列说法正确的是(    )。

A. 图书馆是信息资源建设与服务中心

B. 图书馆是实现知识平等的社会保障机构

C. 图书馆是以业务工作为主体的服务实体

D. 图书馆是政府信息公开的场所之一

# 附录 D 《科技文献检索》课程设计

# 文献检索与综述

题　　名：＿＿＿＿＿＿＿＿＿＿＿＿＿＿＿

　　　　　＿＿＿＿＿＿＿＿＿＿＿＿＿＿＿

英文题名：＿＿＿＿＿＿＿＿＿＿＿＿＿＿＿

　　　　　＿＿＿＿＿＿＿＿＿＿＿＿＿＿＿

姓　　名：＿＿＿＿＿＿＿＿＿＿＿＿＿＿＿

学　　号：＿＿＿＿＿＿＿＿＿＿＿＿＿＿＿

班　　级：＿＿＿＿＿＿＿＿＿＿＿＿＿＿＿

得　　分：＿＿＿＿＿＿＿＿＿＿＿＿＿＿＿

指导教师：＿＿＿＿＿＿＿＿＿＿＿＿＿＿＿

年　　　月　　　日

盐城工学院图书馆文献检索教研室制

**注意事项：**

（1）上机实习及课程设计的选题方向必须和老师指定的课题名称一致，检索数据库的范围主要包括：中国学术期刊全文数据库（CNKI）、中文科技期刊全文数据库（VIP）、独秀知识库（图书）、中国优秀硕士/博士论文数据库（CNKI）、中国专利知识产权局（SIPO）、爱思唯尔英文期刊全文数据库（Elsevier SD）、施普林格学术期刊全文数据库（Springer）等，并按照数据库检索的格式要求填写检索词和检索表达式，准确填写检索结果。

（2）按照检索要求检索所得的文献，按照综述性文献和密切相关文献进行分类，然后按照文献检索的格式要求，进行文献信息的摘录和翻译，所有摘录并复制的网页内容务必在"记事本"中取消格式后，再粘贴到课程设计的作业中。

（3）第一至第三大题为上机实习的内容，请按照上机实习的要求进行检索，并按照上机实习的时间节点要求发送到指定信箱中，邮件名称务必为：学号＋姓名。

（4）按照课程设计的要求（包括第一至第四大题），认真进行检索和文献综述的撰写，并按文本的格式要求进行排版，检索不符合课程设计要求或者排版不符合格式要求的，一律作不合格处理；

（5）在正式提交的打印稿中，请务必删除"注意事项"等辅助性文字，再进行课程设计的送稿及打印；

（6）课程设计按照检索要求和规定格式完成后，采用 16K 纸进行打印并装订，于指定日期前，由各班班长统一收齐后送至指定地点，格式没有按照要求、课程设计雷同或者没有按时完成者，一律作不及格处理！

一、课题分析

(1)涉及的技术领域：＿＿＿＿＿＿＿＿＿（提供所涉及的、不少于三种的技术领域,并标明各技术领域在中图分类法中的三级分类。)

(2)研究内容(包括要解决的关键性问题,字数在 200～300 字之间)：

(3)中英文关键词(分别不得少于 3 个)：

中文关键词：

英文关键词：

(4)中英文逻辑检索表达式(检索表达式的组配方式不少于 3 种)：

中文检索表达式：

①＿＿＿＿＿＿＿＿＿＿＿＿＿＿＿＿＿＿＿＿＿＿＿＿＿＿＿＿＿＿＿＿＿＿＿＿＿＿＿＿；

②＿＿＿＿＿＿＿＿＿＿＿＿＿＿＿＿＿＿＿＿＿＿＿＿＿＿＿＿＿＿＿＿＿＿＿＿＿＿＿＿；

③＿＿＿＿＿＿＿＿＿＿＿＿＿＿＿＿＿＿＿＿＿＿＿＿＿＿＿＿＿＿＿＿＿＿＿＿＿＿＿＿；

④＿＿＿＿＿＿＿＿＿＿＿＿＿＿＿＿＿＿＿＿＿＿＿＿＿＿＿＿＿＿＿＿＿＿＿＿＿＿＿＿。

英文检索表达式：

①＿＿＿＿＿＿＿＿＿＿＿＿＿＿＿＿＿＿＿＿＿＿＿＿＿＿＿＿＿＿＿＿＿＿＿＿＿＿＿＿；

②＿＿＿＿＿＿＿＿＿＿＿＿＿＿＿＿＿＿＿＿＿＿＿＿＿＿＿＿＿＿＿＿＿＿＿＿＿＿＿＿；

③＿＿＿＿＿＿＿＿＿＿＿＿＿＿＿＿＿＿＿＿＿＿＿＿＿＿＿＿＿＿＿＿＿＿＿＿＿＿＿＿；

④＿＿＿＿＿＿＿＿＿＿＿＿＿＿＿＿＿＿＿＿＿＿＿＿＿＿＿＿＿＿＿＿＿＿＿＿＿＿＿＿。

二、选择检索工具并检索、记录、整理检索结果

1.检索工具及检索结果

(1)中国知网之中国学术期刊全文数据库(检索时间范围:2000—2011 年)。

检索过程:采用检索表达式①,检索结果＿＿＿＿＿＿＿篇;

采用检索表达式②,检索结果＿＿＿＿＿＿＿篇;

采用检索表达式③,检索结果＿＿＿＿＿＿＿篇;

采用检索表达式④,检索结果＿＿＿＿＿＿＿篇。

检索分析:通过检索结果的比较和分析,该课题的标准检索表达式为:＿＿＿＿＿＿＿

＿＿＿＿＿＿＿＿＿＿＿＿＿＿＿＿＿＿＿＿＿＿＿＿＿＿＿＿,检索结果为＿＿＿＿＿篇文献。

二次检索:由于检索的文献的数量比较多,应用检索词＿＿＿＿＿＿＿做进一步限制检索:二次检索后获得检索结果为＿＿＿＿＿＿＿篇。

(2)中文科技期刊全文数据库(检索时间范围:2000—2011 年)。

检索过程:采用检索表达式①,检索结果＿＿＿＿＿＿＿篇;

采用检索表达式②,检索结果＿＿＿＿＿＿＿篇;

采用检索表达式③,检索结果＿＿＿＿＿＿＿篇;

采用检索表达式④,检索结果＿＿＿＿＿＿＿篇。

检索分析:通过检索结果的比较和分析,该课题的标准检索表达式为:＿＿＿＿＿＿＿

＿＿＿＿＿＿＿＿＿＿＿＿＿＿＿＿＿＿＿＿＿＿＿＿＿＿,检索结果为＿＿＿＿＿篇文献。

二次检索:由于检索的文献数量比较多,应用检索词_____做进一步限制检索:二次检索后获得检索结果为_____篇。

(3)独秀知识库(检索时间范围:2000—2011 年,检索模式:内容检索)。

检索过程:采用检索表达式①,检索结果_____篇;
　　　　　采用检索表达式②,检索结果_____篇;
　　　　　采用检索表达式③,检索结果_____篇;
　　　　　采用检索表达式④,检索结果_____篇。

检索分析:通过检索结果的比较和分析,该课题的标准检索表达式为:_____
_____,检索结果为_____篇文献。

二次检索:由于检索的文献数量比较多,应用检索词_____做进一步限制检索:二次检索后获得检索结果为_____篇。

(4)中国优秀硕士/博士论文全文数据库(检索时间范围:2000—2011 年)。

检索过程:采用检索表达式①,检索结果_____篇;
　　　　　采用检索表达式②,检索结果_____篇;
　　　　　采用检索表达式③,检索结果_____篇;
　　　　　采用检索表达式④,检索结果_____篇。

检索分析:通过检索结果的比较和分析,该课题的标准检索表达式为:_____
_____,检索结果为_____篇文献。

二次检索:由于检索的文献数量比较多,应用检索词_____做进一步限制检索:二次检索后获得检索结果为_____篇。

(5)中国知识产权局-专利检索(检索时间范围:时间不限)。

检索过程:采用检索表达式①,检索结果_____篇;
　　　　　采用检索表达式②,检索结果_____篇;
　　　　　采用检索表达式③,检索结果_____篇;
　　　　　采用检索表达式④,检索结果_____篇。

检索分析:通过检索结果的比较和分析,该课题的标准检索表达式为:_____
_____,检索结果为_____篇文献。

二次检索:由于检索的文献数量比较多,应用检索词_____做进一步限制检索:二次检索后获得检索结果为_____篇。

(6)爱思唯尔英文期刊全文数据库(Elsevier SD)(检索时间范围:2000—2011 年)。

检索过程:采用检索表达式①,检索结果_____篇;
　　　　　采用检索表达式②,检索结果_____篇;
　　　　　采用检索表达式③,检索结果_____篇;
　　　　　采用检索表达式④,检索结果_____篇。

检索分析:通过检索结果的比较和分析,该课题的标准检索表达式为:_____
_____,检索结果为_____篇文献。

二次检索:由于检索的文献数量比较多,应用检索词_____做进一步限制检索:二次检索后获得检索结果为_____篇。

(7)施普林格学术期刊全文数据库(Springer)(时间范围:2000—2011 年)。

检索过程:采用检索表达式①,检索结果_____篇;

采用检索表达式②,检索结果_____篇;

采用检索表达式③,检索结果_____篇;

采用检索表达式④,检索结果_____篇。

检索分析:通过检索结果的比较和分析,该课题的标准检索表达式为:_____

_____,检索结果为_____篇文献。

二次检索:由于检索的文献数量比较多,应用检索词_____做进一步限制检索:二次检索后获得检索结果为_____篇。

2.文献分析(每种来源数据库摘录文献不得多于两篇)

(1)在所检索文献中,下列文献为综述性文献(不少于 6 篇):

①题　名:

作　者:

文献源:

摘　要:

来源数据库:

②题　名:

作　者:

文献源:

摘　要:

来源数据库:

③题　名:

作　者:

文献源:

摘　要:

来源数据库:

④题　名:

作　者:

文献源:

摘　要:

来源数据库:

⑤题　名:

作　者:

文献源:

摘　要:

来源数据库:

⑥题　名:

作　者:

文献源:

摘　要:

来源数据库：

（2）在所检索文献中，下列文献为相关度较高的文献（不少于 6 篇）：

①题　名：

　作　者：

　文献源：

　摘　要：

　来源数据库：

②题　名：

　作　者：

　文献源：

　摘　要：

　来源数据库：

③题　名：

　作　者：

　文献源：

　摘　要：

　来源数据库：

④题　名：

　作　者：

　文献源：

　摘　要：

　来源数据库：

⑤题　名：

　作　者：

　文献源：

　摘　要：

　来源数据库：

⑥题　名：

　作　者：

　文献源：

　摘　要：

　来源数据库：

（3）在所检索文献中，下列文献为英文文献（不少于 3 篇）：

①题　名：

　作　者：

　文献源：

　摘　要：

　来源数据库：

②题　名：

作　者：

文献源：

摘　要：

来源数据库：

③题　名：

作　者：

文献源：

摘　要：

来源数据库：

**三、英文文献摘要及翻译**

1.密切相关英文文献

题　名：

作　者：

文献源：

摘　要：

来源数据库：

2.该英文文献摘要内容翻译

四、根据以上所检索文献,撰写文献综述如下(包括国内外研究现状、存在的问题、已有的解决方案及课题拟研究的方向等,正文部分不得少于 3000 字)

# 科技文献检索文献综述题目(3 号黑体,自拟)

## 作者及班级、学号(小四宋体)

摘要:×××××××××××××××(200～300 字,小四宋体)××××× ××××××××××……

关键词:×××;××××;×××××;×××(3～5 个,小四宋体)

# Title(3 号 Times New Roman)

## Name(小四 Times New Roman)

**Abstract**:××××××(小四 Times New Roman,200～300 个实词)×××××××× ××××××……

**Key words**:×××;××××;×××××;×××(3～5 个,小四 Times New Roman)

**前言(引言):**××××××(**标题用小四号黑体,**其他文字用小四宋体)××× ××××[1]×××××××××××××……

**正文:**××××××(**标题用小四号黑体,**其他文字用小四宋体)××××××× ××××××××××××××[4]×××……

说明:正文是文献综述的核心部分。应在归类整理的基础上,对自己搜集到的有用资料进行系统介绍。撰写此部分时还应注意以下两点。其一,对已有成果要分类介绍,各类之间用小标题区分。以下是常见的分类线索:按时空分类(如:本课题的研究历史与研究现状、国外研究现状与国内研究现状);按本课题所涉及的不同子课题分类;按已有成果中的不同观点进行分类;等等。其二,既要有概括的介绍,又要有重点介绍。根据自己的分类,对各类研究先做概括介绍,然后对此类研究中具有代表性的成果进行重点介绍。重点介绍时要求点明作者名、文献名及其具体观点。无论是概括介绍还是重点介绍的文献资料,均要求将文献来源在参考文献中反映出来,并在正文中进行标注。

**结论:**××××××(小四宋体)×××××××××××××××××××× ××××××××××××××××××××××……

**参考文献**

(注意:以上检索的所有文献,必须在文献综述中引用,并做好参考文献的标注和参考文献的标引,参考文献没有在文中进行标引和应用及参考文献著录格式不符合国家标准要求的,课程设计一律作"零分"处理。)

[1] 作者姓名.参考文献题目[类型标志].期刊或杂志等名称,年份,(期数).页码范围.

[2] 刘凡丰.美国研究型大学本科教育改革透视[J].高等教育研究,2003,(1).P34～37.

[3]

……

(参考文献标注的格式必须严格按照课堂上的要求进行标引。其中,中文文献:五号宋体,上述检索获得的所有中文文献;外文文献:五号 Times New Roman,上述检索获得的所有外文文献)

说明:每一页的上方(天头)和左侧(订口)分别留边 25mm,下方(地脚)和右侧(切口)应分别留边 15mm,页眉和页脚为 0。论文题目使用黑体三号字,小标题使用黑体小四号字,正文使用宋体小四号字;首行缩进 2 个字符,行距为单倍行距,段前段后为 0.5 行,字符间距为标准,打印一律使用 16K 纸,所有参考文献必须在文章中进行引用标注,标注一律和参考文献的序号一致,并采用五号字体、上标注明,格式:[1]。正文部分字数不得少于 4000 字。

# 参 考 文 献

［1］ 陈英,章童,蔡书午,等.科技信息检索[M].6 版.北京:科学出版社,2014.
［2］ 王立诚.科技文献检索与利用[M].南京:东南大学出版社,2014.
［3］ 马三梅,王永飞,张立杰.科技文献检索与利用[M].北京:科学出版社,2014.
［4］ 刘湘萍.科技文献信息检索与利用[M].北京:冶金工业出版社,2014.
［5］ 高新陵,吴东敏.科技文献信息与科技创新[M].南京:河海大学出版社,2013.
［6］ 田质兵.科技情报检索[M].北京:清华大学出版社,2004.